岩波現代文庫／学術 402

落語の種あかし

中込重明

岩波書店

両親に捧ぐ

目　次

編集協力＝今泉康弘

第一章　落語における笑いの生成

音楽一般に言えることだが、同じ音響条件で、同じ曲を、仮に二人の音楽家が演奏しても、一方は聴く者に感銘を与えるが、一方は御粗末ということは多々起こりうる。似たことが落語にも言える。落語家各々の個性と技量が、大きく噺に関連してくる。また、同じ落語でも聴くと読むでは大違い。聴くほうが格段に面白い。これは、岡本綺堂の思い出話（『寄席と芝居と』）、弟子の朗読に不満を漏らした、修善寺大患中の漱石（小宮豊隆『休息してゐる漱石』）、中江兆民の感想（『一年有半』）等、落語の速記本が出始めた頃から愚痴られている。故に、その時その時の高座における落語こそ、落語である。その時の笑いこそ、落語の笑いの真骨頂である。

かつて、次のような意見があった。落語の古典化が、奔放、潑剌な語り口を失わせた（矢野誠一『落語』三一書房）。本来、落語は客と落語家の不自然な人間関係に醍醐味があった（福田定良『落語としての哲学』法政大学出版局）。なるほど、このように指摘された危惧を現在の落語界が大きく抱えているのも実状である。しかし、まだまだ、然るべき場所と少なくない落語家によって、いまだ古典化されず、演者と客の微妙な人間関係を含んだ落語は失われず、その時その時のテキスト外れの躍動感ある笑いは息づいている。

それは文字では追いかけられない笑いである。そのような落語家の不立文字的な魅力の語り口、そこで生じる笑いは、個々の落語家論・演芸評のなかにのみ辛うじて分析しうる可能性を持ち、本稿の手の及ぶものではない。よって当然、ここでは落語に含まれた文芸的に汲み取れる笑いが焦点になる。

落語と笑いの不安定な間柄

落語。この言葉は笑話、あるいは滑稽、面白味のある事柄の言い換えにも使われる。しかし、それはあくまで代名詞にすぎない。笑いが落語の花であり、最も大きな要素である事実は動かない。ところが、落語には人間のさまざまな事象、心理の断面が取り込まれており、比重の差こそあれ、笑いはその一つにすぎない。落語で悲しみ、落語で憤怒にかられ、落語に諭される。それも落語である。

例えば、朗月散史《ろうげつさんし》の「三遊亭円朝の履歴」の中にこんな文がある。「我予て知れる噺にて自然其方の噺より面白しと思ふ物語あれば、今之をば咄さんに、」(日本近代思想大系『芸能』岩波書店。傍点筆者)。これは円朝が牛込軽子坂《かるこざか》の屋敷の女主人から、『怪談牡丹燈籠』創作のヒントを授けられた模様を記したところである。あくまで朗月散史の表記だが、右の「面白し」の言葉の用い方が、ある示唆を与える。我々は笑えることを面白いともいう。が、怪談を「面白し」と形容しうるのか。手近な『日本国語大辞典』(小学館)で、「おもしろい」を引く。我々がよく認知している意味以外に、そこには「興味がある。興味ぶかい」という語釈がなされている。つまり、大衆は落語家に対し、興味深い噺であれば、なにも笑話を演じなくとも、怪談でもよかったのである。もっとも、人間にはこの笑いと恐怖が、まったく正反対に位置するわけではないことが、山口昌男の「笑いについて」(ちくま文庫『笑いと逸脱』所収)等に触れられている。緊張が外された時に笑い、緊張が強められると恐怖、という図式である。桂枝雀が駆使する緊張緩和の法則も参考になる(ちくま文庫『らくごDE枝雀』)。要するに、己れの緊張を、くすぐられるか、鷲づかみされるか、ともかく刺激されることを大衆は落語家に望んだと言っていいだろう。さらに、この人間の心理作用の近くに、悲しみや、涙を求める心理がある。この気持ちに応えた形になるのが、人情噺の出現である。幕末から明治にかけて、落語家たちのなかに人情噺・怪談噺が幅を利かせてくる。幸田露伴は、人情噺はともかく、円朝はおかしみでは成功しなかった、と述べた(『滑稽談』)が、まさに、人情噺・怪談噺は滑稽噺を尻目に時代に厚遇された。周知のように、坪内逍遥をはじめ時の文学者による受容と支持があり、落語は言文一致などの文芸思潮に影響を与え、ある種の社会的地位を上げた。格調高く文芸化してゆく、そんな落語の動向期にあって、最も落語らしいはずの滑稽噺、笑いが煽りを受けなかったとは言いきれない。「人情噺を演じてこそ真打ち」

という、往年の落語家のマクラにあるように、落語界自体に滑稽・笑いを軽く見る傾向はあったのであろう。聞くところによると落語家の伝統的な稽古にしても、特に笑いのとり方よりも、言葉遣いや、扇子をいかに煙管《キセル》に見せるか等、リアリズム追求に主眼を据えるようだ。あるいは、八代目桂文楽の「一つの噺で三箇所笑わせればよいと教わった」という芸談(NHKカセットブック『肉声できく昭和の証言』)も落語における笑いの立場を表している。

恐怖を募らせる噺、涙を誘う噺をする芸人を落語家とみなすのに、大衆はとりたてて躊躇は示さなかった。言い換えれば、笑いの落語における地位は泰然自若たるものではなかったのである。だから、滑稽噺は人情噺や怪談噺をむこうに見て、その存在価値を誇示するためにも、その笑いをより根強いものにする必要があった。否、権威的な保護も受けなければ古典化もされ難い故、むしろそこには、噺が自由自在に生成してゆくに十分な余裕があって、笑いがいつしか錬磨されたと言ったほうが適切かもしれない。

さて、落語の笑いを考えるうえで、避けて通れないのがサゲ(オチ)の問題である。そこで簡単にこれに触れる。これまでサゲの分類を試みたり、サゲを巡って落語の笑いは考察されてきた。結論を先に書けば、サゲがなくとも、落語であり、サゲを重視する時代はとっくに終わっていると思える。落語の笑いが語られる際、今まであまりにもサゲばかりに目を奪われすぎたことは否めない。サゲがあってこそ落語、という定義は、語義的にまったく正しい。しかし、そう考えた野村無名庵も、その著『落語通談』(高松書房)所収「落語名題総覧」に、サゲのない「黄金餅《こがねもち》」や「文七元結《ぶんしちもっとい》」を挙げる。また、通説では人情噺とされている「子別れ」「帯久《おびきゅう》」「大丸屋騒動」等、これらはサゲが付けられて演じられる。すると落語なのか。また、「黄金餅」や、サゲのない演出での「蕎麦の殿様」は、人情噺なのか。五代目古今亭志ん生は「柳田格之進」にサゲをつけて演じた時があったというが、その途端、落語になるのか。『円朝全集』(一九二六、春陽堂)所収の「縁切榎《えんきりえのき》」にはサゲがあるが、マクラでこの噺が人情噺と落とし噺の中間だと述べられている。柳家つばめは、噺の終焉の効果上、サゲがあるのが望ましいが、落語か否かは内容で判断されると指摘(『創作落語論』三一書房)している。賛同できる意見である。

次に、サゲの存在を意識しすぎたことを省みよう。一つの噺に幾つかの型のある落語は少なくない。また、落語には定本といえるものがそもそもない。だから一見古典化してしまったと思われがちの落語だが、実は今でも型は動いている。特にサゲなどは最も落語家の手を入れる所で、従来どおりにやらず、途中でサゲたり、サゲ自体を変えたりする。出来映えの可否はともかく、潤色は積極的に行なわれてきたし、今後も行なわれるであろう。故に、サゲの分類をするならば、落語Aは○○オチ、という書き方は説明不足である。せめて落語AがBという表現でサゲた時、○○オチだ、と言うべきである。それでもやはり、今までそして将来も変貌するであろう落語に対し、サゲに拘泥するのは疑問である。サゲの存在が輝くのは、小噺、あるいは詰将棋の創り方のようにサゲから噺を組みたてたと思える落語だけではないか。よく引かれる『正直咄大鑑《しょうじきばなしおおかがみ》』(貞享四年・一六八七刊)の「それはなしは、壱かおち」は、短い噺が盛んだった時の教えである。現行の落語のサゲに気を配るあまり、サゲの面白さにかかわる部分だけを噺の中から探り出し、落語を総括してしまった嫌いはなかっただろうか。一つの落語に一つのサゲしかなくとも、その落語にはサゲとは趣きの異なる笑いが、多く盛り込まれていたりするものである。

語義的な正しさから外れたところに我々の落語の定義がある事実を、もはや認めぬわけにはいかない。また、落語の笑いといえばサゲばかりを俎上に載せるのも、改めるべきであろう。よって、ここまでは落語という意味の範疇に、人情噺や怪談噺も含ませもしたが、以下、本稿で落語とある場合、サゲの有無にかかわらず、笑いの多い噺を指すものとする。

落語の普遍性

伝統的に言って、落語が落語として出現することは少なかった。落語の多くがもろもろの先行文芸に材を求めている。つまり、落語ではない作品を、ないしは作品の一部を落語化したものが、現在我々が落語として認識するもののほとんどである。噺本をはじめ狂言・浮世草子・随筆・滑稽本・黄表紙・読本《よみほん》・講談・歌舞伎・昔話・外国の物語など。あるいは、昔話や噺本などには落語からの輸入もあろうが、おおむねこれらが落語の材源になっている。そして、単純に落語がいかに創られたかを書けば、原話を定め、無駄を省き、肝心なところを膨ます等して落語に仕上げてゆく。これが落語作りの基本的な姿勢であろう。ただ、これでは典拠をもとに構想を練る時代小説家と変わらない。噺の落語作りには、ここに重要な工程がある。それは、原話から落語へ篩にかける際、普遍化を心がけることである。この普遍化について少し具体的に説明したい。

昔話と落語は、たがいに話材を交換しあう等、共通点がある。そこで、この普遍化を考えるにあたって、昔話研究の資料から引くのもよいが、次の落語の一節がある導きを促しそうである。これは昔話を隠れ蓑にして、落語の作話法を伝えているようにも思える。

「むかしむかしあるところに」というだろう？　「あるところ」というところはないけれどもね、ところをはっきりいうと、範囲がせまくなる。なぜかというのに、東京なら東京の近所の田舎の村の名前にきめちまうとそれ東京の人は近所だから知ってるけれども、遠い大阪とか北海道の人たちにはちっともわかりますまい？　それからまた長崎のほうの近所の田舎の村の名前にきめちまうと、長崎の者には近所なのだから知ってるけれども、東京や北海道の人にはわかりますまい？　だから日本国中どこへ行ってもゆうずうのきくように「あるところ」とこういったんだよ。
（初代春風亭柳枝《しゅんぷうていりゅうし》「桃太郎」、『名人名演落語全集』第六巻、立風書房所収）

　要はこのような普遍化である。そもそも、落語には、いつ、どこで、誰が、といった条件設定は稀薄である[1]。表現されたとて、あって無きが如し。一つ説明すれば、例えば季節。おしなべて落語には季節感が漂っているかのように喧伝される。しかし、落語の本質は季節などには執着していないのではないか。和歌の部立《ぶだて》のように、あるいは俳句の季語めかして落語書籍が彩られていても、あくまでそれは編集方針であろう。たしかに季節感のある落語が多いのも事実である。「御慶《ぎょけい》」は正月、「長屋の花見」は春、「船《ふな》徳《とく》」は夏、「富久《とみきゅう》」は冬、といった具合に。だから、季節感を明瞭に描写したほうが、落語の厚みは増すであろう。ただ、所詮それは噺の色どりを豊かにする添え物の域を出ない。空腹のひもじさは時を選ばず、恋の虚しさは季節を問わない。自然とまじわる人の心を、日本文芸は大切にしてきた。けれども、我々の心に、自然や季節の流れとは無関係に揺れ動く気持ちは、言うまでもなくある。「這えば立て立てば歩めの親心」「居候三杯目にはそっと出し」。この二句の季節を問えば愚問となろう。落語と最も近い精神を持つ川柳に、俳句でいう季語にあたる規定がないことを一つの暗示として、また、相羽秋夫著『現代上方落語便利事典』（少年社）の「〈季節〉いつでもよい」という記載の多さを傍証とし、あまり認識されていないようだから、ここで落語には季節感も二次的なものと主張しておく。

かような性質を帯びた落語であるから、前掲の「桃太郎」にあるように、人名・地名等固有名詞にも当然固執しない。これは落語に隣接する話芸、講談とは大きく異なる。厳密に言えば、講談も史実とは異なる年代・人物の配置があって、落語とは別の意味でいい加減なのだが、偉人や事件を題材にする話芸であるため、結局、人名は曲りなりにも必要不可欠である。したがって自ずと、時代・地名を限定させる演出は避けられない。さて、すでに、戸井田道三によって落語国の人々の無名性は分析されており(『まんじゅうこわい』筑摩書房)、以下、その追証となるが、落語が固有名詞に無頓着であることを、具体的にある登場人物名を通して示したい。ここにも噺を普遍化させる意図があったとみる。

「明烏」は明烏に非ず

落語「明烏」は通説によれば、浦里時次郎《うらざとときじろう》が主人公の新内「明烏夢泡雪《あけがらすゆめのあわゆき》」、これを先行作とする人情本『明烏後正夢《あけがらすのちのまさゆめ》』の発端が落語化されたと伝えられている。戦前の書物にも、すでに記された説である。そこで、この一連の明烏物を覗いてみる。

まず、二世南仙笑楚満《なんせんしょうそま》人《ひと》(為永春水《ためながしゅんすい》)の人情本『明烏発端教訓郭里《きょうくんさと》の東雲《しののめ》』(文政六年・一八二三刊)。冒頭、時間が早いので気乗りがしない時次郎、悪友に誘われるまま吉原へ。この初会《しょかい》で浦里に会うあたり、落語と似ていないこともないが、右の時次郎はもとより通人《つうじん》として描かれ、落語の時次郎とだぶらせ難い。その他の点でも、落語との類似点は目に入らない。さらに、山東京山の合巻『暁烏旭紅染《あけがらすあさひのべにぞめ》』(文化九年・一八一二刊)、同『明烏雪惣花《あけがらすゆきのそうばな》』(文政八年・一八二五刊)も、新内を踏襲しており落語との類似点は拾えない。新内から派生した清元・常磐津の明烏物も同じ。また、四代目麗々亭柳橋《れいれいていりゅうきょう》の人情噺「明烏雪夜の話」も、通常の明烏物を素直に題材にした筋立てである。故に、この人情噺の発端と落語も嚙みあわない。ついでに、海賀《かいが》変哲《へんてつ》『落語の落』(一九一四、三芳屋書店)の「明烏」では、講談実説明烏に触れているので、これも見る。揚名舎桃玉《ようめいしゃとうぎょく》の『明烏の実話』(一八九六、磯部太郎兵衛発行)。浜町の春日近江守の若殿・時次郎は野心家で、常に堂々と振舞う。お浦を初めて見た時から目をつける。後にお浦は恩義のために身を売って浦里となり、ある日客の時次郎と再会……。これでは落語と結びつけるわけにはいかない。ちなみに管見に入った柴田馨《しばたかおる》の「実説明烏柳生新六郎」(『娯楽世界』一九一七年三月)も語るべきことなし。ただ、同じ講談でも「山名屋浦里」という講談がある。くだんの明烏物とは趣を異にし、明烏物の傍系とも言うべきか。この一回から二回にかけての場面が、落語に酷似する。邑井一《むらいはじめ》口演・小野田翠雨《すいう》速記が『文芸倶楽部』六巻一〇号

(一九〇〇年七月)にある。すでに、延広真治が「講談速記本ノート52」(『民族芸能』253号、一九八七年五月)で考証、右両者の関係に言及しており、なんらかの影響関係を十分認めうる近さではある。邑井一は、この速記の第一回のおわりの方で、浦里の墓から何から何まで調べたと強調するが、廓内の仲間内でのやりとり、男女の痴話言等、当然創作するほかかない。ただ右以前、『百花園』(七巻七五号、一八九二年六月五日)に、三代目春風亭柳枝の落語「明烏」の速記があり、現行「明烏」の骨格を整えている。「山名屋浦里」には、「明烏」と同じクスグリがある(延広前掲ノートで指摘)等、落語と似すぎている。このことも手伝って、「山名屋浦里」が「明烏」を取り込んだ可能性は消えず、早々に浦里時次郎馴れそめの原型を、この講談に求めるわけにいかない。ただ、最も落語に近い明烏物とは言いうる。難点を挙げれば、「山名屋浦里」では、時次郎は吉原へ、葬式の帰りに友人たちに連れこまれており、親が息子に道楽を勧めているのではないという点、また、大引《おおびけ》まえに帰ろうと声をかけられており、「明烏」の朝の描写とは異なる点などが落語と違う。

このように、落語「明烏」に先行する作品が、明烏物に捜しかねる。そこでいったん明烏物から目を離し、同型のものを拾ってみる(演者の脚色の相違はある)。講談「小夜衣《さよぎぬ》草紙《ぞうし》」の発端、初代談洲楼燕枝《だんしゅうろうえんし》の人情噺「島衛沖津白波《しまちどりおきつしらなみ》」の発端(「大阪屋花鳥」)、落語「悋気《りんき》の火の玉」のはじめ等。これらには石部《いしべ》金吉《きんきち》的堅物が、人に誘われ吉原へ行き、遊女の魅力の虜になるという展開がある。構成的にいうと、複数で廓へ乗り込み、一人だけもてて、朝の描写等、落語「錦の袈裟」も、「明烏」に噺の流れが似る。本ばかり読む息子に、親が道楽を勧める、という転倒した趣向は、恋川春町《こいかわはるまち》の黄表紙『間違曲輪《まちがいくるわ》遊《あそび》』(安永七年・一七七八刊)などの近世文芸にみえ、落語にも「ひねりや」「箒屋娘」等がある。そして、おそらく「明烏」より早く成立したであろうと思えるもののなかで、そうした点で最も「明烏」に類似すると判断できるのが、大岡政談「煙草屋喜八之記《たばこやきはちのき》」の冒頭である。

まず東洋文庫『大岡政談』(平凡社)所収の「煙草屋喜八之記」の概当箇所(「穀物屋の倅吉之助江戸へ出づる事ならびに煙草屋喜八の事」のはじめ)を整理する(『耳嚢《みみぶくろ》』巻四「実情忠臣危難をまぬがるゝ事」は類話)。

享保の頃、古河《こが》の穀物屋吉右衛門は、息子吉之助に遊芸を習わせるため江戸へ出す。吉右衛門の江戸の出店の番頭・伝兵衛が吉之助を預かる。吉之助、花の師匠の所で六之助という男と親しくなり、吉原に誘われるが辞退。伝兵衛から、金をきれいに使い、人づきあいよくすることを諭された吉之助、改めて六之助と吉原へ。そして初瀬留《はせとめ》という遊女に馴染《なじ》みはじめる。

この後、吉之助の放蕩が国元に知られ勘当。幇間・五八の援助で初瀬留と再会。古河で召し使った喜八と巡りあい、喜八の必死な世話。にわか泥、火つけの汚名、駆込み訴え、大岡裁き、と筋が入り組んでゆく。

問題とすべきは、前掲の梗概箇所である。これを見る限り、真面目な息子が友達づきあいの末、遊女に溺れただけであり、「明烏」を連想しにくい。ところが、この「煙草屋喜八之記」の発端部を人情噺化した「傾城《けいせい》瀬川《せがわ》」(「松葉屋瀬川」「雪の瀬川」の別題あり)を見ると、一段とこれが「明烏」に近づく。春錦亭《しゅんきんてい》柳桜《りゅうおう》(三代目麗々亭柳橋)の速記から習い覚えたという、六代目三遊亭円生の「傾城瀬川」(『円生全集』別巻㊥、青蛙房所収)より前半の筋を引く。

下総屋の若旦那・善次郎は本ばかりの生活。これも困ると古河の親が番頭に、息子に遊びも嗜ませることを命じる。番頭では手におえぬ堅物とわかり、幇間・華山に託す。華山は活花から習わせ、序々に遊びを覚えさせ吉原へ。松葉屋で瀬川に会い、一気に道楽者へ。

以下、勘当、幇間を介した雪の夜、瀬川と再会。人情噺はここで終わる。「明烏」との共通点を挙げれば、生真面目な息子。その偏狭さを心配する親が、人に頼んで息子に遊びを覚えさせる。そして、企みどおり息子は遊びの味を知る、等々。

さらに、ここで往時の「煙草屋喜八之記」をいかに演じたかを窺う資料を一つ引く。邑井貞吉講演「煙草屋喜八」(今村次郎編『大岡政談　鈴川源十郎　煙草屋喜八』一九一二、博文館所収)。

下総古河の穀屋善兵衛の倅・善次郎は物堅い人柄。女房を勧めても器量より中身と断る始末。心配になった親が、江戸見物に行かせ少しでも柔い性質にさせる計画を実行。幇間・花山はこの企みを依頼され、活花に凝らせておいてから吉原へ。一夜にして玉屋の玉照に夢中になった善次郎。翌朝、花山が善次郎を起こしにゆくもいやがって出てこない……

ここまでが右講談の二席の終わりの方。朝の場面を筆頭に「明烏」に類似するのがわかる。だが、この講談での貞吉の演出が人情噺「傾城瀬川」の影響を受けていないとは言いきれない。ただ、一つ言えるのは「煙草屋喜八之記」の発端には、「明烏」の下敷になりうる要素が揃っているということである。別の言い方をすれば、この発端からだけでも「明烏」の作話は可能だ、となる。まして「傾城瀬川」の発端でも可能である。

さて、名前の問題である。「煙草屋喜八之記」「傾城瀬川」、それぞれ主人公と遊女の名がさまざまあった。ただ、これは今の聴き手、おそらく昔も、特別な混乱を来さずにすんだであろう。ところが、落語「明烏」の浦里時次郎は紛わしい命名と言えよう。そこに、何らかの意図があっての命名だろうか。思うに、むしろ逆に、ある種の先入観を除去する役割を名に持たせていたのではないか。つまり、これも普遍化である。落語は、その名にまつわる物語を押しのけて、名前だけ借用すればよかったのである。その名が、大衆にとって馴染み深い由緒ある有名なものであればあるほど、羊頭狗肉とも言える便宜性が図れたのである。お初徳兵衛が主人公の落語「船徳」(人情噺「お初徳兵衛浮名桟橋《はつとくべえうきなのさんばし》」も同じ)に、かの近松の浄瑠璃『曾根崎心中』と似るところは見つけられない。お花半七の出る落語「宮戸《みやと》川《がわ》」と、近松『長町女腹切《ながまちおんなはらきり》』との関係も同じ。人情噺「おさん茂兵衛」と、西鶴『好色五人女』巻三や近松『大経師昔暦《だいきょうじむかしごよみ》』との関係、人情噺「双蝶々《ふたつちょうちょう》」と、浄瑠璃『双蝶々曲輪日記《ふたつちょうちょうくるわにっき》』との関係、落語「駒長」と浄瑠璃『恋娘昔八丈』との関係も同じ。以上すべて、先行作との関係は主人公の名が一致するだけである。「双蝶々」などは「明烏」同様、主人公たちの名と題名までが先行作に一致する。

　このような伝統的な落語の作話法から言っても、「明烏」は従来知られる明烏物と似ないほうがむしろ自然なのかもしれない。また、話芸の演目名は噺の後を追っかけるのが常である。そんなこともあって、「明烏」成立に誤解を生んだのではあるまいか。

　サゲの有無にかかわらず、滑稽なものが落語だと前に書いた。そして、諸々の条件設定が稀薄で、由緒ある名だけ借用する落語の性質に触れ、これらを落語の普遍性とみた。この普遍性を、前に挙げた三つ(「明烏」「傾城瀬川」「煙草屋喜八」)を比較して考える。講談・人情噺のほうが、「明烏」に較べて長い。そして、講談から人情噺、落語となるにしたがって、だんだん情景描写や地の文が少なくなっている。講談と人情噺の語り口の相違は、田邊孝治・阿部主計により考証され、芸人の間の見解の喰違いを紹介したうえで、元来講談は地、人情噺は会話、と結論(『講談研究』338号・339号、一九八二年四月・五月)。

ただ、人情噺は会話、といっても平均的な落語からみれば、人情噺には風俗描写・情景描写・粗筋説明など地の文は多い。落語は、人情噺以上に会話を重んじると言っていいだろう。そこには、会話の応酬によってのみ芸を成立させることで、落語の芸術性を高からしめる意図が働く場合もある。また、滑稽感を生むのに会話体のほうが都合がよい、ということもあろう。しかし、落語にも地噺という、会話の少ない噺がある。涙を誘う人情噺にも会話が利用されている。また、噺を面白く聴かせることでは無類の五代目志ん生の落語に、講釈口調が残っていること。江國滋が指摘した、志ん生には他の落語家以上に、風俗・衣裳に関する語彙が豊富だったという事実(「服装描写考」、旺文社文庫『落語手帖』所収)。これらを考えるに、会話の多さは落語の特徴であり、滑稽さや笑いの屋台骨を支えるが、会話の使用はあくまで落語の技術の一つにすぎないと言える。地噺だろうと、会話が欠落していようと、会話の少ないマクラでわかるように、落語に笑いはおこる。すなわち、人情噺以上に会話の使用の洗練された落語だが、滑稽さ面白さにとって、会話は効果的だが絶対に必要なものとは言えない。では、落語であるために、何が必要なのか。

簡単なことを書くようだが、前述の三者では噺の締め括り方が異なっている。そして偶然にも、「明烏」の終わり方は、落語の落語たるところを物語っている。人情噺「傾城瀬川」も、講談から脚色して短くしたとはいえ、男女の再会、ハッピーエンドという伝統的な物語の型をくずしていない。それに対して「明烏」は、女性の底知れぬ魅力にとりつかれて、時次郎の価値観が転倒する場面で終える。落語はここまでである。「大門《おおもん》でとめられる」。時次郎の変心ぶりを表す一言。これで落語は終わり、客は面白がる。この笑いは、奇しくも本稿で取り上げる最も根強い笑いのあり方を示している。なぜ、これが笑いとなるのか。実は、これも普遍化である。男ならみな抱える女性への関心。客の中にもあるこの共通意識をくすぐれば、共感としての反応がある。言い換えれば、時次郎という一人物を出しながら、人間(men)共通の下心を描いているのである。極端に言えば、この部分さえ描けば落語は御役御免でかまわない。そもそも、落語ほど伸縮自在な芸能はない。長くしたり、短くしたり。どこから始めて、どこで終えるか。「道灌」でさえ、通常知られるサゲまでいかない演出もある。「湯屋番」などは、その前半だけでもさまざまな演《や》り方がある。省いた、と言えばそうだが、聴く側に違和感を与えなければ、それも一席である。かように柔軟な落語は、最も物語の完結性に執着しない特徴を示している。つまり、男なら誰しも一様に持つ、女性への好奇心。これに目覚めた瞬間を描くのが「明烏」の主眼だったのである。重心の置き方がそこにあれば、仮に会話が少なくとも、落語として成立する。故に、「明烏」の本質は浦里時次郎の馴初《なれそ》めの噺ではない。言わば、二人は影武者で、彼らでなくてもよかったのである。

落語家たちは、客の反応を見ながら試行錯誤・創意工夫して、この普遍化こそ、最も根強く大衆に支持される笑いだと気がついたのではなかろうか。このことを、サゲの位置が動いた例を挙げて証明してみたい。

本音の吐露・意識下の感情の浮上

落語「代り目」の現行の演出は、夫婦喧嘩の末、女房におでんを買いに行かせた亭主が、実は女房がまだ近くにいるのに気づかず、急に態度を改め、女房に対する日頃の感謝を述べるところで終えている。ところが、もともとはこの先がある。一人になった亭主、通りがかったうどん屋をつかまえ何も買わずに、銚子をあたためる。先に帰っていた女房がこれを知り、それでは申し訳ないと、うどん屋を呼ぶがこれに応じない。なぜならお銚子の代り目の頃と、うどん屋が誤解したため（なお、現在でもここまで演じる落語家もいる）。『文芸倶楽部』六巻一五号（一九〇〇年一一月）所収、初代柳家つばめの速記には、〝お銚子の代り目〟までが載る。原話は、噺本『福三笑《ふくさんしょう》』（文化九年・一八一二刊）の「枇杷葉楊」（武藤禎夫『落語三百題』東京堂出版所収）であり、つばめの速記の祖型といえる。ただ、「枇杷葉楊」やつばめの速記には、前に引いた現行演出での妻への陰ながらの感謝がない。ところが、七代目春風亭柳枝の速記（『名人名演落語全集』第七巻所収）や、七代目金《きん》原亭馬生《げんていばしょう》（後の五代目志ん生）の速記（『講談倶楽部』一九三四年一二月号。講談社『昭和戦前傑作落語全集』第三巻所収)を見ると、〝お銚子の代り目〟まであるが、途中女房への感謝の場面が組み込まれている。そして現在では、『五代目古今亭志ん生全集』(弘文出版)第二巻所収の速記で、後半部の演出が記されていないことが示すように、女房に対する態度が急変して礼を言うところでサゲるのが普通になっている。また、細かい筋は割愛するが「らくだ」にしても、〝火屋(冷や)でもいいからもう一杯〟までゆかずに、酒を呑まされるうちに強気になった屑屋が、逆に、らくだの兄分の台詞を取りあげ捲《まく》したてる段で終えるのが、現行の「らくだ」である。

歌舞伎などにも言えることだが、客に受ける場面、受ける演出を優先させるのが演者の心得である。このきめ細かい配慮に加えて、積年の模索・紆余曲折が、自ずと落語における根強い笑いを作り出してきた。右の二つの落語のキリ方は、それをまさに示している。単なる勘違いや、地口的な取違いの笑いよりも、態度の突然の変化、というよりも押し隠されていた人間性の吐露、あるいは暴発のほうを、大衆は大きく笑うのである。最も受ける場面・演出だから、そこで落語を終えたほうが尻切れとんぼにならない得策なのである。普段は見せないが、本当は裏側に潜ませている別の一面を、本音を見せることで、おそらく聴き手に何らかの共鳴を響かせるのであろう。織田正吉は「笑いを起こす言動、状況」として、大きく五分類、さらにそれを細かくし、総計二十七項目挙げる(ちくま文庫『笑いとユーモア』)。そのなかの一つに「内情・本性の暴露」がある。落語における根強い笑いとは、これに他ならない。それは、意識するか否かに関係なく、誰でも持ちうる本音であり、真実であり、弱味であり、逆に「らくだ」のような強さであり人間性の深さでもある。「代り目」「らくだ」の後半が演じられなくなった理由の一つには、この人間性の表出という強烈な笑いが前半にあったためである。その意味では、「明烏」は「代り目」などと較べて、いち早く落語として生成されていたのである。

一人の人間のなかにある、まったく相反するかのような言動・行動。これを描くと、大衆が喜ぶことを、落語家たちは察していた。それは、今聴かれるクスグリでも十分感じとれる。「たがや」の威勢よくヤジる野次馬も、侍が振り向くと、前の男の肩に隠れる。「火焔太鼓」の女房は、あれだけ貶《けな》していた夫が金を儲けるや、誉め上げる。「抜け雀」の女房も、軽蔑していた無銭飲食の男が、立派な絵師だったと知るや、「どこか違うと思っていた」と言う。「品川心中」の遊女は、心中するつもりが、金ができたとの知らせで、先に飛び込んだ男をあっさり見捨てる。

これらは、本音の吐露・内情の暴発とは、やや性質を異にするが、人間の心にある姑息で利己的・場あたり主義的な曖昧さがよく出ている。もとより発言者の心にあった本音ではないにしろ、人間の深層心理に従った描写であり、鋭い穿ちが、根強い笑いにつながる。言わば世間体のよくない、人聞きの悪い笑いである。しかし、この卑俗性こそが落語の笑いの本質を担う。不謹慎である、という一言で片付けられるかもしれぬが、人間のある一面の心理を代弁していることは否めない。

そして多くの芸能は、この心理を素直に描写するのを好まなかった。勧善懲悪の芝居は、善玉悪玉に明瞭に区分され、各々の役割に準じた発言のみ許容される。ここで具体的な比較を試みよう。落語「富久」と、歌舞伎「増補桃山譚《ぞうほももやまものがたり》」(一八七三初演)の四幕目、通称「地震加藤」には構成的な類似がみえる。両者に何らかの影響関係があったか否かには触れず並べる。

「富久」の野幇間《のだいこ》の久蔵は酒でしくじり、贔屓《ひいき》の旦那の家の出入りを止められ、日夜生活に困窮。「地震加藤」の清正は、佞人の讒言で秀吉の勘気を蒙り、目通り許されぬ屈辱の日々。ある時、「富久」では旦那の家の近所に火事。「地震加藤」では秀吉のいる伏見で大地震。ともに、前述のような事情でありながら、いざ見舞いと駆けつける。そのさい清正は家来二人が御出仕を拒むのを遮り、こう述べる。『黙阿弥全集』第九巻(一九二五、春陽堂)より引く。

そち達が留むるも実に尤もながら、平日と事替り聞きも及ばぬ大地震、君の御身心許なし、仮令御不審の筋あって御勘気蒙むる身にもせよ、出仕なして御安否を伺はぬは不忠の至り、

一方、落語のほうはどうか。

「ヘッ、旦那ア」ッて跳び込ンで行きゃァ何とかしてくれるからね。「久蔵じゃねえ

か、どうしたんだ?」「ヘッ、駆けつけてまいりました」「どッから?」「浅草三軒町から」「よく来たなア、出入り許してやるぞ」——うゥ、言うかどうかわからねえけど。(「富久」、『五代目古今亭志ん生全集』第四巻所収)

この心理描写は、芸風が志ん生とは異なった桂文楽「富久」の速記にも、はっきり吐露されている。落語であれば、この描写こそ芸風の壁を越えて表現されるべきものであろう。

このように、歌舞伎では、ひたすら主君の身を慮《おもんぱか》った殊勝な発言ばかりする人物を造型する。それに対して、落語は偽善的で狡猾な下心を露骨に垣間見《かいまみ》させる。時に芝居でも、善人と思われる人物が、乱暴な振舞いに及び、不快な印象を与えたとしても、劇の進行の末、いわゆる〝もどり〟だったりする。「芝浜」の女房、「鼠穴」の兄貴等にも、これが適用でき、これらが人情噺的落語と言われる所以《ゆえん》の一つになっているかと想像できる。また、芝居における下心の描写は、どちらかというと悪人の専売特許で、もとよりこれは断罪される対象となる。落語は善人悪人かまわず、下心を遠慮なく描写し、それを先々咎めるという展開にはほとんど至らない。ちなみに、講談は芝居寄りで、義士伝をはじめ善悪二元論的な筋と演出で語ってゆく。なお、義士伝から連想した余談だが、芥川龍之介の『或日の大石内蔵之助』などは落語的な視点を持つとも言えよう。

落語の笑いとは、下心の描写に起因する。人間関係を建前で武装して生きる人々の虚飾・社交辞礼を、はぎとった瞬間に生じる笑い。これが、最も根強く大衆に支持された笑いだった。目上の人に誘われ、義理に苦しみ狼狽、見え透いた言い訳をとりつくろう貧弱さが、「寝床」。「御神酒徳利《おみきどっくり》」は、思わぬ過大評価を正直に是正できず、必死に自分の立場を守り抜こうとするはしたなさ。「三年目」は、末期《まつご》に本気で交した約束さえ、目の前の誘いにひかれてしまう意志の脆さ。落語は、ここに重点を置いてこそ、根強い笑いを生成できた。なぜなら、それは一人の人間を借りて、人間の普遍性を描くわけで、聴く者の共感が得られ、ないしは共通体験を回想させるに十分だからである。人間のマイナス面を描いてこそ、聴く者の共感が得られるのである。柳家つばめは、これを「人間の弱さの肯定」(『創作落語論』)とし、立川談志は、これを人間の業《ごう》の肯定と喝破した(『現代落語論』・『現代落語論　其二』三一書房)。すなわち、人間の風俗や服装、世の慣習が移り変ろうと、だらしない心を人間が持ち続け、ここに落語の重心を置く限り、落語の命脈は保たれるのである。

「ソクラテスは喜劇に作られて笑っていたが、ポリアグロスは首を吊った」(岩波文庫『ギリシア奇談集』第五巻「嘲笑の対処法」)。この警句が示すように、笑いは、諸刃の剣を有することもある。けれども、落語はこの危惧をまるで意に介していないようだ。廓噺をはじめ、人を騙したり、他人を汚く罵倒したり、さまざまな差別をする噺・表現は枚挙に暇《いとま》がない。「厩火事《うまやかじ》」の人を試したり、サゲの傲慢さを嫌うむきもある。こう考えると、落語創作の心得には次のような不文律があるようにも思える。

時間とともに細かく揺れ動き、変化する人間の腹心を丁寧に描写し、人の本音をできるだけ吐露させ露見させて、建前ではない、我欲に忠実に生きる登場人物を多く出して、それを皮肉ることはあっても、決して道徳や倫理で縛らないこと。

落語の祖型が窺える噺本をみれば、地口やナンセンスが落語の根幹の一部になっていることがよくわかる。実際、噺本以後も、そして現在ですら、この他愛ない笑いの伝統は受け継がれている。そして、これがしばしば批判の対象になる。例えば、改造社『世界大衆文学全集』第八十巻(一九三二)の「序に代へて」で、同書の訳者・小野七郎は、日本の落語から駄洒落をとったら骨だけの魚で猫にやるしかない、とまで言いきっている。確かに、そう思わせる面が当時の落語にあったのであろう。また、今でもある。だが、それだけではない。一方で着実に落語の担い手らは、笑いを生成させていた。単なる駄洒落よりは、人情の機微をうがつ視線へ、普遍性を第一に噺を錬磨した。さらに、ここに前述の不文律の徹底が加わって、「水屋の富」や「かんしゃく」のサゲに見える、深層心理にゆき届いたのではなかったか。(4) その結果、すでに大西賢一が言ったこと(『落語の論理』三一書房)に重なるが、聴く者に大いなる心理的な共感を抱かせる笑いとなった。

人は自分自身に最も興味がある。そして、なぜか人は自分の写った写真を見ると笑う。

この場合、テレもそこにこもっているのだろうが、過去に自分が書いた手紙や日記を見ても笑う。大雑把な言い方をすれば、噺を普遍化させることで人が笑うのは、この心理を応用させただけである。太宰治人気には、読み手が勝手に、太宰の描いた登場人物と自分自身を二重写しにしてしまう性格があるらしい。落語にもこれと似た魅力が備わっている。では最後に、ここまで書いてきた切り口から、次の落語を分析する。

「目黒のさんま」の笑いの解釈

「目黒のさんま」は〝目黒のさんま〟という言葉自体が、無知・半可通・間抜けな返答といった意味合いで一人歩きしている。慣用句のように用いるのは構わないが、現行の「目黒のさんま」の笑いにも、その意味をあてはめて理解するのには疑問が残る。もっとも、〝さんまは目黒にかぎる〟というサゲに対し、無知云々なる言葉が持ちだされた理由は想像できる。というのも、この落語のマクラに、大名小噺をふることが多い。「大名の月見」「殿様の下肥」「雁首」「桜鯛」など。「桜鯛」はともかく、他は間抜けな返答が笑いとなる小噺である。こんな導入部であれば、現行の「目黒のさんま」も、その種の笑いと誤解されても致し方ない伏線である。確かに、二代目柳家小さんの速記（『百花園』四巻五〇号、一八九一年五月二〇日）では、殿様の無知が笑えるとも言える演出である。また、「目黒のさんま」の骨組みを分解すると、庶民の食べ物に満喫・大いなる関心・城内でこれをもう一度、となる。ここから類話を捜すと、落語「ねぎまの殿様」や、三代目五明楼玉輔が演じた「不味公夜話《ふまいこうやわ》」が挙げられる。そして、この二者の速記などをみると、右二代目小さんの速記同様無知の笑いと言えなくもない。しかし、多くの「目黒のさんま」の速記・音源・現在の高座での演出からは、飢えた民に対してマリー・アントワネットが言ったという、「パンがなければ御菓子を食べればよい」と同じように、権力者の無知を示す言葉としてとらえるわけにはいかない。このことを説明しよう。

ひと口に、「目黒のさんま」と言っても、幾つかの型がある。二代目小さんの型、八代目林家正蔵(後の彦六)の型、十代目金原亭馬生の型に代表される。(5) 現在の落語家は、ほぼ馬生の型に従っている(『立川談志独り会』第五巻解説、三一書房)。「目黒のさんま」の笑いを考えるうえで、これらの型の相違をつぶさにみる必要はない。注目すべきは、次の表現である。

「これはおそれいります。さんまを食したというのは、ご内聞でございます。これがわかると、臣ら一同おおいに迷惑いたします」「さようか、では、しかたがない」ごきげんうるわしくご帰城になりましたが、さあ、その後、お殿さま、……ええ、さんまの味を忘れることはできない。言っちゃあいけないというから、よけいつら

い。(『金原亭馬生集成』旺国社)

この後、やはり言いかけた殿様に、家来が再び口止めにおよび、決して口外せぬと約束させる演出もある。同様な表現は、型が異なるも正蔵の速記にもある。

ご帰館になりまして……「目黒において秋刀魚を食したということは、ご口外なきように願いたいもの」「さようのことをいうては、悪しいかア？」「へえ。エエ……重役どもの耳にはいりますと、今日お供をいたしました、われわれ一同が、切腹をいたさんければなりません」「其の方どもが、腹を切るか。あア……おもしろい」「いえおもしろくはございません。ご口外なきように」「わるいことなら、いうではない。必ず口外はいたさぬから、(略)」(『名人名演落語全集』第十巻)

その他、六代目三遊亭円生の速記(『円生全集』別巻㊥)を見ても、三代目三遊亭金馬の録音テープを聴いても、前掲部分に相当する表現に行きあたる。現行の多くの高座も然り。ただし、二代目小さんの速記にはこれがない。

肝心な点は、この口止めである。これは人間にどんな心理作用を引き起こすだろうか。以下、連想を試みよう。楽しかった出来事をしゃべれない。それは、発散できぬ故、ある種のストレスとして、心の奥底に蓄積される。同時に折にふれては、あの時の美味をもう一回、となり、秋刀魚を家来に所望。ところが、これがまずい。禁じられた目黒の話題と、満足できぬ味。一気にフラストレーションは高まり、家来と交わした約束を気づかうものの、内部で完全には抑制がきかなくなる。そして、ついにこれが屈折した言葉となり表れる。「さんまは目黒にかぎる」。

落語には、「しの字嫌い」や「猿後家」「のめる」のように、言ってはいけない禁句を、つい口ばしる人間の心理を扱う噺がある。「目黒のさんま」も、広い意味でこの分野の噺として組み込める。そして、「目黒のさんま」の殿様の心理を考えるうえで参考になるのが落語「猪退治」。他人に害が及ぶことを考慮し、楽しい思い出話もそのまま話さない殿様が描かれている。

この口止めという箇所から考え、殿様の権威の失墜、主従の序列の空洞さ、封建的建前の矛盾・虚礼虚飾の面白味というふうに理解するむきもある。また、高い地位の人間に平凡な人間性を見る、麻生磯次『笑の研究』(東京堂)で言うところの正体暴露の笑いとも言える。ただ、諷刺の笑いは新聞の漫画のように時事的で際物であること多く、仮に殿様を今の権力者に置き換えても、「目黒のさんま」の構成では、やや豊かすぎる連想力が、笑うために要求されはしないか。また、殿様というイメージも、今日どの程度権力者然として、我々の心にあるのか。むしろ、テレビのお笑い番組の影響もあって、軟弱化してはいないか。そんな状況で正体暴露の笑いは効果的だろうか。故に、「目黒のさんま」の笑いの重心をどこに置くかが決まる。体制諷刺や、権威者への親近感ではない。最終的に「王様の耳はロバの耳」的な欲求不満の発散に至る、言いたいことが言えずもどかしく、隔靴掻痒の感を抱く人間を造型してこそ最善に「目黒のさんま」は現代に蘇える。これ以上、今の人にも共感が得られる演出はない。殿様という特別な人を描くのではなく、殿様という身分を通して誰しもに共通しうる心理を探りだす。だから、さんまが目黒でとれると思いこんでいるような間抜けな殿様を表現するより、さんまが目黒ではとれないことなど百も承知の殿様が、かのサゲを口ばしるから良いのである。

落語が普遍化へ動いてゆくとは、こういうことである。すでに、正蔵の速記中に右の心理を親切に解説するくだりがあった。「初めて恋人ができましたときア、うれしいにゃアうれしいがひとにアいえない」。でも、言いたい、という心理。

普遍性の追求が、落語の理想である。例えば、これを「無知と落語」で考えよう。我々は単純に人の無知を笑うことがある。落語にも無知をからめた噺は少なくない。それらの落語は、自分より劣った人間を笑うのが原型になっているものもある。しかし、昔はともかく、今やそのような優越感から生じる笑いとは別の次元に、笑いは生成している。していないならばさせたほうがよい。例えば、「手紙無筆」。無筆の人に出くわさなくなった今日、無筆を笑うというよりも、そのごまかし方を笑うほうへ。このことは「千早ふる」で、明らかにできる。果してあの業平の歌を、落語を聴く者の何割が正しく解釈できるか疑問の今日、なおも笑いがとれるのは、前と同じ理由による。「転失気《てんしき》」

も然り。これらは、無理な理屈を作りだし、必死に自分の面子《メンツ》を守るあさましい姿を笑っているのである。つまり、無筆や無知は笑いの対象そのものではなく、その対象に至るきっかけにすぎない。だから「松山鏡」の原型も、鏡を知らないために起こった珍騒動を笑っていただけかもしれない。が、普遍化された落語では、自分が目にしたものを疑おうとしないで主張しあう、人間の浅はかな自惚れを描いてこそ、根強い笑いとなる。なぜなら、無筆同様に、鏡を知らないというのはまったく現実的でない。現実性のないところに、根強い笑いは生まれない(6)。それでは共感が得られないからである。多少なりとも、誰しも身に覚えのある、臑《すね》に疵《きず》持つ事柄へ脚色しなければ、笑いとして生成しないのである。すなわち、単に他人《ひと》を笑うよりは、自他含めた共通心理に根ざしたものをくすぐらねばならないのである。要するに普遍化である。高潔な精神や誠実な行ないには欠けても、誰でも私利私欲、弱味、愚かさ、不品行には事欠かない。できれば隠しておきたい恥じらいや、認め難い卑しさ、狡さ。普段は意識にのぼらない本音に打算、等々。これらは痛い所を突くが、しかし、第三者的な安全圏の立場の客は、落着いて笑いで応じられる。それは、建前で飾られ緊張する人間関係のズレが見えた瞬間。ある場合は、社会的な禁忌の破れた一瞬。おもてだっては話題にできないそうした心理が、落語を聴くときには、半ば許されたかのような印象で受けとられ、共感の笑いが生まれる。そこでは、自分が心の奥で思っていたことを、他人も同じように思っていたという安堵感を伴っていることも多いはずだ。

注記

(1) 今日落語が講談より人気を有するのも、条件設定の稀薄が理由の一つか。一龍斎貞鳳「現代人の共感を呼ぶまくら話法研究」にこうある。「講談の欠点(冒頭《まくら》)はきまって、今から何年前何月何日、どこの土地で何々がこうしてこうなると、事件に入るまでに時間がかかりすぎるのも現代的ではないようだ」(『講談師ただいま24人』朝日新聞社所収)。

(2) 色川武大の分析を紹介したい。「桂文楽は典型的な古典と思われているようだけれども、あれはコピーではないのである。速記本で前代の演者が同じ演目を演じているのを見ると、そのちがいがわかる。たとえば「寝床」は、往年は、周辺を辟易させる旦那の素人義太夫の方に力点がかかっていた。文楽のは旦那と長屋衆の心理のおかしさが見せ場になっている。「素人鰻」も、鰻をあやつるおかしさよりも、職人の酒癖と武家の主人の対応の話に主点が移されている」(「名人文楽」、廣済堂文庫『寄席放浪記』所収)。本稿を草するにあたってヒントになった見解である。

(3) 昔話にも騙す話は多く、勧善懲悪とはおよそ縁がないものも少なくない。ただ、昔話も落語もそこで策を弄することを怠らず、高木敏雄の言葉を借りれば「智力の勝利を説く物語は、人間自然の要求に基づいて、生じたもので、けっして排斥すべきではない」(「智力の勝利」、講談社学術文庫『童話の研究』所収)。一方「あたま山」のようなある種残酷な落語には、例えば坂口安吾の「文学のふるさと」の視点が、その価値の位置づけの参考になるか。

(4)「水屋の富」のサゲにあたる表現は、原話(文化一〇年・一八一三刊『百生瓢《ひゃくなりふくべ》』所載「富の札」他。武藤禎夫『落語三百題』参照)には見あたらない。むしろ、それら原話のオチは、落語「千両みかん」のサゲに通じる。つまり、原話に人間の心理観察を加えたのが「水屋の富」のサゲである(拙稿「水屋の富と世界説話」、『諸芸懇話会会報』一九〇号、一九九八年一月所収)。

(5) 夏目漱石の「私の個人主義」の中にも「目黒のさんま」の筋が引かれている。大名二人が登場する異色の型。詳細不明。このような型があったのか。漱石の記憶違いだとは易々と判断できない(山本進氏の御教示による)。

(6) 延広真治「古典落語におけるリアリティの回復」(『上方芸能』26号、一九七二年一一月)に実証的な考証が備わり、本稿作成の参考とした。

第二章　人情噺はいかにして成立したか

「芝 浜」――金を拾うはなしを正直説話より見る

人情噺「芝浜」(落語とするむきもあるが、本稿では人情噺)の作者は、三遊亭円朝(天保一〇年・一八三九〜明治三三年・一九〇〇)だと言われてきた(高弟らの証言)。現在広く普及している『日本国語大辞典』(小学館)にも、「三遊亭円朝が、酔っぱらい・芝浜・革財布の三題咄《ばなし》として創作」とある。いまだに、円朝作「芝浜」のイメージは強い。しかし、「芝浜」が鈴木行三《こうぞう》編纂『円朝全集』(一九二六、春陽堂)に収められていないことを、その理由の筆頭として、「芝浜」を円朝作としない見解がほぼ定説化している。武藤禎夫は『落語三百題』の「芝浜」の中で、「「大仏餅」同様、幕末時の三題噺の会で作られた祖型に、円朝が手を加えて、洗練された筋立てと、奥行きの深い人情ばなしに仕立てたものであろう」と述べている。また、暉峻康隆も「芝浜」について「三題でまとめた咄であるというが確証はない」(『口演速記明治大正落語集成』第六巻)と述べ、やはり否定的な見解を表している。「怪談阿三《おさん》の森」「心中時雨傘《しぐれがさ》」など、円朝作に擬せられた作品があるほか、落語「富久」も確かな根拠もないが、円朝作と伝わっている。「芝浜」もその余波を受けたものかもしれない。

さて、「芝浜」の作者限定の検討は、本稿の主旨ではないので、このあたりにする。そして以下、「芝浜」に至るまで主に近世説話を追ってゆくことにする。紙面を重ねるが、結論として述べることは多くない。また、いささか「芝浜」とは隔絶の印象を与える論に及ぶかもしれない。だが、筆者が説話の視野から「芝浜」を遠くとも見据えている姿勢は変わらないつもりである。

数ある落語のなかでも、名作の誉れ高い大ネタの一つに数えられる「芝浜」。別名「芝浜の革財布」「馬入」（参考、保田武宏『ライブラリー落語事典』弘文出版）。現在では「芝浜」の演題でほぼ統一されている。ただし、六代目尾上菊五郎の当たり狂言になって以来、歌舞伎をはじめ芝居のほうでは、「芝浜の革財布」の外題《げだい》で上演されることが多い（参考、藤田洋『演劇年表』桜楓社）。ひたすら笑いをとる落語とは異なり、夫婦の情愛がじわりと伝わる噺であるため、このあたりが「芝浜」を人情噺とする所以《ゆえん》であろうか。

古くから主に三遊派の真打ちの落語家《はなしか》の手にかかって演じられ、錬磨された噺である。三代目三遊亭円生（一八三九〈逆算〉～一八八一）・初代談洲楼燕枝（一八三八～一九〇〇）・四代目三遊亭円生（一八四六～一九〇四）・四代目橘家円喬（一八六五～一九一二）・二代目談洲楼燕枝（一八六九～一九三五）・初代三遊亭円右（一八六〇～一九二四）・五代目柳亭左楽（一八七二～一九五三）・八代目桂文治（一八八三～一九五五）・五代目古今亭志ん生（一八九〇～一九七三）・八代目三笑亭可楽（一八九八〜一九六四）・三代目桂三木助（一九〇二〜一九六一）・十代目金原亭馬生（一九二八〜一九八二）などの落語家によって演じられ、また多くの速記本が残っている。なかでも三木助の「芝浜」は著名である。現在では、立川談志（一九三六〜二〇一一）・古今亭志ん朝（一九三八〜二〇〇一）・柳家小三治（一九三九〜）などの持ちネタの一つとして伝わっている。ではここに、『桂三木助集』（飯島友治編、青蛙房）を下敷きにして書かれた『増補 落語事典』（青蛙房）の粗筋を引く。

裏長屋にいる棒手《ぼて》ふりの魚屋魚勝は、酒飲みで商売を怠けてばかりいる。しっかりものの女房になだめすかされて、朝芝浜の魚河岸に出かけたが、時刻を間ちがえて起こされたのでまだ問屋が起きていない。浜で夜明けを待っていると、タバコの火玉の落ちた先から財布を見つけ出す。金がたくさんはいっているので、夢中で腹掛けのどんぶりにねじ込み、家へ飛んで帰って女房と数えると四十二両あった。これで遊んで暮らせると大喜びで、酒を飲んでまた寝てしまう。その翌朝、また女房に起こされ、商いに行けといわれた。昨日の四十二両は……というと夢だという。金を拾ったのが夢で、友達を呼んで散財したのはほんものと聞いて、すっかり心を入れかえ、禁酒をちかって商いに精を出す。そのかいあって、三年後には通りへ小さな店を出し、若い衆を二、三人置くようになった。ちょうど三年目の大みそか、勘定をとりに来るところもなく、除夜の鐘をききながら福茶を飲んでいると、女房が話があるという。腹を立てずに最後まできいておくれと前置きして、四十二両の金を出す。三年前の夢がうそときいて、魚勝が怒ろうとするのを女房は押しとめ「三年前にこの金で朝から晩までお酒を飲むというので、大家に相談したところ、そんな金を使っては罪になる。お上に届け、夢にしてごまかせと教えられ、その通りにしたところ、落とし主がわからなくて下がってきた金がこれです。腹が立ったら気のすむようになぐってくれ」という。魚勝は心から礼をいい、きげんなおしに女房が一本つけてくれた酒を飲もうとして、ちょっと考え、「よそう。また夢になるといけねえ」(1)。

さて、この「芝浜」の原拠に関することだが、武藤禎夫は前著の中で、「蕉鹿《しょうろく》の夢」の故事にふれている。これは森鷗外も「革財布の出典」の中で指摘している。「真《まこと》に鹿を得し傍《かたはら》なる人とその室人《つま》とその上を作り変へたものだらう」(『鷗外全集』第二十五巻、岩波書店)。そして、蕉鹿の夢の故事が載る『列子』の周王の項を鷗外は引用している。武藤はさらに、前著で「芝浜」の類話として、咄本『かの子ばなし』(元禄三年・一六九〇刊)の中にある軽口咄を挙げている。日本橋で財布を拾った、越前より来た十介。宿に帰り畳に小判をひろげ寝る。その間、宿の主人にこの金を奪われる。起きた十介が言う、小判を並べた夢を見た、という話。(同書、上-五「俄分限《にわかぶげん》は一炊の夢」、岩波文庫『元禄期軽口本集』所収)。

夢について筆者も一考を試みよう。この「芝浜」の夢の一件であるが、女房は拾ってきた金は夢だと言いくるめて、夫を騙している。この時、演者によるのだが、夢だということを夫に納得させるために、ふだん金のことばかり思っているからそういう夢を見る、という詰め寄り方を女房のする演出がある。この部分に少なからず興味がわく。つまり、このような理屈が通るからには、願望は夢にあらわれやすいという心理学的な共通認識が、人々にあったということにほかならない。なるほど、例えば落語「夢の酒」でも、女房が夫の夢の話をきいて、あれほど悔やしがったのは、右のような夢に対する解釈があったためである。こういう考え方は、S・フロイトを俟つまでもなく江戸時代にはすでに存在している。松江重頼編の『毛吹草《けふきぐさ》』(正保二年・一六四五刊)に、「思ふ事は寝言にでる」(2)(岩波文庫)。また、江島為信の仮名草子『理非鑑《りひかがみ》』(寛文四年・一六六四刊)巻の中「夢物語の事」では、『論語』の述而第七で周公の夢を見る孔子の話を解釈し、孔子が周公の夢を度々見たのは、それが孔子の願望だからだと説いて、「是にて我思ふ事を夢見るといふ事明らけし」(『近世文学資料類従』「仮名草子編」25、勉誠社)と書いている。

さらに、説話化された描写を見てみる。井原西鶴の浮世草子『世間胸算用』(元禄五年・一六九二刊)巻三―三「小判は寝姿の夢」の初めの方などは、「芝浜」の夫婦とどこか設定が似ていておもしろい。まず、「思ふ事かならず夢に見る」という諺を踏まえた後で、夫が江戸駿河町で見た金子の山を、一二月の大晦日に家で妻が見る。夫が言うには、

「我江戸で見し金子、ほしや〳〵と思ひ込し一年、しばし小判顕はれしぞ」(日本古典文学大系、岩波書店)。

「芝浜」の女房が、大家の忠告に従い夢にして夫をごまかしたのには、二つの理由が挙げられる。一つは、大金のために目がくらみ理性を失い、怠け癖と道楽に拍車がかかるというもの。このような発想は西鶴の町人物や、江戸時代の商人の教訓・家訓物に多く見出せる。もう一つは、拾った金に手をつけたら罪になるという理由。(3) 説話の中では、例えば『康頼宝物集《やすよりほうぶつしゅう》』(治承三年・一一七九以後成立)上には、釈迦が叢《くさむら》にある金を見て毒蛇と言い、後でこれを拾った者が公に呼ばれ、持金をすべて差しだすが「猶此残リ有ラントテ責ヲ蒙テ悲ケル」(『続群書類従』第32下)とある。むやみに金を拾うことを戒めた説話であるが、では江戸時代、金を拾ったら法的にはどう処理するべきだったのか。また、拾得した金を使い込むようなことをしたら、どういう罪に問われたのか。『徳川禁令考』(吉川弘文館)後聚、巻之二十六、行刑条例の六十「拾ひ物取計之事」には、次のようにみえる。

享保六年極

一拾ひ物之儀訴出候ハヽ、三日さらし主出候ハヽ、金子ハ落主と拾ひ候もの江半分宛為取可申候反物之類ニ候ハヽ、不残主江相返拾ひ候者江ハ落し候ものより相応ニ礼為仕可申事

元文三年極

一落し候物之主相知不申候ハ、六ケ月見合彌主無之候ハ、拾ひ候もの江不残為取可
　申事

従前々之例

一拾ひ物いたし不訴出儀顕ニおゐてハ　過料

つまり、猫ババしたことが発覚したら罰金刑に処せられたのである。他に、随筆類を見てみる。椋梨一雪《むくなしいっせつ》著、神谷養勇軒編『新著聞集《しんちょもんじゅう》』（享保六年・一七二一以前成立、寛延二年・一七四九刊）俗談篇第十七の「不運の財かへつて凶となる」では追放刑に処せられている。四百両の金を得た者が、それを我物にしようとしたので、近くの者が名主にこれを告げる。さらに名主が奉行所へ。その結果、「訴人に五十両、名主に三十両、町中に十両たまはり、残金は公儀へめしあげさせられし。本人は、此事を訴へざる科のがれがたしとて、その町追放すべし」（『日本随筆大成』旧三－三）。なお、この話は寛文八年（一六六八）の話としてある。他に、上田秋成の随筆『胆大小心録《たんだいしょうしんろく》』（文化五年・一八〇八刊）の中に、整理中の廃宅の土地の穴から金を見つけた者が、お上に訴えると、半金は地主、半金はその日の日傭人で分割せよとなった。さらに、村の畑で金十両を得たという茶屋女の情報をきいて、その後拾い集めに行った者たちの二百両。これを訴え出ると、女はその金で身ぬけをするように、後で拾った者たちには「得たるまゝにたまひしなりとぞ」

（『胆大小心録』一四四、日本古典文学大系『上田秋成集』所収）。

拾った金で威勢がついた「芝浜」の亭主は、友人を呼び集め散財してしまうのだが、この種の人間はやはり他にも例を見ることができる。前掲に続いて『新著聞集』第十七「貧人金をひろひ却て横難にあふ」では、表具屋の久兵衛が帰り道で「小判を数十両ひろひて家に入り、急ぎ相借屋をよびあつめ、祝ひ事せし。元来すこしの蓄なければ、先《まず》何か取あつめ、質草にして、酒肴を物して、人々を饗応し」とある。結局、この男は拾った小判が偽物だったことから捕えられてしまう(4)。さらに、もう一つ似たような趣向が仮名草子『百物語』（万治二年・一六五九刊）下－四十八「小判ひろひし事」にある。

むかしある人きハめてまづしかりしに、あまりにかなしくおもひて、観音ハ福寿界とたのもしくして通夜をしけるに、あさとくおきてかへるさに、小判とおぼしき物土にうづもれて有けれバ、これ御りしやうとよろこんで、はしりかへりて、大黒棚へあげをきて、あたりの人々をよびあつめ、まづ酒をぞふるまひける。（『噺本大系』第一巻、東京堂書店）

ところが、これも小判だと思ったのは大きな間違いで、これは鬢水入《びんみずいれ》の底だったということが、その後わかったという笑話。

先行説話の登場人物をさぐれば、「芝浜」のような人が他にもいることはわかった。金を拾った者の行動としては前例があったと言っていいだろう。

『桂三木助集』の山本進の解説によると、「芝浜」の祖型として松崎観瀾《かんらん》の随筆『窓のすさみ』(享保九年・一七二四自序)第一に「芝浦の正直息子」のあることが指摘されている。この関係は、これより前に三田村鳶魚《えんぎょ》が『演芸画報』一九二二年三月号に「芝浜の財布」と題し発表している(『三田村鳶魚全集』第十巻、中央公論社所収)。三田村はこの両者について、「本来の孝行話を巧みに脚色、中沢道二《どうに》の心学流行にあいまって、訓戒を含めた創作」と推断している。

さて、この三田村説であるが、右のような説明をする限りにおいては、いささか困惑を禁じきれない。落語「黄金餅」の原話が、この『窓のすさみ』追加巻之上にある「執着深き僧」であることはよく知られているが、これに較べれば、「芝浦の正直息子」と「芝浜」が類似していると言うには逡巡せざるをえない。両者を関連づかせるには、他の論証がもう少し必要である。ともかく、ここに「芝浦の正直息子」の概要をまとめてみる。

芝浦に魚を売る二十歳ばかりの孝行者がいた。この者、ある時道で金二両包みを拾う。なかの証文から、この金が八王子の農夫の女が江戸での奉公で得た給金だとわかる。落とした者の難を考え、すぐに八王子へむかい、わざわざ届けてやる。そして村の歓待をうけ帰る。ある時、孝行者はまた金十両を仕事中に拾う。今度は白紙に包まれていたため、落とし主がわからない。役人に届けると、主がわからない物だから、拾ったのが幸いと思い持って帰れと言われるが、これを辞して帰る。そのため、町役人より金を奉行所に届ける。同時に前の八王子の一件も伝わり、奉行所で非常に感心される。三日の間金十両がさらされるが、落とし主が現れず、奉行所よりかの孝行者が召され、この金十両を賜る。[5]（有朋堂文庫）

どうだろうか。贔屓目に見ても、「芝浜」とこの説話が類似していると、すんなり判断するのは難しいのではないか。もちろんここには、芝という地理をはじめ、「芝浜」の素材が多く含まれていることは事実であり、これ以上に「芝浜」に類似した説話は、今のところ他に見当たらない。ただし、「芝浜」というよりも「芝浦の正直息子」に似た話がないわけではない。八島五岳の『百家琦《ひゃっかき》行伝《こうでん》』(天保六年・一八三五刊)二之巻「三組町与三右衛門」である。梗概を記す。

釣好きの与三右衛門が、深川辺で釣をしていたある夕暮。材木の間に浮かぶ包みがあった。拾いあげると、百両入った財布が出てくる。わずかに読みとれた行徳《ぎょうとく》の神主の名から、これが講金だとわかる。与三右衛門は、すぐに行徳へ訪ねゆき届けてやる。落としたことを気に病んでいた神主は、これに喜び安心して死んでゆく。この行為に与三右衛門は近隣の人々の歓待をうけ、新しい神主になるよう勧められるが、これを断り江戸へ帰る。いつの間にか、行徳の美談が他人の口より、やんごとなき所にきこえ、与三右衛門は小石川の御屋敷に召しかかえられる。(有朋堂文庫)見たように、お上から金品が下がってくるといった描写はないが、ほぼ「芝浦の正直息子」に類似する説話と言っていいだろう。水の中から財布を拾うところは、「芝浜」により近い設定と言えるか。

ところで、筆者の心境として三田村の説明の仕方には、若干の歯痒さを覚える。というのも、三田村が「芝浜」と「芝浦の正直息子」の話を結びつけた子細が、おぼろげながら想像できるからである。つまり、「芝浦の正直息子」と「芝浜」は、安易に連結づけられないものの、この二つの説話的骨格は、基本的に同一で、一つの説話の系譜で見ることが可能なのである。ただし、「芝浜」に至るまでに、三田村の言ったような意味も含めて、かなりの脚色がなされたため、つながりが見えにくくなっているのである。言い換えれば、落語「芝浜」は、多くの文芸者が手をかけた「芝浦の正直息子」のような説話群から、派生し成立した落語だったのである。そして、その説話群の本質は何かと言えば、拾った金・財布を不当に着服することなく望ましい処置をとった、という趣向である。「芝浜」の場合は、金を届けたのは女房の機転であるが、この趣向が「芝浜」と「芝浦の正直息子」に共通しているのである。「芝浜」の中では、女房が夫の拾ってきた財布を内緒でお上に届けた、というくだりはさらりと噺される演出が普通である。(6)ところが、この部分こそ近世説話上から「芝浜」を見るとき、最も重要な点である。三田村の所見が、このような観点も含んだうえで、「芝浦の正直息子」を「芝浜」に関連させたものであるならば、筆者はおおいに三田村説に同意するものである。

では、これから少々「芝浜」の内容から離れることにする。まずは、「芝浦の正直息子」の題中にもある「正直」という言葉の使い方から、さらにその概念を考えてみよう。

「正直」という言葉

『日本国語大辞典』を開き、「正直」という項に当たれば、「正直」の意味として次のような文が並んでいる。

一〔名〕①うそやごまかしのないこと。かげひなたのないこと。すなおで正しいこと。また、そのさま。②家屋の壁や柱などの傾斜を検査する道具。長い木の上下に横木があり、上の横木から錘《おもり》をたらして傾斜の具合をしらべるもの。③桶屋などの用いる一メートルあまりの大きなかんな。④大工仲間で、水のことをいう語。

二〔副〕気持や行動が偽りや見せかけでないさまを表わす語。本当のところ。

さらに、熟語としては「正直一遍」、正直だけがとりえで、特別な才能やはたらきのないこと。また、そのさまやその人。「正直正路」、正直なこと。いつわらないこと。また、そのさま。「正直正路者」、正直正路な人。「正直倒《だおし》」、正直そうに振舞って人をだますこと。「正直坊」、正直な者。「正直者」、正直な人。諺としては、「しょうじきの頭《こうべ》に神宿る」「しょうじきの儲けは身につく」「しょうじきは一生の宝」「しょうじきは一旦の依怙《えこ》にあらざれどもついに日月《じつげつ》の憐れみを被《こうむ》る」、以上が挙げられている。

問題にするのは、前掲の〔名〕①と〔副〕の意味だが、引いたとおりいずれも抽象的な語のみによる説明が施されている。また、「馬鹿正直」や「真正直」「不正直」の意味も、〔名〕①や〔副〕の説明よりわかりうるものだろう。さらに、他の辞書類を引いてみる。諸橋轍次著『大漢和辞典』(大修館書店)には、正直の意味として「ただしくなほい。心がまっすぐで偽りよこしまのないこと」。『和訳日葡辞書』(岩波書店)に「正しう直なり」。『塵《じん》添壒嚢鈔《てんあいのうしょう》』(臨川書店)に「正直トハ。心ノスクナル歟ソノ心ナリ」とある。辞書の古今を問わず「正直」の意味の説明上に、大きな相違は見られない。心が素直であること、隠しごとをしないこと、外から明らかであること、等々の解釈がなされている。

確かに、右のような抽象的・表象的な意味・ニュアンスで使われた例は枚挙に暇がない。『撰集抄《せんじゅうしょう》』(一三世紀成立)巻二－八と、巻三－八に「正直房」という人物が出てくるが、彼がそう名づけられたのは、「心だての云べきかたなくすなほに侍りければ」(三－八、岩波文庫)という理由による。橘成季《たちばなのなりすえ》撰『古今著聞集《ここんちょもんじゅう》』(建長六年・一二五四成立)巻第三「大江匡房道非道の物を各一艘の船に積む事」、ここに「世ははやくするゑになりにたり。人いたく正直なるまじき也」(日本古典文学大系)。『徒然草』(一四世紀)第八十五段「人の心すなほならねば、偽りなきにしもあらず。されども、をのづから正直の人、なとかなからむ」(新日本古典文学大系)。『義経記』「九郎が有所に於ては、知りたるらん。虚言を構へず、正直に申され候へ」(日本古典文学大系)。御伽草子の『文正草子《ぶんしょうぞうし》』(室町中期)「下郎なれども、心は正直に、主のことを大事に思ひ」(同)。仮名草子『尤之双紙《もっとものそうし》』(寛永九年・一六三二刊)下「正直の二字。みどり子の心。聖人心。治れる世の掟」(新日本古典文学大系)。仮名草子『清水《きよみず》物語』(寛永一五年・一六三八刊)上「人の友ともなるべき人やあると見るに、其身正直なるはあれども、ふつゝかに卑しくして」(同)。浅井了意の『狗《いぬ》張子《はりこ》』(元禄五年・一六九二刊)巻三―二「猪熊の神子《みこ》」「身すぎのために人をたぶらかし、利得を望み諂《へつら》いいつわり、正直の道にそむくこと、神の恵み仏の教えに外《はず》れたるもの」(古典文庫、現代思潮社)。近松門左衛門の浄瑠璃「曾根崎心中」(元禄一六年・一七〇三初演)生玉の場「ハアかう言うても、無益のこと、この徳兵衛が正直の心の底のすゞしさは、三日を過ごさず、大坂中へ申訳はしてみせう」(日本古典文学全集、小学館)。歌舞伎「鳴神」「正直正路の白状におよばずんば」(日本古典文学大系『歌舞伎十八番集』所収)。『鳩翁《きゅうおう》道話《どうわ》』(天保年間成立)弐之上「チト心《こゝろ》を正直《しやうぢき》に御《お》持《もち》なされ。心のゆがみが見えて、甚《はなは》だ見ぐるしうござる」(日本思想大系『石門心学』岩波書店所収)。同弐之下「正直《せうじき》を本《もと》とすとあれば、何分《なにぶん》にも、人はすぐでなければならぬ」(同上)。西沢一鳳軒《にしざわいっぽうけん》の『皇都《こうと》午睡《ごすい》』(嘉永三年・一八五〇刊)二編下の巻、畠山重忠の項に、「重忠は勇力世にすぐれ古今の壮士といふばかりにてもなく志操潔白にして極めて正直の人也」(『新群書類従』1)。どうやら、「正直」は心によこしまな気持ちがないことを表す言葉として使われ、また一方「嘘」や「偽」の対義語として用いられることも多いようだ。[7] 落語で言えば、「禁酒番屋」のサゲが、よくこの対立関係を物語っている。もう少し時代を現代に近づけた用例を見ていこう。

福澤諭吉の『福翁百話』(一八九六〜一八九七)「田舎の人は律儀正直にして小児の如し」(『明治文学全集』8、筑摩書房)。夏目漱石『吾輩は猫である』(一九〇五〜一九〇六)四「細君も君の事を御世辞のない正直ないゝ方だと賞めて居たよ」。漱石『坊っちゃん』(一九〇六)五「小学校や中学校で嘘をつくな、正直にしろ」。森鷗外『雁』(一九一五)「僕は正直に心の思ふ通りを言つた」。芥川龍之介のアフォリズム集『侏儒の言葉』(一九二七)に「正直」という項がある。ここでもその文を読めば、「正直」が自らが考え、感じることに忠実にという意味で使われている(芥川は、故に人間は正直になれないと言っている)。志賀直哉に『石榴《ざくろ》』(一九二五)という小文集があり、ここに「正直もの」という文が載る。批評家が自分の友人の作品だけをほめて、顰蹙をかったという内容。「馬鹿正直」の好例か。国木田独歩の小説「正直者」(一九〇三)も、自分の欲望に忠実になるか否かに煩悶することがテーマ。内田百閒の「正直の徳に就いて」(一九三五)でも、嘘をつくことが正直の徳を捨てることといった旨の話がある。やはり、嘘の対立概念として正直を明文化した例は多い。百閒の他にも、堺利彦の「正直の徳」、伊藤整の「正直な夫」がそれだ。太宰治の「正直ノオト」、これも自分自身に真率であれという意味を含んだ随筆の題名。中村光夫の評論「『悪の華』以後」(一九五七)では読書論が語られている。「正直といつても自分自身に対するもので、つまりそのとき感じたことについて、自分自身をいつはるな」(『中村光夫全集』第十三巻、筑摩書房)。

他に、商売に関して使った例も多い。西鶴は「しれぬ年の正直にしるゝ物こそあれ」(『男色大鑑《なんしょくおおかがみ》』巻七－四、『対訳西鶴全集』明治書院)。また、悪い噂のたった男が「せめて我正直を世にしらせたき願ひ」(『本朝桜陰比事《ほんちょうおういんひじ》』巻三－二、同)。と書いた例もあるが、専ら次のようなものが目立つ。「正直の頭をさげて、当座の旦那あひしらひに物買をまねき、商上手の物は」(『日本永代蔵』巻四－四、同)。「小川屋のあるじ、正直を本として、わづかの世わたり」(『西鶴織留《さいかくおりどめ》』巻二－五、同)。「名物の商売するに、正直のかうべに松の尾大明神もやどらせ給ひ」(『西鶴俗つれづれ』巻三－三、同。以上西鶴からの引用)。また、岩垣光定『商人生業鑑《あきんどすぎわいかがみ》』(宝暦七年・一七五七跋)巻之一に、「一生金銀を大切にし、正直に商ひを励み、始末倹約を守り」(訓戒篇下、『日本教育文庫』同文館)。『大久保武蔵鐙《おおくぼむさしあぶみ》』(天明四年・一七八四以前)の「松前屋五郎兵衛之伝」上巻「元来正直の性質なれば、高利は望まず、世間より安直に売出せし」(有朋堂文庫)。三遊亭円朝『塩原多助一代記』(明治一八年・一八八五)第十八篇「其家益々富み栄えましたが、只正直と勉強の二つが資本《もとで》でありますから」(『明治文学全集』10)。商業上で「正直」と関連させたことでいえば、「正直」をいわゆる純粋という意味で使った例もある。江戸時代、浅草辺に「正直蕎麦」というものがあった。このいわれが、四壁庵茂蔦《しへきあんもちょう》『わすれのこり』(文政七年・一八二四自序)上に、「生蕎麦にて余の物を交ぜぬとしてかくは云ふ」(『続燕石十種』1)。

佚斎樗山《いっさいちょざん》の談義本『田舎荘子《いなかそうじ》 外編』(享保一二年・一七二七刊)巻の一「黄鸝《こうり》入レ夢」の中に、「正直」の概念が次のように評釈されている。

何をか正直といふ。世間にて正直といふは、わがなしたる事を、よしもあしきもかくさず、うそをつかずにうちあけていふを、正直者といふ。そればかりにては正直の義に叶はず。心邪《よこしま》なく、道を守て死に及べども、おのれを曲《まぐ》ることなき、是正《せい》といふ也。すなほにして偽ず、道に随て私の巧をいるゝことなき、是を直《ちょく》といふ。正直な心の基《どだい》也。(叢書江戸文庫13『佚斎樗山集』)

おそらく、この「正直」の評釈は、現代人が「正直」から受ける印象と共通し、現代人の抱く概念をおおむね包括しているものではないか。この他に、八田知紀の『桃岡雑記』(弘化三年・一八四六刊)には「正直」という言葉を評した一節があるが、これはだいぶ哲学的な解釈で、現代人の一般通念からすれば不適合。また経典『十地経《じゅうじきょう》』『別訳雑《べつやくぞう》阿含経《あごんぎょう》』にも、「正直」が評釈されている。近代では、幸田露伴が『正直』(一九二五)という箴言集を書いている。二十五項目にわたるもので、ちなみにそのうち最後の項目を引用して、その全体の概要を想見していただこう。「正直は非常に大きな徳である。天地の大徳を正直といふのである」(『露伴全集』第三十巻、岩波書店)。

以上、「正直」の辞書的な説明は終える。ところがである。この「正直」という言葉には、ある特種の役割がある。ある行為がなされた、もしくはなされようとした時に、「正直」が必要とされるのである。どこからともなく浮上する「正直」は、無意識に日本語民族が使っていたと推断できる。ひいては、その行為自体を「正直な行為」「正直な事」「正直な人」というふうに形容動詞的に説明するのに使うだけにとどまらず、そのまま、その行為を「正直」と名づける文献も少なくない。

遠回しになってしまったが、その行為とは、人の落とした物品・財布・金品を拾うが、それを不当に着服することなく本来の持主に返す、あるいは返す努力をすることである。この一連の行為を「正直」と言うのである。辞書類に対して、高慢にも補足を試みれば、「正直」という言葉は隠し事をせず心すなおに等々の抽象的な意味のほかに、落ちている(置いてある)他人《ひと》の物はとらないという、かなり具体的な意味も含有していたのである。そして、こんな使い方は今でも残っていると思える。例えば、『大宅壮一文庫雑誌記事索引総目録』の「拾得・遺失」を見ると、やはり記事タイトルに「正直」の文字を含んだものがある。また最近流行したアニメの主題曲に、「走れ正直者」という歌があった。はじめの歌詞は、交差点で百円玉を拾ったよ、というふうだったと記憶する。

つまり、「正直」の下に「者」がつけば、他人の物を自分の物にしない人という意味になる場合も少なくないのである。「正直」の評釈として、そのようなことを言い含めた文は多く知らないが次のようなものがある。

正直と云事、人の物をかくしてとらず、偽いはぬばかりを、正直とは申さぬ也。（日本教育文庫宗教篇『沢庵法語』）

また、狂言「腹立てず」には、「腹立てずの正直坊」の渾名を持つ人物が出てくる。ここに、次のようにある。

まず私は、師匠の手にかかっているうちから、楊子一本取り違えたことはなし、また生まれてこのかた、ついに腹を立てたことがないとあって、師匠の、腹立てずの正直坊と付けられてござる。（日本古典文学大系『狂言集 下』）

「楊子一本取り違え……」のところで、今まで些細な悪事もしなかったというような注記をみるが、そのような比喩的な表現として読む以外に、もっと文に則して考えることは不可能だろうか。(8)

落ちている、または、他人が置き忘れていった金品を見つけた場合、それを我物にしないで、本来の持ち主に返す行為を示す言葉「正直」は、説話の中で検出できる。そして、説話の中ではその正直の行為に対して、報酬というか、正直を行なった者に幸福・財宝等の見返りが約束されていることが多い。では、「正直説話」と題し、以下、この件について例証してみよう。

正直説話の系譜

「正直」という文字の有無を問わず、他人の金品を拾う趣向を文学作品から拾い上げ考察してみよう。

中国、明(一三六八〜一六四四)の時代、顔茂猷《がんもゆう》編述『迪吉録《てききつろく》』「廉財門」にある「密雲富翁還辺餉遺金因得其亡子」は次のような説話。

中国の密雲。一子が行方知れずとなった翁がいた。ある暑い時、老人の家の門で数人が涼をとり、去っていった。後で翁が門に行くと黄袋があり、銀が中にいくつか入っていた。しばらくして一人帰ってきて、泣きながら銀袋を忘れたことを訴える。翁はすぐ返してやる。落とし主は感謝し、礼をすると言う。翁は子を失った憂を述べ、この先でいい子供がいれば欲しいと言った。落とし主はその後、子供を売る者に行きあい、連れていた子供を買い馬に乗せる。翁の家の門へ着いた時、子供がかけだす。その子供こそ老人の失った子供だった。(国立国会図書館蔵本)

老人の正直への報徳は、行方不明の子供が戻ってくることだった。

ところで、この説話は『迪吉録』の「廉財門」に入っていると書いたが、この説話を収めたものに蔀遊燕編『和《わ》漢《かん》故《こ》事《じ》文《もん》撰《ぜん》』(正徳五年・一七一五刊)がある。話の骨組みは当然同じだが、ただ『和漢故事文撰』にはこの説話に原文にない「正直ノ人ノ事」と題が付されている(『影印日本随筆集成』二、汲古書院)。『迪吉録』の「廉財門」には他にも金を拾う話がある。また、『迪吉録』の影響を受けた中江藤樹の『鑑草《かがみぐさ》』(正保四年・一六四七刊)「春風、陰騭《いんしつ》」(岩波文庫)にも、金を拾い届ける訓話が載る(他の漢籍では『醒世恒言』第十八巻「施潤沢灘闕遇友」等にある)。

続いて日本の中世説話より。無住『沙石集《しゃせきしゅう》』(弘安年間・一二七八～一二八八成立)第九(二)「正直ノ女人ノ事」は次のような話。

本尊を造立するための五十両を持った僧が上洛していた。駿河の国の宿で、この金が入った袋を置き忘れる。途中でこのことに気がつくが、もはや他人の物と諦める。務めをおえた僧が、帰途に前の宿をたずね、袋の一件を話す。すると、宿の女はそれを出し、僧に返す。喜んだ僧は、女に十両を受け取るように頼むが、女はこれを拒んで受け取らなかった。その後、女は僧に連れられ、所領の土地の世話をする役目につき幸福になる。(9)(日本古典文学大系)

この話のあとに、「マメヤカニ難レ有正直ノ賢人ナリ」などの教訓じみた言葉があり、その中に、「正直ノ物ヲバ天是レヲ助《タス》ケ、幸《さいはひ》ヲエシメ、諂曲《てんごく》ノ物ヲバ冥《みやう》是レヲ罰シテ、災《ワザワ(ヒ)》イヲ與《アタ》フ」とある。正直の徳をあらわすとともに、正直でないことへの戒めも語った一節である。

右の説話に続いて、巻九(二)「正直ナル俗士《の》事」、さらに巻九(三)「正直ニシテ宝ヲ得タル事」と、正直の文字の入る説話が並ぶ。いずれも、我物・他人の物という関係に、金がからまってくる展開である。前者は、貸し主に百両を返そうとした人が、もはや当の貸し主がいないので、その子供に返そうとする。しかし、その子供は、親の物であって自分の物ではないと、受け取りを拒否。結局、国の守《かみ》の裁断を受けるという、「井戸の茶碗」を連想させるような話。後者は、次のような内容。

唐に貧しい夫婦がいた。ある時、夫が銀貨の六つ入った袋を拾って帰ってくる。落とし主はどんなに嘆いているだろうか、という妻の言葉をきいて、夫は落とし主を捜しにゆく。すぐ落とし主はわかったが、中身は銀貨七つだったと言い張ったため、国の守《かみ》の裁断となる。国の守は、正直者の夫婦に嘘はないとして、この袋は別人が落とした物だとして、その銀の入った袋を夫婦に与えてしまう。

この場合は、題名にあるとおり、金品が正直の報徳になったわけである。なお、この説話については、南方熊楠《みなかたくまぐす》が「正直者、金拾いし話」(「続南方随筆」、『南方熊楠全集』2、平凡社)で論及している。これによると、ロンドンにもこの説話と同趣向の話があり、さらに仏典『弥沙塞部五分律《みしゃそくぶごぶんりつ》』巻十・『四分律《しぶんりつ》』巻十八にも類話があるという(本書二八七ページ注(6)参照)。

さて、近世説話にはいろう。浅井了意の仮名草子『堪忍記《かんにんき》』(万治二年・一六五九刊)巻之八「唐の余干《よかん》商人の遺金をかへし金を得たる事」。これは、前に引いた『迪吉録』の「廉財門」の「余干舵師《だし》、商ノ遺金《しょういきん》ヲ還《かえ》シ施《ほどこ》シテ舟下《しゅうか》ニ金《きん》ヲ得《え》タリ」を典拠として成立したと思えるが、ここでは了意の文章からその概要をまとめておく。

まずしい船頭の父子がいた。ある時、船にのせた商人が三百両の金袋を置き忘れていった。父はそれを、慌てて戻ってきた商人に返してやる。「さても奇特正直の舟人かな」と商人に感謝されたが、礼も受け取ろうとしなかった。商人が去った後、せっかく拾った大金を我物にしなかったと、父をなじる子に、道理を諭しながら舟を出そうとした時、舟底に何やら物があたった。五百両の黄金であった。これが本当の宝だと悟った父子は、これを持ち帰り豊かになる。「陰徳のむくひ」とある。(『近世文学資料類従』「仮名草子編」2)

野間光辰によれば、この『堪忍記』の話は、浮世草子『西鶴織留《おりどめ》』(元禄七年・一六九四刊)巻二－四「塩うりの楽すけ」に踏襲されているという(日本古典文学大系『西鶴集 下』補注)。生かされているのは、「塩うりの楽すけ」の後半部分で、次のようなもの。

通りで桟留縞《サントメ》の財布を拾った塩売り。自分の居所を触れて帰る。菱屋という絹屋の手代が訪ねてきて、小判百二十両を紛失したという。塩売りが持っていた金額と一致したので手代に財布を返す。さらに、喜ぶ手代のお礼五両を受け取らなかった。

後に、塩売りはこの手代の陰ながらの加護を受け豊かになった。

このあと西鶴は、この塩売りに対して名医の口を通してこう言い添えている。「あれは今の世の聖人なり」。その理由が「今の世、金子を拾つてかへす事が、そもや〳〵広い洛中洛外にも又あるまじ」(日本古典文学大系)。つまり、落ちている金品を着服しない行為は難しい。故に金を落とし主に返すことは美徳である、という考え方があることの裏付けになる文である。(10) なお、この「塩うりの楽すけ」には、「正直」という文字は見られない。また、西鶴の作品で金を拾う話といえば、『西鶴諸国ばなし』(貞享二年・一六八五刊)巻五－七「銀が落としてある」を思い出す。冒頭、「物事正直なる人は」(新日本古典文学大系)、他にも「はるばる正直にくだる心ざし」と、「正直」の文字が見えるが、ここでは先学の指摘に従うまでもなく、「馬鹿正直」の意味でとるしかない。

永井正流の浮世草子『本朝浜千鳥』(宝永四年・一七〇七刊)巻四－三「正直仏の入易」は、次のような話。

江州近津に旅籠屋《はたごや》を営む正直屋市左衛門という人がいた。この人が若い時、参宮道者一行を泊めると、そのうちの一人が金子二十両を紛失。宿屋を大捜索させた道者は、使用人らを疑ったが結局出てこなかった。その後、かわやでこの金を見つけた主人は、あんなに疑われたのにもかかわらず持ち主へ届け、礼も受け取らず帰る。これが近国へきこえ評判になり、多くの人の定宿となり栄える。さらに、市左衛門はある時、古道具屋で仏像を買うが、中から金十両が出てくる。これに驚いた市左衛門はさっそく、古道具屋より仏像の売り主を聞き出し金を返しに行く。売り主であった老夫婦にありがたく迎えられた市左衛門は、感謝のしるしに先祖が秀吉から賜ったという壺をもらう。すると、これが都で高く売れ、市左衛門は老夫婦をよびよせて共に幸せに暮らした。(『江戸時代文芸資料』三巻)

やはり、ここにも宿の繁盛という、正直者への見返りはあった。また、後半の市左衛門の佳話は、「井戸の茶碗」型のモチーフに共通している。『耳嚢《みみぶくろ》』(文化一一年・一八一四成立)巻之三「奇物を得て富みし事」も同趣向。

前に引いた『窓のすさみ』には「芝浦の正直息子」以外にも、正直説話がある。その第二「正直なる商家の僕《しもべ》」は、山田の隠士が落とした金を商家の手代が届ける話。追加巻之上「辰巳屋の祖父の正直」は、浪花の辰巳屋が富商になった理由を語る。かつてこの家の祖父が船頭であった時、金を拾うが三年間それに手をつけることなく持っていた。ある時偶然に持ち主が知れ、返してやると感謝され船を譲られる。追加巻之下「川越の正直」は、安倍川で商人の落とした金を持ち帰った子供が、父親に叱られ、捜しに戻った商人に返す。これがお上に伝わり褒美を賜るという話。

『太平百物語』(享保一七年・一七三二刊)巻四-三十八「薬種や長兵衛金子をひろひし事」。

泉州堺の薬種屋長兵衛が、天神の社前で五十両包みを二つ拾う。ありがたいと思ったものの落とした人の難儀を考え、奉行所に届けようとする。この件を聞いた五介という者が、それは狐のしわざで本物の金ではないと長兵衛をたぶらかす。再び日を改めて、五介に促されて天神にきた長兵衛。ここで紙に包まれ金子を装った馬の糞を見つける。なるほど騙されたと悟った長兵衛は、五介に前に拾った金子を与える。長兵衛から金を掠めとる策略に成功した五介であったが、その後、癩病に冒され狂い死にする。（叢書江戸文庫2『百物語怪談集成』）

これは、正直でない不正直の罰を例証している話といえる。自分で拾った金ではないが、それを巻き上げたための悪報である。片仮名本『因果物語』（寛文元年・一六六一刊）下の十にも、座頭の傍らに置いてあった官金をとったために、盲人になる話がある。正直説話には、因果応報譚の特徴が色濃く認識できる。なお、このように、人の金品を猫ババしたために、悪報を蒙る展開については、すでに拙稿で検討を試みた(11)。

次に、青路館主人『古今百福談《ここんひゃくふくだん》』（安永二年・一七七三刊）巻一―二「孝子の福」は、次のような粗筋。

親孝行の子。ある夜、三百両入った財布を拾う。持ち主の名が記されてあったので届けにゆく。持ち主は侍で、主人の金であった。喜んだ侍は礼をわたそうとするが、一両のみ受け取った子は、それ以上は辞す。後に侍の主人が子の行為に感心、孝行

の子に改めて三百両を贈る。（国立国会図書館蔵本）

伴蒿蹊《ばんこうけい》の『近世畸人伝《きんせいきじんでん》』（寛政二年・一七九〇刊）からは多くの正直説話が検出できる。その巻之一「亀田久兵衛」。この久兵衛が富裕な書家の養子になりえたのは、人の傘を誤って持ってきたとき、母親の制止を逆に諫めて、本来の持ち主に返そうとしたので、その真摯な態度を、書家が感心したためである（この場合は金を返したわけではないが）。同巻之三「山科農夫」は、道ゆく旅人の落とした財布を、農夫が見つけ旅人にもどれと叫んだという話。同巻之三は正直説話の宝庫のように、この種の話が各々短いが記されている。三条室町の老婆が袱紗包みを商家に返した話や、近江八幡の労農が金三十片を返した話、湖中の長命寺の巡礼が旅人の落とした金を返す話、京都千本通りで金百片を拾った者が、落とし主にそれを返す話がある。同じく、伴蒿蹊の『続近世畸人伝』（寛政一〇年・一七九八刊）巻之四「雇人要助」の話も正直説話の系譜に属しうる内容。はじめに、この男がまったく嘘をつかない正直者だという前置きがあって、やはり、ある者の落とした金を要助が苦労して届けてやり、その結果、離ればなれになった息子と再会する機会に恵まれたという筋である。

平賀蕉斎《しょうさい》『蕉斎筆記』（寛政一二年・一八〇〇刊）の三にある説話は、次のような粗筋。ある家中の侍が辻駕籠の中で、金子入りの財布を見つける。すぐに駕籠屋に、前にのせた客が降りたところへ向かわせ、持ち主であった旗本に財布を返してやる。歓侍を受けた侍であったが、名をなのらず帰る。その後、この旗本のほうから、この一件が侍の主君である榊原に伝わり、侍は御加増となる。(12)(『百家随筆』3)

この話での正直への報徳は、御加増であった。届けた者が名乗らなかったり、礼を受け取らないというのは正直説話の特徴である。庶民が好む美意識につながるものなのだろうか。駕籠に関する話では、東随舎《とうずいしゃ》著『古今雑談思出草紙《おもいでそうし》』(天保一一年・一八四〇序)にも、旅人が落とした煙草入れを、駕籠かきが駕籠の上に人目につくように掲げ、道中を走り、落とし主を見つけ、返すが酒代も受け取らなかった、という話(「人性、形によらざる者の事」)があり、ここにも、「旅人も其正直なる志しを感心して」(『日本随筆大成』旧三-二)とある。

また、『蕉斎筆記』二には、座頭の忘れていった金を届ける話がある。ただ、ここでは届けられた金の受け取りを座頭に拒否されるという話の運び。しかしこのことが結局、届けた者と座頭の幸福を招くこととなる。『窓のすさみ』第三「足軽の正直座頭を救ふ」も、座頭の置き忘れた金を届けた足軽が、後に侍に取り立てられたという話。藤井懶斎の『閑際筆記』(正徳五年・一七一五刊)には勢州桑名の話で瞽者《こしゃ》の落とした金を届ける話がある。

根岸鎮衛《やすもり》の『耳嚢』巻之二「正直に加護ある事附豪家其気性の事」に次の話がある。

蔵前の伊勢屋の息子、下谷あたりで茶屋の女と遊ぶ。その後、印形の手形など入った鼻紙入れを忘れていったのを女が見つける。女が車力に蔵前の伊勢屋を訊くと、その車力も偶然、伊勢屋に忘れ物捜しに頼まれた人であった。この車力を介して伊勢屋に連絡。伊勢屋親子が茶屋に来て、女に礼を言い、店の親方にかけあい、親方が言う身請け金よりはるかに高い金を出して女を請け出す。(岩波文庫)

なお、この種の説話は近世説話中に他にも見られる。続いて、大蔵永常の『奇説著聞集』(別名『田家茶話』。文政一二年・一八二九刊、国立国会図書館蔵本)にも、いくつかの正直説話が収められている。巻二「ひろひたる金を返し福ありし話」は、天明の頃、京都の奉公口から娘の身代金三十両をもらった播州の人が、伏見の船乗場でその金を落とす。家に帰り嘆いていると、この金を届けてくれる人があった。この人が礼を受け取らず再び伏見に戻ると、また三十両を拾う。公に訴えると、落とし主が知れぬので拾った者の徳とせよという話。続いて巻三「金を拾ひて返せし義士の話」は、ある侍が蔵前の札さしより受け取った組中の金を駕籠の中に置き忘れるが、次に同じ駕籠に乗った人が、侍に金を届けて名乗らず去るという筋。さらに巻三「金を拾ひて死したる話」は、拾った金を猫ババして死んだ男の話で、前述のものとは逆の悪報説話。死に方がユニークで、拾った金に喜んだ男が、二階の畳の上に小判を一枚ずつ並べ後ずさりしているうちに、二階の上がり口から転落死するという趣向である。(13)

『思出草紙』巻之九「拾ひし金を返す事」は次のような話である。

江戸本所、糸商売をする貧しい源兵衛が大川橋辺で財布を拾う。金十両と書付がはいっていた。源兵衛は落とし主の心境を憂い橋に佇んでいると、若者二人が金子を捜しにきた。声をかけ事情を聞くと、源兵衛の持つ財布の内訳と一致、返してやる。金は店の主人の金で、若者はそこの奉公人だった。名も告げず去った源兵衛に対し、筆者は「是陰徳といふべし」と言葉を添えている。

ほかにも、『思出草紙』巻之十「稀なる清直の者の事」。これは、火事で行方知れずになった金を、見つけた人が苦労して返す話。ただ前の話同様、「陰徳の志し」と称讃の言葉があるばかりで、今まで見てきたような正直の徳を得ることはない。なお、この火事の話は、『享和雑記』(享和三年・一八〇三自序)巻二―二十八「矢師伊兵衛清潔の事」を吸収したものであろう。

前に引いた『思出草紙』の「人性、形によらざる者の事」でもそうだったが、いやしい身分とされていた人々が金を返す、という類の話は他に多く類話を見つけることができる。中村新斎《しんさい》の『思斉漫録《しせいまんろく》』(天保三年・一八三二刊)巻二では、紙くずのなかにあった銀子を返した紙屑屋の話。『窓のすさみ』第一「正直なる乞食の話」と室鳩巣《むろきゅうそう》の『駿台《すんだい》雑話《ざつわ》』(享保一七年・一七三二自序)巻之三には、乞食が拾った金を、捜しにきた者に返す話がある。いずれも、礼に与えられた食物のために死を招くという皮肉な結末の話。前者は京の話で、後者は江戸の話だが、この両者はおそらく同根の説話だろう。さらに、

『諺種初庚申《ことぐさはつごうしん》』(宝暦四年・一七五四刊)巻五―一「命を引きとめる財布の口紐」にもこの種の話がある。また、松浦《まつら》静山《せいざん》の『甲子夜話《かっしやわ》』(文政四年・一八二一〜天保一二年・一八四一成立)巻三十の十三の其四「夜発《やほっ》於てふ貞義之事」は『招隠館雑録』から転写したものと静山は断っているが、これも前掲のものと同趣向の話。また、『甲子夜話』の原註でも、この話とからめて『駿台雑話』に言及している。さらに、この趣向は石川雅望《まさもち》の『こがねぐさ』(成立年未詳)では、全体の筋にまで発展していく。

山崎美成《よししげ》の『提醒紀談《ていせいきだん》』(嘉永三年・一八五〇刊)巻一「観世音の利益」は次のような話。

江戸室町の蠟燭屋四郎兵衛。ある時金子百両を拾う。落とし主がわからないので、ある寺の住持と相談する。いかんともし難いと悩んでいる頃、住持は、店の金子百両を失い観世音に七日詣でをしている手代を見かける。さっそく、住持は四郎兵衛にこの手代を引き合わせ安心させてやった。四郎兵衛はお礼も受け取らず帰り、後日手代より届けられた一両も、施しに与えてしまう。そんな四郎兵衛、ある時かねて注文しておいた脇差を求めると、これが世に二つとない名刀。黄金三十枚の値打ちがこれにつく。「人は正直にて道を守りかりそめにも欲心あるまじきことなり」。

(『日本随筆全集』第六巻、国民図書)

ここまで引いてきた説話を通して考えれば、「正直」と讃えられるためには、第一に「無欲」であるという前提条件が必要のようだ。例えば、「正直むよくのもの也」(『諸国因果物語』巻六‐五、『青木鷺水集《ろすい》』第四巻、ゆまに書房)とある。欲のない者が幸せになる民話の正直爺さんとの関係も連想しておくべきか。(14)

大田南畝《なんぽ》の『半日閑話』(成立年未詳)巻十五には「家来の正直」という話がある。「至て正直なる」家来が、五十両の使いに出た途中、雪道で転ぶ。その後、いざ金を出そうとするがない。慌てて転んだ所にとって返し、雪の中から三十八両を得る。再び帰ってくると、元々の五十両の財布はなくしたのではなく、鴨居にかけてあったことを思い出す。そこで三十八両は公儀に届けるが、落とし主が現れないので、この家来に下がってきて、この金子を元手に末には同心の株も得た。(『大田南畝全集』第二巻、岩波書店)

この説話は、柳田国男の『日本の昔話』に収められている「拾ひ過ぎ」の原話だと思えるが、「拾ひ過ぎ」の中では、金を得たのはこの家来の「正直の報いであったろう」(『定本柳田国男集』第26巻、筑摩書房)としているのは、普段の正直さ故に金を得たという意味だろうか。それとも、今まで論じてきたように、拾った金を猫ババしなかったその行為こそが、「家来の正直」だったのだろうか。いずれにせよ、正直説話には金を拾う趣向がついてまわる。そして、その金への無欲さが、ついには金を招き寄せるというパラドクシカルな筋書きこそ、正直説話の妙である。なお、この「家来の正直」と、『耳嚢』巻之七「不思金子を得し事」、円朝の人情噺「梅若七兵衛」は同趣向の話である。

最後に、講談より例をあげれば「正直車夫」。この講談も正直説話に準ずるものである。

黒田清隆をのせた貧乏車夫。黒田が車に置き忘れていった鞄を届けに行く。「正直な奴」だと黒田に感心され百円を出される。ところが、身分不相応だとして車夫は決してもらおうとしない。改めて黒田は感心する。後日、金でないもので、正直な心の報いだとして、黒田より人力車二百台が車夫に贈られる。(『講談全集』第9巻、一九二九、大日本雄弁会講談社)

同じく車夫を主人公にした落語で「正直」という噺がある(三代目春風亭柳枝演、『口演速記明治大正落語集成』第四巻所収)。「正直車夫」とやや設定は似るのだが、ここでは金を拾う等の手法はない。大臣より車の修理代他の金を与えられるのだが、これは車夫の親孝行を「正直の徳」としたもの。

落語・講談にある「三方一両損」(別名「一両損」他)、「井戸の茶碗」(別名「茶碗屋敷」他)も、これまで見てきた正直説話の系譜に属しうるものと考えられる。いずれも、金の所有を巡ってあい争うという趣向が見られ、類話は他に少なくない。前者は「板倉政要」(元禄元年・一六八八以前成立)七の十四「聖人公事捌」から、西鶴『本朝桜陰比事』(元禄二年・一六八九刊)巻三-四「落し手有拾ひ手有」へ。さらにこれが大岡政談の「畳屋建具や出入の事並一両損裁許の事」(有朋堂文庫)に結実。『講談傑作集』(一九四三、大日本百科全集刊行会)の阪本富岳「正直三右衛門」の中にも、この説話が踏襲されている。後者は、『思出草紙』巻之七「茶碗屋敷の事」に原話が載っているが、この記述以前に講釈師によって演じられた噺と考えるべきか。都の錦の浮世草子『新鑑草《しんかがみぐさ》』(宝永八年・一七一一序)巻四-一「楊白之金を還して福を得たる事」も、「井戸の茶碗」とモチーフを同じくするという(田中伸「都の錦『新鑑草』をめぐって」、『近世小説論攷』桜楓社)。また、部分的に「井戸の茶碗」と趣向の類似するものとしては、すでに『本朝浜千鳥』のところ他で、書いたとおりである。他に、金の所有権を譲り合う趣向といえば、伴蒿蹊の『閑田次筆』(文化三年・一八〇六刊)巻之四などにある。ここでは、伊勢の駕籠かきが拾った金を、先肩の者と後肩の者がお互いに譲り合うというもの。ここでも二人には最終的に金銭の恵みによる幸福が約束されている。三好想山《みよししょうざん》の『想山著聞奇集』(嘉永三年・一八五〇刊)巻四「雁の首に金を懸けて逃行たる事并愚民の質直、褒美に預かりたる事」の中にも金の所有を譲り合うなど類似の趣向が見られる。そして、右に挙げた『本朝桜陰比事』以下の作品の文中に、「正直」の文字を見つけることができる。その他、八文字屋本の浮世草子には金を拾う話が多い。

説話の中において、「正直」とは単に抽象的な概念や、嘘をつかないというような謹厳な行為のみを指すにあらず、他人の物、特に金品・財布を拾った者が、自らの物にせず、本来の持ち主に返すという具体的な行為をも、「正直」と言ったのである。そして、説話中において正直にはみかえりが約束されている場合が多かった。士分に取り立てられるとか、御褒美を賜るとか、一方《ひとかた》ならない御加護を受け富裕になる、改めて大金を手にする等々である。これらが言わば、正直の徳なのであった(15)。

近松徳三の歌舞伎『伊勢音頭恋寝劔《こいのねたば》』(寛政八年・一七九六初演)の二幕目に、正直正太夫という人物が出てくる。この男が何をするのかというと、講金をかすめとり、それを隠蔽し、私腹を肥やそうと考えを巡らす役割である。結局、この悪企みも徒労に終わるのだが、このような悪業をする人間の名が「正直正太夫」であるとは、大いなるアイロニーである。単に「正直」を心すなおなる等々の解釈しかしないのであれば、このアイロニーも強く活かされず、本来の反語的命名も半ば無意味になってしまうのではないか。また、これとは逆に、落語「正直清兵衛」の清兵衛、河竹黙阿弥の歌舞伎『敵討噂《かたきうちうわさの》古市《ふるいち》』(安政四年・一八五七初演)の正直清兵衛などは、正直という名を持つ人間の置き忘れた金が奪われる故に、そこに悲哀さが増すのである。考えるに、これらのネーミングには逆説的使用という意図があったのではないだろうか。

さて、この正直説話の中で「芝浜」をとらえてみると、最終的にこの夫婦が繁栄したのは、妻の機転による「正直」を行なったための報徳だったとする見方も可能なのである。つまり、粗筋に触れる限り、この「芝浜」の夫婦が裕福になったのは、夫が改心し、酒を断って仕事に精を出したからであるように見えるが、説話的なカラクリから読めば、そうなるのは妻の「正直」が行なわれた時点で決定していたのである。そして、その妻の正直とは、もはや言うまでもないだろうが、夫の拾ってきた金を不当に着服することなく、然るべき手はずをとったということである。ただし、拾った金の一件で悔悟した夫が、断酒の末、妻にも支えられつつ商売に精を出したために裕福になった、という見方のほうが、現行の「芝浜」を鑑賞するさいには、基本的な見方である、と言えよう。

三田村鳶魚が「芝浜」と、『窓のすさみ』の「芝浦の正直息子」を結びつけたことは、以上のような観点において賛成しうる。金を拾った夫がすぐさまお上に届けるのではなく、妻を介していること。また、落語家の演出では、妻の「正直」は手短に噺され、それを著しく称讃するように演じる伝統はないこと。これらの脚色によって、「正直」行為としてのあり方は見えにくくなっているが、「芝浜」も実は近世期に熟成していた正直説話の落とし胤だったのである。改心・精勤といった道徳的な要素を注入し、形式的には三田村の言うように変化を遂げているが、正直説話の骨組みを話の基盤に持っているのが、人情噺「芝浜」だと思える。

注記

（1）主《あるじ》の名が熊五郎になっている速記もある。二代目三遊亭金馬（『金馬十八番』一九二二、三芳屋書店）、柳亭左楽（『落語全集　下』一九二九、講談社）、八代目入船亭扇橋（『昭和戦前傑作落語全集』一九八一、講談社）など。熊・魚熊で演ずるのは、二代目三遊亭小円朝（小円太）（『三遊叢書』一八八八、日吉堂）、古今亭志ん生（『五代目古今亭志ん生全集』第三巻）など。魚金・金でしたのが八代目桂文治（「名人花形十八番競演落語全集」、『富士』正月号附録、一九三六、講談社）など。三木助は四十二両だが、他の演者はほぼ五十両。ただし三遊亭円生は四十両（『口演速記明治大正落語集成』第六巻）。「芝浜」には金を拾う浜の描写が必要だと述べたのは、四代目柳家小さんの芸談だが（今村信雄『落語の世界』一九五六、青蛙房）、これを省略したのが、金馬（以下同前）、左楽、志ん生、扇橋など。「拾ったものは他人《ひと》の金だ」と女房に言われると、「往来に落ちてたらお上に届けるが、海にあったのだから」という言い訳をする演出もある。三木助は異なるが、金馬・左楽・志ん生・扇橋などは、そう演じていた。お上に届けてから一年でお金が下がったと、期間を明言しているのは、志ん生、『新作落語全集』（柳家小せん口演、一九四一、小岩堂書店）、『名人落語全集』（桂文楽、一九四八、清教社）、である。なお、前掲の『三遊叢書』にこうある。「何か拾ひ物をして訴へないと十一日以上三月以下の懲役になり二円以上廿円以下の罰金を取られる」。ちなみに、『立川談志独り会』第三巻の「芝浜」では、名は勝、拾った金は四十二両、また、道でなく海で拾ったからという言い訳がある。

（2）後漢の『潜夫論』巻七に「昼有所思所夜夢其事」（法政大学図書館蔵本）。なお、この引用文周辺は「夢物語の事」に類似。

(3) 金を拾ってきた夫を、高潔・自負の精神から諫めた妻もいる。『後漢書』より選んで『新続列女伝』に採った「楽羊子が妻」。「羊子嘗行ㇾ路得二遺金一餅一。還以与ㇾ妻。妻曰。妾聞。志士不ㇾ飲二盗泉之水一。廉者不ㇾ受二嗟来之食一。況拾ㇾ遺求ㇾ利。以汚二其行一乎。羊子大慙。乃捐二金於野一」(『古列女伝』有朋堂)。なお、『鳩翁道話』三之下に、継母の虐待を受けた娘が、役人の吟味にさいして、継母をかばい、「夢」だと言い続ける話がある。

(4) 金を拾ったふうに装い、実はにせ金で騙りを働く話もある。橘宗雪の『吾妻みやげ』(安永六年・一七七七自序)の「深川うなき屋かたりの事」(『日本庶民生活史料集成』十六所収)。

(5) 二両の正直が十両に、という運びは『伽婢子《おとぎぼうこ》』(寛文六年・一六六六刊)巻十二「盲女を憐て報を得」にもある。両者に関係ありか。

(6) 落語「二十四孝」では郭巨《かっきょ》が金をお上に届けたとする(三代目金馬・五代目小さん他)。これは本来の故事にはない。庶民の倫理観が落語にも影響をあたえたのだろうか。

(7) 嘘をつかないことを正直だとする話は少なくない。例えば、『吉田紘二郎全集』(一九三二、新潮社)第十六巻『童話集』所収「正直な和尚さま」。これは、上田秋成『春雨物語』の「樊噲《はんかい》」で、金の所有額を偽った和尚が、訂正に戻るラストシーンを童話化したもの。また、『島尾敏雄全集』(晶文社)第十二巻『東北と奄美の昔ばなし』所収「正直正兵衛」は次のような話。ためた給金を持って江戸に行き刀鍛冶として成功しようとした田舎の鍛冶屋。路中、峠の盗賊の家に泊まってしまい、自分の金のありかを二度までも正直にしゃべって、盗賊に金を奪われる。

(8) 他人の物を取り違えないことを正直とした話といえば、例えば、『藤村全集』(筑摩書房)

第八巻、童話集『幼きものに』(一九一七)所収「正直な子供の話」。典拠はわからぬが(フランス種《だね》か)、隣の鶏が少年の家の庭で卵を生み、少年はすこし悩んだ末、卵を隣の家に返す、という話。

(9)かくもなぜ、紛失したり落ちている金には五十両が多いのか(「文七元結」・「柳田格之進」=「雲萍《うんぴょう》雑志」もそうだ)。三木助の「芝浜」の四十二両は写実性を考えた故(興津要編『古典落語(上)』講談社文庫)というが、他の演者に五十両が多いのは注(1)で書いたとおり。

(10)思うに、盗むというような計画的犯罪とは違い、落ちている金を取るか否かというのは突然の選択であり、その人間の真心の試される場面ではないだろうか。

(11)『法政大学大学院紀要』第30号「落語「もう半分」と「疝気の虫」の形成」。「芝浜」は、「もう半分」の逆の構成とみることもできる。「もう半分」では亭主のほうが金を届けようとしたのを、女房は止めている。その結果が悪報である。「もう半分」の構成要素は五十両・女房の一言で猫ババ・悪報、であり、「芝浜」は五十両・女房の機転で正直・裕福、である。

(12)『甲子夜話』巻二十三に類話がある。

(13)この部分は次の小噺と同趣向である。「エヱ金を貯めて、エヱ以前なんざァ昔ァみんな、自分でヱ隠して持ってえたもんで、「どのくらい貯まったろう」ッてんでもって二階でもって、エヱこう、金を並べて、「まだあるまだある」ッて後ィさがってってェ、二階から落っこって死ンじゃったなんて……」(『五代目古今亭志ん生全集』第二巻「黄金餅」。本書「黄金餅」の節参照)。なお、『奇説著聞集』巻三の「人の命を助けて其人の聟となりし噺」は、落語「佃祭」に類する。

(14) 民話における正直については、佐竹昭広『民話の思想』(平凡社選書)が参考になる。
(15) 『小酒井不木全集』(一九二九、改造社)第八巻「新道話」の「正直の徳」は、正直を網羅的に検討しており、興味深い。

追記

＊ 「芝浜」を持ちネタとする落語家には、他に、円楽・さん喬・雲助らがいる。
＊ 太宰治は随筆「革財布」(『太宰治全集』第十巻、一九九〇、筑摩書房)の中で、森鷗外説を否定している。太宰は同随筆で、「芝浜」に「似たやうな話」として、西鶴の『武家義理物語』(貞享五年・一六八八刊)巻五－一「大工が拾ふ明けぼののかね」を提示している。(中込重明「太宰治と落語」、『諸芸懇話会会報』一八七号参照)
＊ 講談「どっちが夢」(『評判講談全集』第五巻所収)では、「夢だ」と言って相手を言いくるめる。また、ボッカチオ『デカメロン』七日目九話にも、「夢だ」と言って相手をはぐらかす趣向がある。
＊ 『労四狂《ろうしきょう》』(延享四年・一七四七刊)の初編下に、「芝浜」の前半と類似した話がある(新日本古典文学大系『田舎荘子《いなかそうじ》　当世《いまよう》下手《へた》談義《だんぎ》　当世《とうせい》穴《あな》さがし』所収)。
＊ 「正直ニシテ宝ヲ得タル事」と同様の話が、『イギリス民話集』(一九九一、岩波文庫)、『ドイツ炉辺ばなし集』(一九八六、同)、式亭三馬『梅精奇談魁草紙《ばいせいきだんさきがけそうし》』(文政八年・一八二五刊)の中にある。また、三浦梅園『梅園叢書』(寛延三年・一七五〇自跋、安政二年・一八五五刊)中巻「おとし物したる主と拾たる者と曲直裁判の話」も同様。

＊江島其碩『善悪身持扇《ぜんあくみもちおうぎ》』(享保一五年・一七三〇刊)巻五の一が金を拾う話に関連する。

＊西鶴と、正直についての話との関係については、冨士昭雄「西鶴の構想」(野間光辰編『西鶴論叢』一九七五、中央公論社)を参照。

＊「井戸の茶碗」と類似の話は、『近世珍談集』(編者・成立年次未詳。『未刊随筆百種』一二所収)の二「神田橋御門外細川侯茶碗屋舗の謂れの事」がある。また、中山義秀が小説「井戸茶碗」(初出『小説新潮』一九六五年七月号)を書いている(中込重明「近世説話の転用――中山義秀の翻案」、法政大学国文学会『日本文学誌要』49、一九九四年三月所収、を参照)。

＊韓国の小説に「芝浜」と類似のものがある。李建志「安国善小説集『共進会』に現れた落語「芝浜」の影響」(『比較文学研究』71、一九九八)参照。『共進会』については本書「「風呂敷」再考」の節参照。

＊石川淳が「金銭談」(『夷斎俚言』所収)の中で本稿の趣旨と同様なことを発言している。

＊金を拾ったとよそおう話が『文化秘筆』(文政年間成立、写本。『未刊随筆百種』四所収)にある。

＊＊「怪談阿三の森」「心中時雨傘」は『円朝人情噺』(大正二年・一九一三、日本書院刊)に収録される一方、現時点では円朝作を否定すべき理由を見出し得ないので、岩波版『円朝全集』十二巻に収載した(横山泰子・佐藤至子「後記」参照)。

「文七元結《ぶんしちもっとい》」──身投げを止めるはなし

人情噺「文七元結」の作者は三遊亭円朝だと言い習わされている。一方、円朝以前、すでにあった噺に円朝が手を加えたのが「文七元結」だとも伝えられている。正岡容《いるる》の「我が円朝研究」にこうある。

希くは何とかして私、『文七元結』の円朝以前のものが知り度い。我が円朝の、原作のどこへどう細工を施したか、それを知ることによって一そう円朝と云う人の特別の技量の、いよいよ私たちの前に明らかにされるだろうから。(『小説 円朝』下澤書店所収)

正岡容のこの願いは、円朝に親しむ人々の等しき気持ちである。さて、本稿だが、結局のところ、力不足の至りで正岡の問いに答えられていない。わずかに、これまでの先行諸氏の指摘をまとめ、加えて筆者の管見に入った限りの「文七元結」に近接すると思われる説話を列挙したにすぎない。この点、多少なりとも忸怩たる気持ちは拭いきれず、将来、必ずや決定的な資料の出現があって、自他問わず本稿が書き改められることを信じ、それまでの布石としてここに残しておきたい。

　「文七元結」と書いて、「ぶんしちもっとい」（あるいは「ぶんしちもとい」という発音もあるか）と読む。慶安三年（一六五〇）刊の安原貞室の語学書『かたこと』に、「髻《もとゆひ》をもつとい髪会とも書」（白木進編、笠間選書）とあり、元結を「もっとい」と読む例は、すでに近世初期に見られる。ただ、菊岡沾涼《せんりょう》の随筆『本朝世事《ほんちょうせじ》談綺《だんき》』（享保一九年・一七三四刊）器用門「摎元結《こきもとゆひ》」には、「文七元結《もとゆひ》」（『日本随筆大成』旧二－六）、朋誠堂喜《ほうせいどうき》三二《さんじ》の黄表紙『文武《ぶんぶ》二道万石通《にどうまんごくどおし》』（天明八年・一七八八刊）の序に「文質元結《ぶんしちもとゆひ》」（日本古典文学大系『黄表紙・洒落本集』）とある等、「ぶんしちもとゆい」と発音されたと思われる例も少なくない。だが、この人情噺に対してはもっぱら「文七元結《ぶんしちもっとい》」と呼び習わされてきたようだ。実在の文七元結の考証・発祥地等々については、「文七元結の創製」（『三田村鳶魚全集』第七巻）や、礒部鎮雄「文七元結・その他」（『円朝考文集』第四所収）でなされている。また、長野県飯田に文七元結の元祖・桜井文七の記録があると、山本進が橘左近の報告を紹介している（『名人名演落語全集』第六巻、昭和篇Ⅰ、演目解題）。他に三升屋《みますや》二《に》三治《そうじ》の随筆『十八大通』（弘化三年・一八四六序）の「髪結文蝶」を見ると、江戸に文七という髪結のいたことがわかる。

　もっとも、文七のモデルの有無にかかわらず、「文七元結」が事実譚ではないことは、その話柄からしてほぼ明白である。やはり、虚構の世界から「文七元結」に迫らねばなるまい。そこでまず、角川書店『三遊亭円朝全集』(一九七五)第四巻所収の「文七元結」より、その梗概をやや詳しくまとめてみよう。

本所達磨横町の左官の長兵衛は、腕のいい職人だが無類の博打好き。ある年の暮、負けて帰ってくると家に娘のお久がいない。女房のかねと夫婦喧嘩をしながら娘の行方を心配していると、吉原の角海老《かどえび》楼の若い衆がやってくる。この男が、実はお久は角海老にいて、女将《おかみ》が長兵衛に話があるから尋ねるように、と伝える。女房の着物を剝ぎ取り、女将に会いにゆく長兵衛。女将から、お久が父親の道楽のため借金だらけになった家を憂いて、自ら身をここへ売りにきたと聴かされる。そして、情ある女将は、一年の間お久が店の手伝いをすることと引きかえに、長兵衛に百両の金を貸し与える。期限過ぎても返済のない場合は、お久に客をとらせるという条件つきで。金を持った長兵衛は吉原を出て吾妻橋にかかると、今まさに身投げを図らんとする若者と出くわしたので慌てて止める。男を叱りつけ、わけをきくと、白《しろ》銀町《がねちょう》三丁目、近江屋という鼈甲《べっこう》問屋の若い者・文七と名のる者で、本日小梅の水戸様から頂いた百両の掛金を枕橋でぶつかってきた男に奪われてしまい、そんな大金の弁償もできないから、死んでお詫びをすると嘆く。どうしても死ぬと言いはる文七に、長兵衛はさっき借りたばかりの百両を投げつけ駆けてゆく。遅くなって店に帰った文七は、長兵衛の金を掛金と偽って差しだす。ところが、文七の本来の掛金は、碁に夢中になった文七が碁盤の下に置き忘れたのであって、すでに小梅よりの使いが店に届けていると、主人・卯兵衛からきかされる。さらに卯兵衛は、その新たな百両の入手先を文七に質《ただ》す。混乱した文七が橋の一件を告白すると、卯兵衛はこれに甚《いた》く感心。翌朝、文七が長兵衛からきかされた少ない手掛りで、卯兵衛はお久を角海老から身請けし、長兵衛宅を捜しあて、親類づきあいを申し込みながら、お久を駕籠で長兵衛夫婦のもとに届ける。その後、文七とお久が一緒になり、麹町六丁目へ文七元結の店をひらく。

これは明治二二年(一八八九)四月三〇日から、同年五月九日まで、「やまと新聞」に連載された速記で、同年六月に刊行(『三遊亭円朝全集』第四巻解題)。この噺は円朝以後、四代目三遊亭円生(一八四六〜一九〇四)・四代目橘家円喬(一八六五〜一九一二)・三代目春風亭柳枝(一八五二〜一九〇〇)・初代三遊亭円右(一八六〇〜一九二四)・五代目三遊亭円生(一八八四〜一九四〇)・五代目古今亭志ん生(一八九〇〜一九七三)・六代目三遊亭円生(一九〇〇〜一九七九)・八代目林家正蔵(一八九五〜一九八二)らの落語家を経て、現代の演者に伝えられている。故に当然の事として、速記類やテープ等の音源は多く残されている(保田武宏『ライブラリー落語事典』)。早くから芝居化もされ、明治三五年(一九〇二)榎戸賢治作で、歌舞伎座で初演されて以来現在まで、「人情噺文七元結」(通称・文七元結)の狂言名で上演され続けている(『歌舞伎事典』平凡社)。吾妻橋の場面を中心に、上・下に切る演出もあるが、通しで噺せば小一時間かかることは珍しくなく、間違いなく大ネタ中の大ネタに属する噺である。ただ、人情噺にしては、実は意外に虚構の時間は短い。一連の出来事は、師走のある夕方から朝にかけて、大きく見積っても、二十四時間以内に起こったと思われる。なお、人情噺であるからもちろんサゲ(オチ)はなし。サゲが創作されたということはこれまで聞かない。

ところで、現在も含め近年の庶民が聴き親しんだ「文七元結」は、前掲の円朝の速記とは若干異っているのではないかと思われる。おそらく、我々がなじみ深い「文七元結」は、『円生全集』第四巻所収のほうではないかと想像される。そこで、ここに両者の相違にふれる。

まず、円生のほうでは角海老ではなく、佐野槌《さのづち》。どちらも吉原の大店には変わりがない。春陽堂『円朝全集』(一九二六)巻一によると、全集所収の速記上は「角海老」とあるが、実際の高座での円朝は「佐野槌」で噺したとある。『安藤鶴夫作品集』(朝日新聞社)Ⅱ所収の「小さん聞書」には、落語研究会の席上、三遊亭円右が、角海老で「文七元結」を演じた際、周囲の後見人から佐野槌に改めるべきだと諌められたという。右「聞書」には近藤蕉雨の批評とある。どうやら、これ以後「佐野槌」にほぼ統一されたと見るべきか。また、借りる金額が、円生では百両ではなく五十両。「輪講文七元結」(『円生全集』第四巻所収)の円生の発言によれば、円朝の直弟子で、多く円朝の噺を後世に伝えた三遊亭一朝(嘉永元年・一八四八か弘化四年・一八四七〜昭和五年・一九三〇)は、借金額が二十両。一朝より「文七元結」を教わった五代目円生が、これを五十両に直したとある。地名に関しては、円朝の白銀町三丁目が円生では横山町三丁目。また麴町六丁目ではなく、麴町貝坂とある。

他に、『円生全集』にあって、『円朝全集』に見えない点で気がつくのは、長兵衛の通う賭場が具体的に「細川の部屋」とある。これは、吾妻橋近くの細川能登守の下屋敷の中間部屋(参考、佐藤光房『合本東京落語地図』朝日文庫)。江戸の切絵図を見れば、本所方面にむかって吾妻橋の突きあたり、松平越前守の屋敷を隣りに、小梅の水戸邸とも近い。大名の下屋敷は役人の手が及びにくいので、中間部屋などが博打場になりやすかったと言われる。例えば、中間三之助の捕えられた事件は、近世の随筆類に見られる(『宝暦現来集』巻之二十他)。また長兵衛が娘を捜すにあたって、「高尾山の呼ばわり山」に行くとある。前掲の「輪講文七元結」には、東京八王子市の高尾山近くの川口町の今熊山とあるが、正しくは飯島友治編『古典落語』(一九六八、筑摩書房)第三巻の説明で指摘されるように、今熊山があるのは同市上川町(『八王子市史』)。今熊山の熊野権現の境内を、尋ねる人の名を呼びながら三度まわると、目的の人に会えるという信仰がある。根岸鎮《やす》衛《もり》の『耳囊《みみぶくろ》』(文化一一年・一八一四成立)巻之九「呼び出し山の事」でも扱われている。

さらに、金を持った長兵衛が吉原を出たところで、「闇の夜に吉原ばかり月夜かな」という句を入れている。不夜城吉原を礼讃する句として、歌舞伎や芝居に、実に頻繁に引用される宝井其角の句だが、『五元集』(延享四年・一七四七刊)より正しくここに引けば、「闇の夜は吉原ばかり月夜哉」(日本俳書大系『元禄名家句選』。傍点筆者)。「闇の夜は」とする「文七元結」の速記もあるが、句の解釈は吉原礼讃に変わりないと窺える。しかし、この句の場合、意味の採り方の転倒もありうる。これについては、江國滋が『落語美学』(旺文社文庫)で言及している。文七が金をとられたと言った枕橋については、江戸時代よりこれを源森橋とするなど、呼称の他に枕橋の位置の異同等、混乱があった(石川悌二『東京の橋』新人物往来社)。

ちなみに、地理に関して続ければ、吾妻橋からの身投げは、他の近世文芸にも多くみられる。落語のほうでは、「佃祭」「星野屋」。「文七元結」に近いところで、人情噺「唐《とう》茄子屋《なすや》政談《せいだん》」の主人公の若旦那も、同橋より身投げを試みるが、おじに偶然止められる。そしてこのおじの住所が長兵衛と同じく、達磨横町。この地名は、北本所表町の上の方を指す呼称である(『御府内備考』巻之百三十七)。他に落語「山崎屋」と「文七元結」の地名の一致については後述する。なお、右の「唐茄子屋政談」と上方落語「吉野狐」は近い。

さて、これから「文七元結」の成立について考えてみよう。『林家正蔵集』（一九七四、青蛙房）によれば、円朝が山の手のある寄席できいた噺をもとに、工夫してこしらえたのが「文七元結」だとある。『円朝全集』巻一にも、円朝以前からあった短い噺を円朝がまとめ上げたとある。飯島友治編『古典落語』第三巻や、『口演速記明治大正落語集成』第六巻演目解説などでは、中国の古いはなしに、「文七元結」の源流がみられる、とある。ただきわめて不可解なことに、書かれているのはその程度で、それが何という本のいかなる話なのか明確に記されることはない。『名人名演落語全集』第六巻の演目解題で、山本進は右の具体性に欠ける指摘にふれ、先行の類話をもとに円朝が「文七元結」にまとめたのであろうと推測している。

中国のはなしを、日本の人情噺に換骨奪胎した例を挙げれば、『醒世恒言』他からの「紺屋高尾」があり（「幾代餅」も同じ）、地名・人名・風俗を巧みに換え、創作し直している（延広真治「廓ばなしの系譜」、『國文學 解釈と教材の研究』一九八一年一〇月号所載）。また、人情噺ふうの落語とでも言えそうな「佃祭」も、明・陶宗儀撰の『輟耕録《てっこうろく》』に原話がみえる。「佃祭」の原話については、まず、三田村鳶魚が「落語の佃祭」を書き（『日本及日本人』54号、一九二四年七月）、それを受けて、南方熊楠が『輟耕録』を原話として指摘した（同誌56号、同年九月。『南方熊楠全集』5所収）。同じく『輟耕録』には、人情噺

「ちきり伊勢屋」の原話も見出せる。「佃祭」の原話は、『輟耕録』巻八「飛雲渡《ひうんのわたし》」であり、「ちきり伊勢屋」の原話は、同巻十二「陰徳延寿」である。(1)

実は、「ちきり伊勢屋」と「佃祭」には、「文七元結」と類似している点がある。まず「ちきり伊勢屋」は、死期を予言された主人公が、生きている間に財産を使い果そうとした際、首をつって死のうとする人を見かけ、これに金を与えて助ける。この陰徳によって、死相が消え、さらに助けた人に今度は主人公自身が援助され成功するという筋。しかも、「文七元結」同様、このラストには助け助けられた両者が、親戚関係になるという幸福が用意されている。また、「ちきり伊勢屋」の舞台の一つになる平河町には、円生の「文七元結」で店をひらいたという貝坂がある(麴町は広範囲に適用される地名。細かく言えば貝坂は平河町にある。『角川日本地名大辞典』)。この点、若干気になる共通点である。

また、「佃祭」でも、死を望んだ娘に金を与えて助けた男が、図らずもその娘に危機を救われるという因果応報譚が語られている。つまり、「ちきり伊勢屋」「佃祭」同様、自分の助けた相手から救われる「文七元結」の運びも、これらの仏教的な因果応報譚に収まるのではないか。

さらに具さに見ると、「佃祭」には次のような場面がある。これが「文七元結」に似ている。三代目三遊亭金馬(一八九四〜一九六四)の演出より。

ご主人の五両のお金をなくして……言い訳のなさに死のう（本所一ッ目の橋からの身投げ）としたところを、旦那さまに助けていただきました。（ちくま文庫『古典落語　金馬・小円朝集』）

「旦那さまに助けていただきました」とは、この旦那が娘のなくした金の肩代りをしたという意味である。では、右の原拠である『輟耕録』の「飛雲渡」はどうなっているのか。『和刻本漢籍随筆集』（汲古書院）第二集所収の『輟耕録』をみれば、「耳環」をなくした「女子徘徊悲《ひ》戚《せき》シテ将《まさ》ニ水ニ赴《おもむ》カントスルガゴトクナルヲ見テ、少年亟《すみやか》ニ之ヲ止《とど》メテ」。金ではないが、主人の物を紛失した娘が、絶望してうろつき今にも水に飛び込もうとしているのを、ある男が速やかに止めたと読める。この後、たまたまその耳環を拾っていたその男が、これを娘に与え、事なきを得る。

「飛雲渡」を下敷にした近世説話のなかにも、主人の金をなくす場合と、物をなくす場合がある（注（1）参照）。その一つ、金をなくす例で、東随舎『思出草紙』の「陰徳陽報之事」より、右の身投げに概当する場面をまとめてみよう。

非情な主人から買物を命じられた下女。持たされた一歩の金を何者かに奪われ、両国橋から身を投げようとしたその時、二十ぐらいの医師に止められ、「其奪ひ取れし金子、主人に出して侘言せんに、何ぞ得心なきといふこと有べき。此金子を持て其通りせよ」と金を与えられ助けられる。（『日本随筆大成』旧三－二）

「文七元結」の橋上の場面に類似すると言えよう。さらに、この『思出草紙』を著した東随舎の他の作品中に、この「陰徳陽報之事」以上に、「文七元結」の橋上の場面に類似し、さらに全体の構成も類似する説話がある。文化二年(一八〇五)序、同年刊の読本『聞書雨夜友《ききがきあまよのとも》』、この巻一「陰徳にて顕長寿之相話」である。細かくその梗概を見ていこう。

江戸村松町の医師の使用人だった徳介は、大変な律義者で、奉公の間しっかり金をためて独立、四ツ谷あたりで妻をもち、自ら商売をはじめた。ある年の暮、いつものように徳介が、旧主の家に御機嫌伺いにゆくと、旧主である医師は徳介の顔に死相があらわれているのに気がつく。そこで医師は心の内で別れを告げるべく、死相のことは口に出さずに飲食でもてなし、金も与えて帰す。年が明け、医師は徳介が気がかりだったが、多忙のため四ツ谷の方に足がむかないままでいた。そんな頃、すでに亡くなったと思われた徳介が、三月にもなって遅くなった年始だと称して医師のもとへ来た。それも、すっかり死相がうせて、逆に長寿の相をあらわしている。これは何か陰徳を積んだのではと察した医師は、前に秘めた死相の一件を述べ、徳介に近況を問いかける。すると、徳介はこう述懐するのであった。去年の冬、実は義理の悪い借金五両に身投げでもしようと思いつめていた徳介。しかし妻子の行末を考えると、そうも出来ないと苦しむ。この様子を見かねた徳介の娘が、自ら吉原にゆくと言いだす。仕方なく女衒《ぜげん》をたよって、吉原の大文字屋に娘を売って十五両の金をつくった。その帰り道、徳介は、材木屋の手代が掛取りの金を落として途方に暮れているところに出くわして、同情し、手代のなくしたという五両を、さっきの金から都合してやろうとする。はじめ受けとろうとしない手代に、徳介は五両を投げつけて去る。その翌日の大晦日。手代の話に感激した材木屋の主人は、手代の覚えていた大文字屋という、わずかな手掛りで娘を請け戻す。その後、商売の元手を出してもらう等、この材木屋の庇護のもとに生活も上向きになった徳介一家。娘も材木屋に嫁いで皆幸福だと語る。（国立国会図書館蔵本）

全体の筋は、「ちきり伊勢屋」。そこへ「佃祭」の要素を混合させたような説話ともとれるか。

ここまでのことを少し考えてみたい。『聞書雨夜友』の作者・東随舎の別作品『思出草紙』には、明らかに「飛雲渡」説話を下敷にした「陰徳陽報之事」があった。故に、東随舎が『輟耕録』の説話に通じていたこともいちおう想像できる。そこで、全体の筋を『輟耕録』の「陰徳延寿」に拠り、橋上の見せ場を同書「飛雲渡」を参考にし、これらを巧みに融合させてこしらえたのが、「陰徳にて顕長寿之相話」ではないだろうか。ただし、右の根拠を持ち出し「文七元結」の遠い原型が、「ちきり伊勢屋」「佃祭」同様、『輟耕録』に探り当てられるのだという結論は未だ差しひかえておきたい。

ところで一体、この東随舎なる説話作家は何者なのか。実のところ、ほとんど詳しい事はわかっていない。「牛込に住し、狂歌師」(『選択古書解題』)であったらしいが、著作としては、『思出草紙』『聞書雨夜友』の他に、読本『閑栖劇話《かんせいげきわ》』(天明三年・一七八三刊)、説話『落葉集』、随筆『誠感集』、教訓書『憎まれ口』が伝えられている(『国書総目録』)。そして、これらの著作のなかに、舌耕文芸と共通する話柄を収めることの多いのに驚く。例えば、『思出草紙』巻七「茶碗屋敷之事」は、落語・講談の「井戸の茶碗」と同工である。巻二「狐に贋て欺き、きつねの為に死する事」は、落語「紋三郎稲荷」。『聞書雨夜友』巻三に、落語「茗荷屋」、巻四に落語「寿限無《じゅげむ》」を連想させる説話が載る。『閑栖劇話』巻四-一は落語「妾馬《めかうま》」に類似し(延広真治「落語」、『日本人の美意識』二所収)、同巻四-二「慈計談話」は講談「天保六花撰《てんぽうろっかせん》」に吸収され(延広真治「天保六花撰」、『文学』一九八五年一一月号)、講談「安政三組盃《あんせいみつぐみさかずき》」の材木屋の娘が妾にとられる趣向も、「慈計談話」を踏襲したものか。他に、『閑栖劇話』巻二-二は、落語「宿屋の仇討」に近い。

今後、東随舎の著作と舌耕文芸との関連は、もう少し検討する余地を残していると言えるだろう。

現段階として、『聞書雨夜友』の前掲話以上に、「文七元結」に類似した説話は見つけられない。だが、もう少し、舌耕文芸の持つ貪欲な吸収癖を考慮に入れて、影響関係の可能性がある例をさらに引いておきたい。
長兵衛は文七が断るのにもかまわず、命のためだと怒鳴りつけ金を投げ与えている。これに類する趣向は、伴蒿蹊の随筆『閑田次筆』(文化三年・一八〇六刊)巻四にもある。次のようなものである。

両国橋で、ある巾着切りが、袖に石を入れ身投げしかけた男を救ける。わけをきくと、年貢未納の里を救うために、娘を売って身代金十六片を得たが、それを別の巾着切りにとられたと言う。これを知ったこの巾着切りは、他より奪った十五片を差しだし、あと一片は何とかしろと言いながら、これを拒む男に「其懐へおし入れて走過侍りし」。(『日本随筆全集』第七巻)

次に問題にするのは、文七の早合点である。これまで引いた類話の例では、主人の金(物)を紛失したお詫びに、身投げに及ぼうとするものばかりであった。ところが、文七は「枕橋までまいりますと、ポカリとうさんな奴が突き当たりましたから」(『円朝全集』)と言っているものの、実は小梅の水戸の屋敷に金を置き忘れていたのが真相であり、右の「奴」に奪われたと思ったのは、文七のとんだカン違いだったのである。このように、お金を落とした、または、盗まれた、と思いこみ焦るが、実はそうではなかったという趣向で思いだすのが、円朝作「梅若七兵衛」である。貧しい狂言師梅若七兵衛が、旗本から二十五両を頂き帰宅すると、その金がない。慌てて道を引き返し、小判を拾って再び帰宅。落ち着いたところで、懐に手をやると旗本からの二十五両がやはりあった。たちまち金が二倍になったという話柄。これはすでに拙稿(「芝浜」本書六八ページ)で書いたように、大田南畝『半日閑話』(成立年末詳)巻十五「家来の正直」や、『耳嚢』巻七「不思金子を得し事」が同一の趣向であり、また『定本柳田国男集』第26巻「日本の昔話」の「拾ひ過ぎ」にもとられている。「文七元結」も長兵衛から与えられた金とはいえ、金が二倍に増えてしまっている。あるいは、「文七元結」の創作背景には、右の説話の形式が何らかのヒントを与えたとも想像できる。他に、この種の円朝の噺では、「福禄寿」も視野に入れておくべきだろう。

ところで、文七に前述のような誤解を生じさせた原因は何か。小梅の水戸屋敷に長居して、慌てて飛び出したからである。では何故、長居してしまったのか。前にも書いたが、再びここでは近江屋卯兵衛の小言を引いてみよう。「お前は碁にかゝるとカラ夢中だから困る、お前が帰つて仕舞つた後《あと》を見ると碁盤の下に財布の中へ百両入つたなり有つたから」(『円朝全集』春陽堂)。つまり、囲碁に熱中して時のたつのも忘れ、肝心な掛取り金の所在もきちんと確認せずに、持ったと錯覚して店へ帰ったのである。ここで少し脇路にそれ、時代考証めいた疑問にふれよう。文七の右のような道草行為が、果して、現実にもありえたのであろうか。東洋文庫『絵本風俗往来』の「小僧金子の使」を読むと、金の入った袋をほうり出し、石投げをして遊ぶ小僧たちの姿が描かれている。「万一他に奪われもせんや」と同書では心配気に書き添えている。要するに、江戸商人たちの慣習には、小僧にすら掛取りに行かせることもあったろうし、その間少々道草をくっても許されたと窺える節がある。故に、文七が御用先で囲碁に夢中になることもありえたわけである。もっとも、その碁には接待の意味もあったとも解せるかもしれない。ただ、卯兵衛の小言からみて、文七の碁がその程度を超えていたのは確かである。

さて、囲碁を巡る金の紛失といえば、人情噺「柳田格之進」が連想できる。そして、この「柳田格之進」と「文七元結」が似ているという声はたびたび聞かれる。そこで、ここにこの人情噺の粗筋を簡単に引く。

町人宅で碁をかこんでいた浪人・柳田格之進。碁に気をとられた町人(商家の主)が、奉公人より渡された五十両を紛失。格之進に盗みの疑いがかけられる。身に覚えのない格之進であったが、娘を売って金をつくり自弁。その後、町人宅より金が出てくる。碁に夢中になった町人が、金の置き場所を失念していたのであった。これを知った格之進、腹を切って身の証しをたてようとした自分を止めて自ら吉原に身を沈めた娘にこれでは申し訳ないと、町人の首をもらいに出かける……

ここでも、碁に夢中になったため金の所在がわからなくなっている。この碁にかかわる金の所在の見当違いと、娘の身売り。確かに「文七元結」との類似を思わせるのだが、ただこの人情噺の出所と覚しき類話は少なくない。(2)「文七元結」と「柳田格之進」の関係は、あまり近づかせず、遠ざけずといったところで認識しておきたい。

別の視点から「文七元結」を考察してみよう。お久と文七が一緒になったのは、長兵衛の俠気が文七の主人・卯兵衛の心をとらえ、ぜひ親戚づきあいをと卯兵衛が願い出たからである。このように、金にいやしくない人の誠意にうたれ、縁結びをする、という趣向は他の近世文芸にも見られる。例えば、『蕉斎筆記』四の、「柳田格之進」の類話のすぐ後にある説話もその一つである。

大晦日。掛取りに出た呉服屋の倅が、金を持ったまま辻君と遊んだすえ、それを紛失。番頭に伴われて捜しに戻ると、先の辻君が金を所持しており、それを速やかに渡す。辻君は決して礼を受けとろうとしなかった。店の主に、この顚末を二人が話すと、いたく感心。この女を家に引きとり息子と一緒にさせる。（『百家随筆』3）

なお、これは女を家に入れるための計略。類話は、『耳囊』巻二、巻七（前述「梅若七兵衛」の類話のすぐ前にあることに留意）、松浦静山の『甲子夜話』巻三十、『実話東雲烏《じつばなしよあけがらす》』（安永八年・一七七九刊）巻五（参考『撰択古書解題』）、為永春水の人情本『三日月阿専《おせん》』（文政九年・一八二六刊）にある他、近世説話中に散見する。円朝作『粟田口霑笛竹《あわたぐちしめすふえたけ》』三も、これと同趣向といえるか。そして、落語「山崎屋」。この落語のなかに、右説話の形式が生かされている。ここに、その梗概を『増補落語事典』より引いておこう。

北国《ほっこく》と呼ばれた吉原のおいらんの玉代が、三分で新造がついたという時代のはなし。横山町三丁目の鼈甲問屋山崎屋の若旦那、番頭の久兵衛を呼んで、内々に帳面をごまかして遊びの金を三十両工面してくれと頼む。とんでもないことだと断わると、隣り町に妾を囲っていることをすっぱ抜くというので、仕方なく「おいらんがほんとうにほれていて、夫婦になれれば道楽がやむというなら、いっそおいらんと夫婦になれるよう骨折ってあげよう」と約束する。しかし父親がやかましやで、しかもよくばりときているから容易なことではおいらんを家に入れられない。そこで番頭が筋書きを書いて、まずおいらんを親元身請けして町内の鳶頭に預けておく。ころを見計らって、番頭のかわりに若旦那が掛取りに行き、受け取った金を鳶頭に預けてから、金を落としたという。そこへ鳶頭がひろったといって届ける。大金のことだからと大旦那が礼に行ったときに、身内の娘が屋敷奉公をすませており、嫁に片づけたいと思って預かっているといっておいらんを見せ、持参金が五百両、たんす長持ちが五棹あるといえば、必ずせがれの嫁にほしいというにちがいない。そこでりっぱな仲人をこしらえておいらんをおかみさんにするという手筈をととのえる。ことはうまく運んで、おいらんと若旦那は夫婦になる。

この「山崎屋」は、最近あまり高座にかけられないが、六代目円生・八代目正蔵らの持ちネタであって、この落語の前半部が独立して、「よかちょろ」と題する落語になった。八代目桂文楽(一八九二〜一九七一)の巧演するところであったことはよく知られる。武藤禎夫『落語三百題』によれば、前掲の『蕉斎筆記』に言及して、漢文体笑話本『善《ぜん》謔随訳《ぎゃくずいやく》』(安永四年・一七七五刊)に、女を家に入れるまでの妙案があることを指摘している。他に、十返舎一九の黄表紙『復讐矢指浦《かたきうちやさしがうら》後篇』(文化三年・一八〇六刊)にも同じ趣向があり、「文七元結」との相違はもちろんあるが、それでも同趣向の範囲に収まると思える。なお、山崎屋の住所と「文七元結」の近江屋の住所は、前掲の円生の速記では共に横山町三丁目。留意しておくべき一致。

「文七元結」の場合は、文七の置き忘れた金を小梅の水戸の者が届けている。この一連の行為は、さり気なく「文七元結」のなかで噺されるが、このような置き忘れた金が無事戻るという趣向は、前掲の説話群からの何らかの影響ではないだろうか。いずれにせよ、貧しい人間の誠意が、富裕な人間の心に訴えかけて、両者が縁戚関係を結ぶという心地よい結末は、近世文芸では好まれた趣向だったと言えよう。

ここで、円朝作品より「文七元結」に類似する場面を簡単に挙げてみたい。もちろん、現在気がついた範囲での列挙である。まず、身投げに関して。『塩原多助一代記』四では、大事な包みを悪者に奪われた娘が、母親への申し訳のなさに身投げしかけたのを、角右兵衛門が助ける。また、同作品九〜十では、昌平橋から身投げしようとする多助が、山口屋善右兵衛門に抱き止められている。他に、『粟田口霑笛竹』二十七。『政談月の鏡』では入水後救われる。次に、親のために身を売るという点では、『後開榛名《おくれざきはるな》の梅が香』三十三〜三十四に、義父の病のため自らすすんで角海老に身を売る娘がいる。また、赤の他人の災難に金を与える侠気は、白浪物の講談などに頻出する趣向だが、円朝作では『業平文治漂流奇談』二に、父の病のため御百度を踏む娘の孝行に感心した文治が、治療代として四十金を与える。

　他に管見に入った類似の趣向を挙げておく。為永春水の人情本『春色鶯日記《しゅんしょくうぐいすにっき》』(天保期)には、自分のために身売りしてくれた妻の身代金を持った男が、その帰り道盗賊にこれを奪われる。そのため絶望し身投げしかけるが他人に救われる。山東京山の合巻『大晦日曙草子《おおみそかあけぼのそうし》』(全二十六編。天保一〇年・一八三九〜安政六年・一八五九刊)の十五編下。他より預かった大切な金をとられた塩物売の太郎介。これを苦に自害を図るが、相撲取りの錦絵に金を恵まれ助けられる。なお、同書十九〜二十編では、酔った悪漢にぶつかって掛金を落とす番頭。これを娼妓が拾って届ける。この娼妓と番頭が結婚。ただ、これは番頭の計略で、前掲の『蕉斎筆記』他の趣向と同じ。『大晦日曙草子』二十四編下では、大晦日、舞鶴屋からの文金五両を文づかいの正直正介が紛失、絶望。かつて貧のため舞鶴屋に売った自分の娘・かむろ千鳥に金を貢がれ助けられる(都立中央図書館蔵本。なお、新潮社『日本文学大辞典』に記されているが、明治版の同書は未完)。河竹黙阿弥の歌舞伎『網模《あみも》様燈籠菊桐《ようとうろのきくきり》』(通称・小猿七之助。安政四年・一八五七初演)では、酒屋の手代・与四郎が永代橋で網打七五郎に七十両をとられ、主人への申し開きのなさに身投げ。

また、娘の身代金を得たその帰りに、それを奪われるという趣向は、定九郎で知られる「忠臣蔵」五段目をはじめ芝居等に珍しくない。黙阿弥『勧善懲悪覗機関《のぞきからくり》』(通称・村井長庵。文久二年・一八六二初演)では、百姓重兵衛が借金苦で娘を吉原に売って得た五十両を、義兄の医者村井長庵に、赤羽橋で横取りされ殺される。他の黙阿弥作をみると『江《え》戸桜清水清玄《どざくらきよみずせいげん》』(安政五年・一八五八年初演)では、白酒売りの新兵衛が、吉原に娘を売って得た五十両を、枕橋で牛若伝次にとられる。他に『東京日日新聞』(通称・鳥越甚内)のなかにも類似する趣向がある。そして、何より黙阿弥作で注目すべきは、『時鳥水響音』(三題噺魚屋《とゝや》の茶碗。明治三年・一八七〇)である。以下、台詞の引用によって、「文七元結」との類似を確認したい。

何をお隠し申しませう、私は数寄屋川岸《がし》の遠州屋宗兵衛と申しまする、茶道具屋の若い者、与兵衛と申しますものでござりますが、今日小梅においでなさる、さる御大家の御隠居様へ、魚屋《とゝや》の茶碗をもつて参る其の途すがら、御倉橋の手前にて三人連の士族に出逢、避けるを態《わざ》と突当り、慮外者めと打擲なし、挙句に茶碗の包みをさらひ横町へ逃げ込しを、跡から追掛けましたれど勝手知れざる所ゆゑ遂に姿を見失ひ、主人へ帰つて言訳なく、とつおいつ川端を思案にくれて歩きましたが、どうも言訳のいたしやうなく、死んで言ひ訳いたさうと、覚悟を極めて両国から、身を投げましてござりまする。（『黙阿弥全集』第九巻）

魚屋《とゝや》の茶碗を取られたところから、主人へ済まず身を投げる、覚悟で親の所へ行き、羽織の袂へ書置を入れて置くなどゝいふ、さもありさうな人情噺、（序幕）

魚屋《とゝや》の茶碗を盗まれて言訳なさに身を投げたと、三題噺をそっくりと古い趣向も口まへよく、旦那を衒《かた》つた五十円、（三幕目）

なお、この「魚屋《とゝや》の茶碗」序幕の身投げの一件については実話に基づいており、三題噺として創作、さらに歌舞伎化したものである（仮名垣魯文『劇場繁昌記』、『黙阿弥全集』首巻、評伝参照）。

落語「鼠穴」でも、娘を売った金をその帰り道に奪われる、という夢を見る場面がある。「文七元結」も、実際には金をとられたわけではないが、これまで見たものの改作的な趣向だったのではないか。お久が帰る「文七元結」のラストは、人情噺「紺屋高尾」（「幾代餅」）と同趣向とも窺える。他に例をあげれば、十返舎一九の人情本『所縁《ゆかり》の藤《ふじ》波《なみ》』（前篇＝文政四年・一八二一刊、後篇＝文政六年・一八二三刊）[3]。義理堅い人物に身請けされた娘が、花嫁姿で実家へ帰る（後篇）。

その他、感和亭鬼武の読本『報寇《かたきうち》文七《ぶんしち》髻結緒《もとゆい》』（文化五年・一八〇八刊）第八回「於柳于朱雀売身併釣鐘文七花街喧嘩話」では、あずかった物を紛失した柳屋速左兵衛門が、娘を廓へ売って金をつくる。その頃、廓では後に文七元結の店をひらく侠客の文七があばれている。これと、東里山人の合巻『清川文七元結《もとゆい》濫觴《のはじまり》』（文化七年・一八一〇刊）との二書（ともに国立国会図書館蔵本）は、いずれも雁金文七をなぞってはいるが、「文七元結」の成立を考える際、一応視野に入れておくべき作品かもしれない。上方落語「月の面影」（『増補落語事典』参考）は、「文七元結」に類似する。また、柳家金語楼（一九〇一～一九七二）の新作落語「身投げ屋」の騙りは、前掲の「魚屋の茶碗」のそれを思わせる。

注記

（1）『輟耕録』は、江戸文芸において盛んに原話として利用されている。
「佃祭」の典拠である、巻八「飛雲渡」を原拠としているものは、まず中国では『醒世恒言』第十八巻「施潤沢灘闕遇友」。そして日本では、以下のものがある。津村淙庵の随筆『譚海』（寛政七年・一七九五跋）巻六「江戸中橋金丸蔵人陰徳の事」、随筆『老の長咄《ながばなし》』（享和元年・一八〇一以後）、只野真葛の随筆『むかしばなし』（文化九年・一八一二成立）巻五、『耳嚢』巻六「陰徳危難を遁し事」、東随舎の『古今雑談思出草紙』（天保一一年・一八四〇序）巻四「陰徳陽報之事」、三木隆盛の随筆『そのむかしがたり』（弘化元年・一八四四序）。さらに心学講談にもなって、奥田頼杖の講話『心学道の話』（天保一〇年・一八三九）七篇後席。講談「出世の富籤」も同工（延広真治「落語」。東京大学出版会「UP」一九七九年連載。後、一九九一年、同出版社『詞華集日本人の美意識』二所収）。他にも、青木鷺水の浮世草子

『新玉櫛笥《しんたまくしげ》』(宝永六年・一七〇九刊)巻四「命を続《つぐ》珊瑚　河野屋伝兵衛陰徳ある事」や、大蔵永常の読本『奇説著聞集』(文政一二年・一八二九刊)巻三、中村新斎の随筆『閑度雑談』(嘉永元年・一八四八刊)下巻などにも同趣向の説話がある。

続いて、「ちきり伊勢屋」は、『輟耕録』巻十二「陰徳延寿」に原型があって、「佃祭」と同じく、『醒世恒言』の「施潤沢灘闕遇友」のなかに、王定保『唐摭言』を典拠・挿話として用いられた。これを素材に戯曲『山神廟裴度還帯』、伝奇『裴度還帯記』がある由。日本の近世期においてそれらを原拠とするものは、浮世草子『古今堪忍記』(宝永五年・一七〇八刊)、読本『古今奇怪清誠談』(安永七年・一七七八刊)巻一、黄表紙『延寿反魂談』(寛政元年・一七八九刊)、『耳嚢』巻一の中、等々へ流用(参考、延広前掲稿。なお拙稿「近世説話の転用」、『日本文学誌要』49、一九九四、法政大学国文学会参照)。多くが実話譚の如き書き方をしているのが興味深い。また、講談「中川右馬之助」も同工(延広真治「講談速記本ノート86」、『民族芸能』290号、一九九〇)。

(2)まず、松崎観瀾の『窓のすさみ』追加巻之上(享保九年・一七二四自序)『曽無南の飄逸』と『雲萍《うんぴょう》雑志』(寛政八年・一七九六序)巻二第十話がある。これは昭和二九年(一九五四)七月『講談研究』2巻18号誌上の「ウラミの碁盤」とある座談会で、講釈師・田辺南鶴が指摘している。他に、浮世草子『本朝藤陰比事』(宝永六年・一七〇九刊)巻五-六「悪名の垢を去みみかき屋が勇気」、市場通笑《いちばつうしょう》の黄表紙『突渡最早恵来栄《とっともはやえらいさかえ》』(天明元年・一七八一刊)、平賀蕉斎の『蕉斎筆記』(寛政一二年・一八〇〇自跋)四、烏亭焉馬の読本『忠孝潮来府志《いたこぶし》』(文化六年・一八〇九刊)巻三-一などが挙げられる。また、桜田治助の歌舞伎『青砥稿《あおとぞうし》』(弘化三年・一八四六初演)三幕も同趣向と言えるだろうか。

(3) 同書の書誌は、棚橋正博「『人情本論』(四)――所縁の藤波」(『帝京国文学』九、二〇〇二年九月三〇日)による。

追記

* 角海老《かどえび》は明治創業の遊女屋。角海老から佐野槌《さのづち》へ変えたのは、佐野槌のほうが江戸の感じが出る、という意見のあったためであろう。現在の落語家もだいたい佐野槌で演じる。
* 「文七元結」と近い話としては、講談「木鼠吉五郎」、同「清水次郎長」、浪曲「唄入観音経」がある。また、朝鮮近代文学の『東閣寒梅』に吸収されている(参照、李健志「海を渡った落語――朝鮮開化期の文学『東閣寒梅』と「文七元結」」、延広真治編『江戸の文事』二〇〇〇、ぺりかん社)。
* 「中川右馬之助」については延広真治「狐を馬に乗せた話」(同前『江戸の文事』所収)を参照。
* 東随舎については近藤瑞木「講釈師の読本」(東京都立大学人文学部『人文学報』301号、一九九三年三月)により、講釈師栗原幸郎と判明した。
* 講談「江戸ッ児気質」は「文七元結」と同じ話である。延広真治「江戸ッ児気質」(「講談速記本ノート 5」、『民族芸能』187号、一九八一年一一月)を参照。
* 沢田瑞穂『金牛の鎖』(一九八三、平凡社)に関連する記述がある。
* 『大江戸春秋』(成立年未詳、『未刊随筆百種』十一所収)に、寛文年間のこととして「此年

103　「文七元結」

間」「初めて元結を製(つくる)」、「文七にはふまるな庭のかたつふり」(其角の句)とある。

＊　本稿中(八二ページ)に「人情噺にしては」「虚構の時間は短い」とあるが、アリストテレス『詩学』第五章に、「悲劇は、できるだけ太陽がひとまわりする時間内に収まるように努める」(岩波文庫)とある。

＊＊　円朝に先立って、大阪で刊行された桂庄治郎(翁家さん馬)の『文七元結情話之写真』と円朝との比較は、佐藤至子「後記」(岩波版『円朝全集』七巻)に詳しい。

「帯《おび》久《きゅう》」――名裁きばなし

「帯久」。演じれば一時間前後にも及ぶ大ネタ。一応サゲは付されてはいるものの、その長さと内容からいって、落語というよりは人情噺。では、さっそくその梗概を『円生全集』第四巻所収の「帯久」を下敷にした『増補落語事典』より引こう。

本町四丁目に和泉屋与兵衛、又同じ二丁目に帯屋久七という二軒の呉服屋があった。和泉屋はたいそう繁盛していたが、帯久のほうは〝売れず屋〟とあだ名されるほど商売不振。ある日帯久が、和泉屋へ二十両の用立てを頼みに来る。気のやさしい和泉屋は、二つ返事で貸す。二十日ほどして返しに来る。同じようなことをくり返し、金高が増して行ってとうとう百両となり、それを返しに来たのが大みそか。和泉屋が忙がしさにとりまぎれて、帯久の差し出した百両を置いたまま席を立ったすきに、帯久は百両をふところに入れて退散してしまう。あとで和泉屋は金のないのに気がつくが、ことを荒立てずそのままにしてしまう。これをきっかけに和泉屋と帯久のツキがかわり、和泉屋は娘や女房に先立たれ、家は火事で焼けた上に自分は病に伏すという悪いことずくめ。以前に分家をした番頭のところへ身を寄せ、十年たった。どうやらからだもよくなったので、請け証のために身代をなくしてしまった番頭に一旗上げさせようと帯久のところへ行き、むかしのこともあるゆえ、なにがしか恵んでもらいたいと頼むが、冷たく断わられた上、ひたいを打たれるしまつ。この仕打ちにたまりかねた和泉屋が、帯久の家に火をつけようとするところを人に見つけられ、あやうく火事にはならずにすんだが、帯久に訴えられて時の名奉行大岡越前守の取り調べとなる。結局百両の金を帯久がネコババしたことがわかり、和泉屋に二百五十両支払うことになった。そのうち五十両を年一両ずつの年賦とし、払いがすんだら和泉屋は火つけの罪で火あぶりと申し渡される。五十年後の火あぶりならけっこうと和泉屋がホッとすると、越前守が「そのほうまことにふびんなやつじゃ、何歳にあいなる」「六十一でございます」「還暦か」「はい」「いやさ本卦《ほんけ》じゃのう」「いまは分家の居候でございます」

サゲは六十一歳の還暦を祝う、本卦がえりと本家を掛けたもの。『閑田耕筆《かんでんこうひつ》』(寛政一一年・一七九九刊)巻之二に「近世の俗、六十一を本卦と称す」。この噺は六代目三遊亭円生(一九〇〇〜一九七九)の持ちネタの一つとして知られていた。ただ、円生も三代目桂文枝(一八六四〜一九一〇)の速記を若い時に読み覚えた(『円生全集』第四巻所収「対談帯久」)と語っているように、元来「帯久」は上方落語とすべきものである。現役の上方落語の桂米朝（一九二五〜）の持ちネタにもあって、『円生全集』の速記と米朝の演出を較べると、ほとんど差異のないことがわかる。大坂東横堀・呉服屋和泉屋与兵衛。この近所に「売れず屋」の帯屋久七。火事は銭亀の付け火。大坂西町奉行所での松平大隅守による裁き。これら地名・人名程度の相違しか見当たらない（『米朝落語全集』第五巻、創元社）。やはり、東京の現行「帯久」は上方落語の移植といって差し支えなさそうだ。奉行については、幕末の時代大坂の町奉行をつとめている松平大隅守信敏をモデルにしたものか（『柳営補任』巻之六、大日本近世資料）。『守貞謾稿《もりさだまんこう》』巻之四、人事によると、

①京坂ノ市民、庶子及ビ兄弟、或ハ手代等、家ヲ別チタルハ、其親方、主人ノ家ヲ本家ト云、或ハヲモヤト云。

②庶子兄弟等ノ別レタル家ヲ、分家ト云。手代、奴僕等ノ別チタル家ヲ、別家ト云。

③江戸ハ、親方、主人ノ家ヲ、本家トモ云トモ、多クハ本ダナト云、本店ト書。別レタル方ヲ、都《すべ》テデダナト云、出店也。（東京堂版）

あるいは、分家という言い方は江戸ではなじみ薄いものであったか。このことからも、東京の「帯久」は上方落語の移入と窺える。円生のいう火事は、速記によれば享保六年（一七二一）神田三河町から出火とある。史料的にも本島知辰の『月堂見聞集』巻之十二の享保六年の記事に、「三月三日午の上刻、江戸神田三河町三丁目辺より出火」（『近世風

俗見聞集』)とある。円生はこの火事を『江戸の華』なる書物より知り、虚構に仮託したという(「対談帯久」)。

火つけの罪は重く、江戸では火刑であったことは、八百屋お七の例でもよく知られている。『享保世話』にはなぜか火つけの記事が多く、これによると、その科人はいずれも火罪・火あぶり。その刑地は、品川ないしは浅草で、その前に一日晒すのが慣習のようだ(『近世風俗見聞集』)。『徳川禁令考』後聚、巻之二十八、行刑条例「火附御仕置之事」には、「火を附候もの火罪」とある。さらに、同書後聚、巻之十一、行刑条例「旧悪御仕置之事」を見ると、まず第一に「火附」とある法例が目立つ。他の犯罪が凶悪・逆罪といった条件が添えてあるのに較べて、火つけは単に「火附」とある。よって火つけは、それだけ後々までも徹底的に追及されうる重罪だったとわかる。すなわち、火つけには〝時効〟がなかったのである。したがって、五十年前の罪であろうと法的に罰せられる可能性は現実にありうる。また、帯屋の五十年の年賦だが、これもまるで虚構だけの話ではない。天保年間、薩摩藩の家老・調所広郷《ずしょひろさと》は、三都の商人から藩が長年積みかさねた借財五百万両を二百五十年賦で返済すると一方的に決定した。もっとも、これは藩の破産を救済するべく、証文を貸し手から取り上げ焼き捨てた強引な行為で、事実上の借金の踏み倒しである(人物叢書『調所広郷』吉川弘文館)。

東京の「帯久」は円生以後、噺の後継者を失った観もあったようだが、とはいえ、それでも円生の弟子たちに受け継がれている。そしてこの師弟の演出の間にも、さして差は見られない。が、まるで無いともいえない。その一つを書いておく。無心を断られ、叩きだされた和泉屋に魔がさし、火つけに及ぶ場面。円生や米朝の演出では、やおら火打ち石で火つけに向かうのに対し、例えば円生の弟子の一人三遊亭円窓(一九四〇〜)は、和泉屋が死ぬ前に一服と煙草を吸う。この時、その煙草の小さな火を見ているうちに悪心が芽ばえる、という演出をする場合もある。これは後者のほうがいい。他に、二代目桂小南(一九二〇〜一九九六)、三遊亭鳳楽(一九四七〜)の持ちネタにも「帯久」あり。

さて、この「帯久」の成立だが、原話というか先行作というべきか、すでに三遊亭円生によって指摘されている。「対談帯久」のなかで円生はこう述べている。

これはやはり人情噺にオチをつけたもんですね。この噺は、大岡裁きにも同じことがありますね。麴町二丁目で、和泉屋は加賀屋四郎右衛門、帯屋が駿河屋三郎兵衛となっていて、金を借りるところは時期から金高までそっくり同じですが、ただ放火するところがなくて、人形《ひとがた》を拵えて釘を打って居間の縁の下に埋めようとしたところを捕えられ、訴えられます。越前守の裁きにより、百五十両をすぐ返させ、残りは三十五年の年賦にし、済み次第加賀屋は相当の御仕置仰せつけられるべし、となったのです。だから、これは大岡政談から取って、大坂でこしらえたもんでしょうね、松平大隅守になってますが……。だから、大阪種といっても、元は江戸のもんなんですね。

円生は大岡政談のうち、どれが「帯久」と類似すると具体的には挙げなかったものの、これが「貧福変交の件」(杜甫の漢詩「貧交行」を念頭に入れた題か)を指すことは明白である。そこで、『大岡名誉政談』(国立国会図書館蔵本)より、この内容をまとめる。

(第一回)享保の頃、麹町二丁目の呉服屋・加賀屋四郎右衛門。間口十八間。番頭・手代の奉公人他、七十人の大世帯。一方、このむかいに、小切太物《こぎれふともの》を商う駿河屋三郎兵衛は、商売ふるわず、加賀屋への借金が重なる。三月の節句に借り、これを三月十日に返却。五月の節句に三十両、五月十日に返す。七月五十両、七月十日に。いずれも書付を記さず、酒肴をふるまっての貸借であった。そして、暮に百両。これを大晦日に返す駿河屋。金を硯箱の上に置いたものの、年越しの忙しさで加賀屋がこれに気を向けないので、そっと持って帰る。後で加賀屋は金を捜すが見当らない。その翌年の五月、娘・妻が亡くなり商売も左前になる加賀屋。自らも病となり、店を売りはらい、かつて麹町六丁目へ暖簾《のれん》分けした茂兵衛宅へ厄介になる。一方、例の百両を元手にした駿河屋は、金一分以上買った客に添え物をする商法で成功。今度は逆に、加賀屋が駿河屋へ借金に出むくが、駿河屋は冷たい対応。煙管《キセル》を投げつけ追い返す。

（第二回）その後も湯屋で、駿河屋に打擲された加賀屋は、日ごろ信心する金毘羅様へ誓いを込め、駿河屋三郎兵衛の人形をこしらえ、これに釘を打ち駿河屋の縁の下に埋める。その時、小用にたった奉公人に発見され町役人に加賀屋は引きわたされる。ところが、町内の人に同情された加賀屋は放免。これに不満な駿河屋が奉行所へ訴える。裁きにはいった大岡越前、例の借金が未返却のままではないかと駿河屋へ詰めよる。否定する駿河屋を、思い起すまでと、監視つきの明長屋に二刻《とき》ほど入れる。それでも思いださないと言いはる駿河屋へ、大岡はならば明日再び入れると申し渡す。これには懲りた駿河屋、翌日になってやはり未返却だったと大岡へ告げる。これを聴いた大岡、今や利分あわせて返済分は二百二十両だと言うと、駿河屋は百五十両しか出せないと言う。ならば残り七十両は、年賦で返せと大岡が助言。それは一年二両の三十五年払い。それまで、町役人に加賀屋は預けおき、返済完了の後、他人を呪詛した科《とが》はきつく申しつけると裁決。加賀屋、当年六十五歳であった。

円生は前に引いたように、「ただ放火するところがなくて」と述べているが、確かに右の「貧福変交の件」にはそれがない。しかし、「放火」の趣向もやはり大岡政談に見られるものであった。円生自身、大岡政談に精通しているようなので、このことも十分承知だったと想像できる。題名から易々と察しがつく、「指手錠の件」がそれだ。同じく『大岡名誉政談』より梗概は次のとおり。

（第一回）元禄の末、本町二丁目に住む老女がいた。その近くに太物屋を商う越後屋八郎兵衛とは、常日頃懇意にしていた。ある時、老女に四、五百両の貯蓄金があると知った八郎兵衛は、金貸しをするように勧める。金貸しを営むようになった老女も、返金の速やかな八郎兵衛には無証文で貸していた。その後、八郎兵衛は売家購入のため三百両を借りる。ところが今度は、これをいっこうに返金しない。しかたなく老女が催促に出むくと、借金の覚えはないと白をきられる。

（第二回）再三越後屋に行くが相手にされない老女。無証文のために訴えもできず、恨み骨髄に徹して、ある夜火つけの道具を持って越後屋へ。が、たちまち消火され、捕えられる。享保二年のことであった。大岡越前にむかい、これまでの一件を述べる老女。これを聴いた大岡、八郎兵衛に借金返済の確認を問う。やはり白をきる八郎兵衛を、物忘れと見なした大岡は、物を思いだす呪いだと称し、紙で指を縛りつけ封印。紙に少しでも疵をつければ入牢と言い渡す。

（第三回）日常生活がきわめて不自由になった八郎兵衛は、返金していなかった旨を大岡へ申し上げる。今や利分がついて五百両あまり、一度には返し難いだろうから、年賦で返済するように大岡は八郎兵衛に言う。老女、六十三歳。火つけの罰を逃れさせる名さばきであった。

すなわち、大岡政談の「貧福変交の件」と、この「指手錠の件」を、混合させれば「帯久」の出来上りということになる。

なお、他の速記も参考にしておく。『名裁大岡七政談』(『長編講談全集』一九五三、桃川若燕講演)第九席「指手錠の裁判の事、吉田の後家の事並に八兵衛に金を騙られ後家放火の事」。享保年間。本町二丁目に漢方医の後家が亡夫の財産で暮らしていた。近くの河内屋八兵衛が、後家に金貸しを勧める。そして、河内屋は無証文で三百両借りる。ところがこれを返金せず。後家が火つけ、これより大岡裁きとなり、指手錠、三百両の金に利息あわせて五百両、一年十両の年賦、当年六十三歳の後家、六十六歳で病死、という展開である。

同第十一席「駿河屋三郎兵衛悪策の事並に越前守の裁きに駿河屋服罪の事」。享保年間。麹町三丁目大呉服商・加賀屋四郎右衛門。この筋向いに住む小切太物を売る駿河屋三郎兵衛。(以下「貧福変交の件」に同じ)。加賀屋、麹町隼町の加賀屋善助に居候《いそうろう》。駿河屋が金を返さないので、加賀屋が煙草盆を投げつける。駿河屋は、「火を放った、家を焼く気だ」と言いがかりをつける。大岡裁きとなり、大岡は駿河屋を、「未返金の旨を思いだすように」と静かな所に入れる。駿河屋は思いだしたと述べ、百五十両を返金する。

前掲の『大岡名誉政談』との異同は気がつくものと思われる。ところで、この「指手錠」の一件と、「貧福変交」の一件は、さほど好まれぬ小話であったのか、理由の如何《いかん》は定かではないが、「大岡政談」ものの書籍より漏れおちることが多い。有朋堂文庫（一九二七）、帝国文庫（一九二九）、そして東洋文庫（一九八四）等々。

「帯久」の出典については、桂米朝『続・上方落語ノート』（一九八五、青蛙房）に、桂米之助からの教示と断って、紹介されている。『明和雑記』巻之五「立売堀《たちうりぼり》土橋《どばし》辺《へん》老女《ろうじょ》の事」である。米朝の著にすでに梗概はあるが、簡単に引いておこう（「浪速叢書」による）。

ある老女、商いの元手を貧しい隣家に貸していた。そのうち逆に、老女のほうが貧しくなり、いくらかでも返済するように隣家に頼むが、まったく取りあわない。老女の火つけ。訴えられ曲淵《まがりぶち》甲斐守《かいのかみ》の裁き。老女には当然火あぶりを申し渡すが、隣人には借金の返済を二十年の年賦で命じる。その間、老女は町内へ預け置きとなる。

なるほど、「帯久」の出典としては、申し分のない形式を整えている。曲淵甲斐守は名奉行として講釈でも知られるが、曲淵甲斐守景漸《かげつぐ》が、ちょうど明和ごろ大坂町奉行である（『寛政重修諸家譜《かんせいちょうしゅうしょかふ》』巻第百七十九）。

さらに、この「立売堀土橋辺老女の事」に先行する説話を探れば、浮世草子『本朝藤陰比事』（宝永六年・一七〇九刊）巻一―七「命の算用は恩ある科人」が、それに最適である。次のような話。

米屋のつるかけ屋升右衛門は、かつての主人・道有の判がついた火札を自宅にはられたと、お上に訴える。さっそく道有は召され吟味となる。道有は火つけの罪を認めたうえ、その動機を述べる。米商いをしていた道有は、病で店が傾き、しかも盗賊にあって零落。この貧窮に頼るべき相手を、かつて十一歳より三十五歳まで世話をした、今では富裕な升右衛門に求めた。ところが、この升右衛門は旧主の無心に応えず、あろうことか打擲。憎しみ極まった道有が火つけに及んだのであった。これをきいた役人、升右衛門の不忠をなじり、かつて恩を受けた二十五年分、道有を養うことを命じる。道有には、その期間を終えたあとで、火つけの罰として火あぶりを申しつけると、言い渡す。（近世文芸叢書五）

この趣向は曲亭馬琴の読本『青砥藤綱模稜案《あおとふじつなもりょうあん》』（文化九年・一八一二刊）巻之四「六波羅の下」に取り入れられている。

美濃国真桑の里の者らが、七十ばかりの老婆を縛って藤綱の前へ。ある男が老婆から借りた金を返却しないので、老婆が怒って胡瓜の畑を駄目にしたという。この里では、胡瓜に不埒なことをした者は、生埋めという掟があった。藤綱は老婆に生埋めを申しつけたうえ、五十金の借金をした男には、年三両の年賦で老婆に返金し続けよと判決。（近代日本文学大系16『曲亭馬琴集 下』国民図書）

この二つの説話の関連ならびに「指手錠」の件はすでに麻生磯次「大岡政談の成立と

支那文学の影響」(『国語と国文学』第11巻3号、一九三四年三月)で指摘されている。
その「指手錠」の趣向の先行例を探ってみたい。例えば、井原西鶴の浮世草子『本朝桜陰比事』巻五－六「小指は高ぐゝりの覚」は次のような話である。

京橋のある両替屋の手代が、十両を他所《よそ》より借りた。ところが期限を過ぎても返金しないので、貸した方が金を取りにくる。しかし、借りた手代が帳面を偽り、返金したと言いはったため、お上への訴えとなる。お上は借りた手代の物覚えの悪さを責める。「「おのれ、大事の金銀の取りさばきに、物覚へうとくして、成難し。わすれし事を思ひ出するため」とて、左の手の小ゆびを、こよりにてくゝりあはせ、是に封印」する。さらに、貸した方の油断も責め、常に算盤《そろばん》を持ち歩くように命じる。その後、借りた手代が、未返却の旨を思いだしたと申し出て解決する。(『対訳西鶴全集』11)

他にも「指手錠」の趣向は見られる。以下、野間光辰「本朝桜陰比事考証」(『西鶴新新攷』岩波書店所収)に既出している。藤井懶斎の随筆『閑際筆記』(正徳五年・一七一五刊)巻下に次の一節がある。

羽林《うりん》板倉《いたくら》公《こう》重宗《しげむね》、京《けい》ニ尹《いん》タル時、内子《だいし》戸田氏、ソノ幼女ヲシテ一事ヲ言《いは》シム。公乃《すなはち》女ノ両手ノ拇指ヲ合、緊《きびしく》繫レ之ニ紙条ヲ以《もってす》。曰此女法ヲ犯。若《もし》此縛ヲ解者有バ斬《きらんと》。家ヲ挙《あげて》股《こ》栗《りつ》敢《あへて》解者ナシ。女甚苦レ之。一閽者《こんしゃ》視レ之泣テ曰、吾年最老《おいた》リ、

刑曷《なんぞ》恐ニ足《たらん》ト。乃《すなはち》解レ之。公不レ聴二婦言《ふげん》一類止《まねしてやむ》矣。後閽者《のちこんしゃ》賜《たまはる》レ金。（『日本随筆大成』新一－十七）

また、『明良洪範《めいりょうこうはん》』巻十七にも、次のような話がある。

「北条安房守江戸町奉行の時伯父甥にて家督争ひ」があった。そこで、双方に熟慮の機会を与える目的で、安房守は両人に対し、「伯父に手がねを掛け次に甥に手がねの代り紙をよりて手を結べば封印を押し」、双方に封印を汚さぬように申しつける。（明治四五年・一九一二、国書刊行会）

また、この「小指は高ぐゝりの覚」の冒頭、次のような前置きが見える。

むかし、都の両替町に、小判の買置、銭の相場、日に幾たびか商ひ事有。中間はいひあはせて、万事を自由に仕掛、すこしの当座借は、手形までもなく、覚帳にしるして、たがひに取やりいたしぬ。

「帯久」の証文と、近世期の手形は同義として考えられる（中田薫『徳川時代の文学に見えたる私法』岩波文庫）。『西鶴織留』巻一－二「品玉とる種の松茸」にも、

よろづの売掛、あるひは当座借の金銀、手形なしの事なれば、借請ぬといふとてもむつかしき出入なるに、心覚えの帳面ばかりにて、請払を済しぬ。（『対訳西鶴全集』14）

（なおこの説話中に大晦日の繁忙をいいことに、金を横領するという「帯久」に近い趣向が

ある。)

錦文流の浮世草子『本朝諸子百家記』(宝永六年・一七〇九刊)巻一―四には、「然らば借用悉じけなしとて。則金子五十両の預り手形を渡しぬれば。お手形迄には及はぬ事。何迄成共御用次第とさし戻せば。いやく〵是は互の為なり。是非にといふて手形をわたし」(「浮世草子篇」中巻、『錦文流全集』古典文庫)。また、『本朝桜陰比事』巻一―三「御耳に立は同じ言葉」で裁判沙汰になったわけは、

都で商売に失敗した男。いったん里に帰り親戚に預けた田畑を売って商いの元手を作ろうとする。ところが、親戚は「田畑は買った、預けたならば証文はあるか」と反論する。気安き仲ゆえ、そんなものはとらず……

また『曾根崎心中』(元禄一六年・一七〇三初演)の徳兵衛が九平次に貸す「時貸」も考慮に入れておきたい。これらは、「帯久」の無証文で貸借する場面に、十分つながる古い先行例と言えよう。

さらに、浮世草子より古い例を引けば、浅井了意の仮名草子『伽婢子《おとぎぼうこ》』(寛文六年・一六六六刊)巻一―二「黄金百両」。

河内国の文兵次と由利源内は友人同士。ある時、源内が松永長慶に召しかかえられるので、旅金の足しとして、兵次は百両を親しき友ゆえ、証文も質草も取らずに貸す。その後、戦乱があって兵次没落。今や豊かな源内を訪ね、無心するが冷たく対

応される。

この「黄金百両」の出典となったのは、明の瞿佑《くゆう》『剪燈新話《せんとうしんわ》』(一三七八)の「三山福地志」である。この筋が、了意のものとほぼ一致する。

山東の人・元自実《げんじじつ》は、地方役人に任官する繆君《ぼくくん》へ、旅費銀三百両を同郷の縁ゆえ、無証文で貸す。その後、自実は盗賊に襲われ、財産を失い零落。裕福になった繆君を訪ね、昔の借金を持ちだし、貧窮を救ってもらおうとするが、証文がないことを理由に冷遇される……(飯塚朗訳。中国古典文学大系39、平凡社)

中国に論が及んだので、前話に類する話を一つ引こう。桂万栄《けいまんえい》の『棠陰比事《とういんひじ》』一三四「奇計の巧用」でも貸借上のトラブルが起きている。

ある農家の男、隣の家から借りた金をほぼ返却。残金は明日払うからと、その時、今返した金の受領証をもらわずに帰った。次の日、残金を持っていくと、前に払ったはずの金を、受け取った記憶がないと、隣の男に言われる。受領証もなく訴えるわけにいかない。恨んだ男は一計を案じて……(岩波文庫)

他に、この種の説話としては、『本朝桜陰比事』巻三－二「手形は消て正直が立」。ここでは証文に手の込んだ細工を仕掛けている。また、『本朝藤陰比事』巻三－四「借金の正直を守る社」は、返済しない借金を巡る裁判。前掲の『本朝桜陰比事』巻一－三「御耳に立は同じ言葉」のように、貸借ではなく預けもの、という視点から見ると、浮世草子『千尋日本織《ちひろやまとおり》』(宝永四年・一七〇七刊)巻二－八「兄弟借用の金輪物狂」、同巻五－六「欲心は焼残る刀」などがある。そして、これまで述べた説話の系譜に、上田秋成の浮世草子『諸道聴耳世間猿《しょどうききみみせけんざる》』(明和三年・一七六六刊)巻一－一「要害は間に合はぬ町人の城郭」や、落語「鼠穴」を加えることも可能である。

名裁きばなしが創作された意図を、当時の民衆にとって正当な裁判がいかに無縁であったかという現実の裏返し、とする指摘は時おり見られる。筆者も、この意見に従って連想的に「帯久」の裁判について考えてみた。すると、手近なところで、荻生徂徠の『政談』巻之二にある次の一文が気になった。

借貸《かしかり》の道塞るというは、近年借貸の公事多くは相対《あいたい》になりて、大方は捌かぬ事になりたる故に、(岩波文庫)

これは、「貸借訴訟不受理令」あるいは「金銀相対済令」といった法律に言及したものので、貸借金のトラブルは当事者同士で解決せよ、奉行所では取り上げない、というものである。三田村鳶魚の「金公事法度」(『三田村鳶魚全集』第六巻所収)に詳しく、江戸時代たびたび施行されたが、そのつど、庶民の反感を買って廃止されていた経緯がわかる。つまり、「帯久」の裁判は、このような民衆のストレスを、最もうまく発散させるかたちで創られたとも想像できるのである。

付記

講談「遠山政談」には、「帯久」に類似の裁きをする場面がある。

追記

＊『本朝藤陰比事』は、『日本桃陰比事』(宝永六年・一七〇九刊)の改題改竄本である。『日本桃陰比事』は『安田文芸論叢　研究と資料』(二〇〇一年三月、安田女子大学日本文学科事務局刊)に翻刻された(杉本好伸・劉穎)。巻一の八「百二歳までおあつけの命」が該当。

猫塚・皿屋敷——伝説化された人情噺

人は書かれてあるものを信じる。いきなり、疑ってみようとは普通あまりするものではない。まして、実話めかして書かれてあればなおさら信じる。さらに、第三者がまことしやかに事実譚だと語れば、あっさり信じこむ。しかし、それは話を受け取る側の日常であり、話の作り手は好き勝手に古い話を新しく焼き直すことに日夜怠りなかったのである。

三遊亭円朝に『怪談乳房榎《ちぶさえのき》』(一八八八刊)という怪談噺がある。これは、赤塚(東京都板橋区)松月院《しょうげついん》の榎に因むはなしだが、これがいかにもこの地で起った実話をもとにしたかのように円朝は話してゆく。乳房榎については、幹から乳のようなものを垂らし、乳の病に霊験あらたかと説明し、「榎のございます寺は万吉山松月院と申して、禅宗でだいまもって歴然と残りおりますが、こんなことは申し上げずとよろしいが、名所図会(『江戸名所図会』)にありますからちょと申し上げおきますので」と述べたりもする。その後、怪談乳房榎保存会が発足し、今日四代目の榎が現存し、『怪談乳房榎』の登場人物の子孫もいると囁かれたりもする。筆者もかつて現地を訪れたさい、松月院周辺の人々が、榎の霊験などの話を実話と信じているように窺えた。

しかし、実話と信じる人には心苦しいが、『怪談乳房榎』は翻案であった。向井信夫の示唆により、延広真治がこの怪談噺は十返舎一九の読本『深窓奇談』(享和二年・一八〇二序)巻之五−第一話「尾形霊甕奸曲智」[1]が出典であると指摘した(『朝日ジャーナル』一九八七年八月一四・二一日合併号。後、『大江戸曼陀羅』一九九六、朝日新聞社所収)。『深窓奇談』ではその話の舞台が信州。松月院の榎に当たるのが、寝覚の里の奇樹・樗《おうち》。参考にできる箇所を引く。「或夜の夢に異人来つて。告て曰。当邑(註・寝覚の里)の農夫又六が。軒塀を覆ふ一樹あり。婦人の乳をして土器に納れ。料に備へて。此樹に諸病平癒の一宿願を訴へなば。速に応験あるべし。就中乳を患ふるの疾。婦人の妊娠分娩の前後を論ぜず。その病あるもの。頓《とみ》に是を治せしめん」(中之島図書館蔵本)。つまり円朝は信州のはなしを江戸に移したのである。そして、その際に前述の奇樹・樗に対応し、かつ史実として信憑性をもたせるに足る類似の記述を『江戸名所図会』に求めたわけである。したがって、現在伝わる板橋赤塚松月院の伝承は円朝がこしらえた虚構の産物だったのである。

話を移し替える手法には、まず地名・人名の変改が挙げられる。だが、両者のその後の影響は格段に異なる。人名はその人が亡くなるなどで忘れ去られることもあるが、地名はそうはいかない。行政上、地名変更が行なわれたりするものもあるが、何百年も前から同じ地名が残っているということなど、日本ではきわめて当り前のことである。だから、百年前にある作家が翻案するさいに、人名同様に書き替えた地名が、その後の、特にその土地周辺の人々に与える影響は図り知れないものがある。大雑把に言うが、ある土地を舞台に書かれた話が実話のように創作されていれば、その地に住む人々は半ば愛着をもって実話と信じこみやすい。それは人情であるが、一方これが説話研究上で厄介な点になる。つまり、気をつけなければならないのが、人名よりも、地名ないしはそれに類するものである。熱海のお宮の松も、館山の伏姫のほこらも、シャーロック・ホームズの家も、虚構が先である。この程度有名なものならまだしも、あまり知られておらず、具体的に地域を限定し、しかも物的証拠や文献による裏付けまでとれそうな場合はどうだろうか。ここで、墨田区の両国回向院《えこういん》の猫塚に伝わる話を考えてみよう。

「猫の恩返し」

回向院の猫塚の話は、「猫の恩返し」という題で人情噺になっている（別名「回向院猫塚の由来」)。五代目古今亭志ん生も演じたことがある。その梗概を『増補落語事典』より引こう。

八丁堀に住む棒手振《ぼてふ》りの金さんという魚屋、大晦日に友達にさそわれてバクチに手を出し、仕入れ用の三両をすってしまった。この金さんは、駒というネコをかわいがって、七、八年飼っていて、ネコに魚をやりそれをネコが食べるのを見て、酒を飲むのが楽しみだった。三両すっちゃった金さん、ネコを相手に、二日の朝買い出しに行けねえとぐちをいいながら飲み「ネコに三両の工面はできねえからな」とつぶやいて寝てしまった。朝早く目を覚ますと、小判が三枚ある。近所の質屋の番頭に鑑定してもらうと、まちがいなく小判だという。そこでこまかくくずしてもらって帰り、ネコに「この小判はおまえが持って来たんじゃないかい」というと、ネコが「ニャーン」と返事。金さん酒を飲みながら「どうせくわえてくるんなら、もっとくわえてこいよ」と冗談を言って寝た。二日の朝、買い出しの帰りに堀留の旦那のところへ初荷を持って行くと、番頭が浮かない顔をして、ネコに気をつけろという。きいてみると、大晦日に小判三両なくなったので、おかしいと思っていると、元旦の夜大きなネコが用ダンスを開けようとしている。さてはこのネコが盗《と》ったんだなと、皆で追いつめて棒で殺し、旦那のいいつけで回向院へ葬りに行くところだという。見ると駒なのでびっくり。金さんはこれこれしかじかと事情を話す。旦那は感心なネコだと、三両はなかったことにし、他に五両与えて、回向院にねんごろに葬ってやれという。金さんは回向院にりっぱな墓をつくってやり、それからは酒をやめて働いたので、りっぱな店を持って、猫金という評判の魚屋になったという。

すでに、この猫塚における考証は平岩米吉『猫の歴史と奇話』(一九九二、築地書館)や、北村一夫『落語人物事典 下』(現代教養文庫)などによってなされている。これらによると、前引の志ん生が噺したものの原話というべき記述が、『宮川舎漫筆《きゅうせんしゃまんぴつ》』(文久二年・一八六二刊)巻之四「猫恩を報」や、石塚豊芥子《ほうかいし》『街談文々集要《がいだんぶんぶんしゅうよう》』(万延元年・一八六〇自序)の「文月猫名誉」、小山田与清《ともきよ》の『擁書楼日記《ようしょろうにっき》』(文化一二年・一八一五起筆)にあることが分かる。『宮川舎漫筆』においては、事件を文化一三年(一八一六)のこととし、両替町時田喜三郎の飼猫が出入りの肴屋某に店の金を運んだので殺され、回向院に葬られたという内容。『街談文々集要』も文化一三年のこととするが、ここでは飼猫が主人のために盗みにゆくという類話。『擁書楼日記』も飼猫が主人の貧を助けんと盗みにゆき、殺され、回向院に葬られる。これら以外にも類話は拾え、『藤岡屋日記』第三にも文化一三年三月の話とし、前掲の『宮川舎漫筆』に近い記述がある。おそらく、これは前掲の随筆などによって書かれたと推測されるが、出入りの肴屋の名が『宮川舎漫筆』の某に対し、ここでは利兵衛。北村一夫の前掲書では、お玉ヶ池の魚屋福島屋清右衛門の飼猫が、主人のために近所の両替屋から小判をくわえてきたという由来も引く。なお、この話は瓦版にもなった由(小野秀雄『かわら版物語』)。回向院に現存する猫塚には「徳善畜男」と正面にあり、台石に「木下伊之助」の文字が読める。また、筆者が回向院所蔵の『回向院史』を借覧したところ、『宮川舎漫筆』を典拠に猫塚の由来を紹介している。

以上、回向院に猫塚が実在しており、しかも、前掲の志ん生の噺を裏付けるような資料が多くあることから、確かにこれに近いはなしが、回向院にまつわって実際にあったかのように思える。ところが、かかる猫の一件があったとされる文化一三年より前、文化六年(一八〇九)刊の関亭伝笑の合巻『復讐《かたきうち》猫股橋由来《ねこまたばしのゆらい》』二篇のなかに次のような話がみえる。

大塚に赤貧を極める母子がいた。これを見兼ねた飼猫、質両替商のかたくら屋に忍び込み、三両掠めとってくる。後日、かたくら屋で番頭一同算盤が合わぬと頭をかかえる。そこへ、また猫が金を奪いにきたので、店の者に叩き殺される。(国立国会図書館蔵本)

回向院の猫塚譚に似ていると言える。しかし、右の猫が回向院に葬られたという記述はない。さらに、文化年間より古い文献を一つ引こう。宝暦一〇年(一七六〇)刊『豊年珍話談』(寛延三年・一七五〇刊『諸州奇事談』の改題本)巻一「猫児の忠死」は次のような話である。

江戸の片田舎に、ある浪人夫婦がいた。かつては名のある武家だったが今は零落。

飼猫の背中を擦りながら生魚でもくわえてこいと冗談をいう。すると、本当に猫が鯔《ぼら》を持ってくる。猫の忠義を誉めながら夫婦はこれをいただく。次の日、今度は金銀をくわえてこいと猫に言う。その夜、さっそく猫は近くの両替屋に忍び込む。猫は懸け硯を開け、その中から金財布をくわえ、まんまと逃亡に成功。猫は次の夜も入り込むが、前夜の不審を察していた番頭に見つかり、店の者に寄ってたかって叩き殺される。両替屋では猫をよくよく見ると浪人のものなので驚き、密かに埋める。しかし、いつしかこのことが噂になって浪人の耳に入る。傷心して浪人は両替屋へ。当初、強請《ゆす》られると怯えた両替屋も、手代に対しひたすら猫の死を嘆くばかりなので、陰で聞いていた主人が感動。これをきっかけに浪人と主人が入魂《じっこん》の仲に。浪人の帰参が叶うまでの世話を万端仕切る。（国立国会図書館蔵本）

ここにも、回向院は出てこない。また、浪人の住みかを右本文中では「江戸の片土」とあるだけで特定ができない。ただ、いずれにせよ回向院の猫塚の由来譚の類話と言っていいだろう。前掲の随筆類と比較すると、その成立年からいって、この「猫児の忠死」が先行説話だとみなせる。要するに、この二つの話の存在によって、前述の随筆類における回向院の猫塚のはなしが実話である可能性は薄い、と言わざるをえない。では、回向院の猫塚に信憑性を持たせるかのような随筆類の記述を、いかに説明するのか。それらは、おそらく先行文献の焼直しにすぎないであろう。したがって、執筆者がじかに見聞したものではないと考えたほうが無難である。

さらに、この種の話型はもっと古く遡れるであろう。中国・明の『湧幢小品』第三十一や、『堅瓠集』巻六「義猫」には猫が金を運ぶ話がある由（沢田瑞穂『中国動物譚』一九七八、弘文堂）。他の類話としては、『積翠閑話』（安政五年・一八五八刊）の「狸の金」では貧しい老僧に狸が三両を運ぶ。民話「猫屋敷」にも小判をはこぶ猫。アンチ〝猫に小判〟型の説話はまだまだあろう。そういうわけで、回向院の猫塚の話も、もともとその地にあった郷土色の強い話では決してなく、脈々と受け継がれてきた猫報恩譚が回向院にも伝播した、と捉えることができるのである。この回向院の猫の話は、巷間よく知られていたとみえ、歌舞伎「髪結新三《かみゆいしんざ》」に取り込まれている[2]（古井戸秀夫「髪結新三」、神保五弥編『江戸文学研究』所収）。

また講談にも似た話はある。明治四一年（一九〇八）大川錠吉（大川屋書店）発行、小林紫軒講演、伊藤勝次郎速記『怪猫奇談』のなかにあり、明治四四年（一九一一）に、『講談落語名人揃』（大川錠吉）と改題され発行、そのなかでの題は「金八猫の話」。ここでは、両国米沢町三丁目魚屋金八のブチの飼猫が主人公。全体の筋は前に引いたものと大きな違いはないが、回向院は出てこない。講談の成立は図りがたいが、おそらく前掲の随筆類に拠ったものであろう。志ん生はあるいはこれを参考にしたのかもしれない。

ところで、回向院の猫塚には、もう一つこれにまつわる噺がある。

「猫定《ねこさだ》」

人情噺「猫定」は、かつて六代目三遊亭円生の独擅場の演目として知られた。現在では直弟子の三遊亭生之助(一九三五〜)に伝わっている。他に三遊亭鳳楽(一九四七〜)や五街道雲助(一九四八〜)の持ちネタにもある。円生は、この噺を大阪の馬生(おもちゃ屋こと五代目金原亭馬生(一八六四〜一九四六)から教わったと述べているが(「対談猫定」、『円生全集』第四巻所収)、その梗概を『増補 落語事典』より記す。

八丁堀の玉子屋新道に、魚屋の定吉という人がいた。表向きは魚屋だが、俗にいう遊び人、ばくち打ちが本業。ある日、飲み屋からまっ黒なネコをもらって来た。女房と二人暮らしだが、女房がネコがきらいだというので、いつもふところへ入れてつれて歩いている。ところが、この熊と名付けたネコが、鳴き声でサイの目を当てる。おかげで定吉は大もうけ。いつもネコをつれて歩いているので、猫定と呼ばれるようになった。ところが、どうしても江戸にいてはあぶないというので、定吉は猫を置いて旅に出た。留守中女房が若い男を引き入れた。定吉が帰って来ると、女房は亭主が邪魔になる。定吉が、愛宕下の藪加藤へ行ったとき、女房は、若い男に定吉を殺してくれと頼んだ。一方定吉は、この日に限ってネコが鳴かず大損。早いところ見切りをつけて帰り、采女ヶ原にさしかかると、例の間男《まおとこ》が定吉の胸元をぶっつりと突いた。とたんにふところから黒猫がとび出した。一方女房は、間男の帰りを待っているうち、引き窓のひもがぶっつり切れて、引き窓から黒いものがとび込んできた。女房がきゃあと倒れ、月番がやって来ると、女房が死んでいる。翌朝、定吉が采女ヶ原で死んでいるのが見つかった。そばに若い男が、のどをかきちぎられて死んでいる。その晩定吉のお通夜となったが、死骸が立ちあがっているのを見つけて、みんな逃げ出す。三味市《しゃみのいち》というあんまだけ、目が見えないのでその前にすわっている。そこへやって来たのが、真田なにがしという信州松本の浪人。あたりを調べていると、腰張りの紙がぺらぺら動くので、短い刀でぷつっと突くと「ぎゃあっ」という声。見ると黒猫が、両手に人間ののどの肉をつかんで死んでいた。さては女房が不義をしているので、定吉への恩返しにネコが仇討ちをしたものだな、感心だというので、奉行から二十五両の金が出て、両国回向院へ猫塚を立てたという。

ここで、死者が棺桶から立つ怪異は、猫は遺体を動かすといわれる俗信による。それを避けるためには、遺体の上に小刀などを置けばよいとされる(『近代庶民生活誌19 迷信・占い・心霊現象』三一書房)。「猫定」もこの俗信に拠っている。なお、中国の『子不語《しふご》』によれば、立った遺体は箒で叩くと良いとされる。人情噺「猫怪談」にも猫が人を動かすくだりがある。前述の「奉行」とは根岸肥前守鎮衛《やすもり》だが、根岸が南町奉行であったのは文化一二年(一八一五)まで。したがって、文化一三年の碑建立以前である(北村一夫『落語人物事典』)。ゆえに、根岸が猫塚に関わったとは思えない。

根岸云々はともかく、こちらの方は回向院の猫塚の正しい由来なのだろうか。それが気になるところである。だが、これに対しても、およそ回向院とは縁遠い土地に、次のような話が、先ほど引いた小林紫軒『怪猫奇談』の初めに収まっている(『名人揃』のなかでは「怪猫奇談赤壁明神の由来」という題)。

播州加古川の油絞りの源五郎は、飼猫の鳴き声で今日もたんまり博打《ばくち》で儲ける。その羽振りの良さにつけこんだ幸山の勘次・勘蔵が無心をするが、源五郎が断ったため彼らの怒りを買い、もみ合いのすえ殺される。源五郎の遺体が発見され、家に運ばれるとひとりでに遺体が戸板の上で座りなおす。このため町内大騒ぎ。近くに住む浪人・鈴木太一郎が大島流の槍で怪しい猫を突き殺す。すると、遺体は倒れるが、鈴木が突如発狂し、勘次・勘蔵のもとへ走る。そして、自らは源五郎の飼猫・白だと宣言するや、二人を槍で殺した後、自分も切腹して果てる。後日、猫が鈴木にのりうつって仇討ちをしたと評判になり、代官の耳にまで届き、源五郎の家の傍らに猫を埋め赤壁の祠を建てる。

なお、この類話である『怪猫奇談赤壁明神』(片桐要次編、百川燕二の前置き付き、一九一〇、元治館)は、前後篇ある長篇。小林紫軒の講談を膨らましたか、あるいはこのほうが原型であったのか。そのあたりの判断は差し控える。以下、両者の違いに留意しつつ、元治館版のほうを紹介する。

猫の名は白ではなく玉。源五郎は前述の〝金八猫〟の話をしながら自分の窮状を訴える。玉は源五郎に博打場に出入りするように夢で勧める。幸山の勘次・勘三（勘蔵ではない）からの無心から殺傷、死んだと思われたが源五郎は息を吹き返す。生き返ったものの源五郎は勘次・勘三の災いを怖れて、播州を離れる。玉にも別れを告げるが、再会を誓う。玉は江戸に流れつき、日本橋横山町三丁目小間物屋藤川屋のお勝に拾われる。お勝は江戸本町紀伊国屋の若旦那・伊太郎に嫁ぐが、その頃この紀伊国屋の身代を番頭金蔵やお梅が我が物にしようとし、さらに悪人・伝次や筑波小僧の吉五郎も紀伊国屋をエサにするべくうろつく。しかし、玉が伝次を嚙み殺したり、金蔵を睨んだりして悪を蔓延《はびこ》らせない。一方、紀伊国屋の旧奉公人・清兵衛に旧主毒殺の疑いがかかり、奉行所に連行。吟味の末、番頭一味の悪事露見。金蔵・お梅は自らが調合した毒で倒れる。伊太郎・お勝夫妻の幸福。その後、伊太郎は玉を連れて所用で加古川へ。ここですでにこの地に戻っていた源五郎と玉が再会。勘次・勘三の付け狙いはしつこく、結局源五郎は殺される。このあとは小林紫軒のそれに近いが、赤壁明神の建立の金は伊太郎が都合する。なお、赤壁の由来は、猫が突かれて死んだ時、土蔵の白壁が真っ赤に染まったことによる。

阪本富岳講述『怪猫奇談《かいびょうきだん》赤壁明神』(一九二〇、東京稲西書店)は同内容。旭堂南陵の「播州奇談《ばんしゅうきだん》加古川の怪猫」では、槍をあやつる侍を猫が巧みに悪党のところへ案内し、自分の身をかわしながら、手元を誤らせて悪人を刺させる(『娯楽世界』第7巻第6号、一九一九年六月)。桃川如燕の講談「百猫伝《ひゃくびょうでん》」のなかに白須賀の猫という、やはり善玉の猫がいる。死んだその血が便所の壁を赤く染めたことから、赤壁大明神と祀られたという、これを赤壁の猫の元祖というべきか。

諸本の比較はここまでとする。問題は「猫定」との類似である。まず、猫の鳴声によって賭場で儲ける点。猫が人の遺体を立たせる点。また、浪人がその猫を突き殺す点。主人の仇を討ったと称讃される点、など。これらが「猫定」と一致する。ただし、「猫定」に見られた女房の浮気などは「赤壁明神」になく、一方、人に憑依しての猫の仇討ちという展開は「猫定」にない。

似たような話がどこにもある、ということは十分に考えられるが、「赤壁明神」と「猫定」のこうした類似点の多さは、それだけでは看過できない。推測するに、「猫定」の場合は、「赤壁明神」を人情噺化したものではないか。そうだとすると、「猫の恩返し」同様、「猫定」も元来は何ら回向院に関係ないことになる。では、あの回向院の猫塚の本当の由来は何なのか。現在のところ、調べる由もないが、単に可愛がっていた猫が死んだので手厚く埋葬した、それだけのことではなかったか。ちなみに、円生の速記中に「百猫伝なんという、猫が化ける話を百あつめたという……。赤壁明神の猫とか、あるいは鍋島の猫」(「猫定」、『円生全集』所収)とあるところから考えると、円生は「猫定」が焼直しであることを弁《わきま》えて口演していたと思われる。

さて、他にも猫塚が出るはなしは多いので、ここで幾つか紹介しておこう。すでに、近世初期に猫塚のはなしはある。例えば、中国の『清尊録』を出典とする(叢書江戸文庫『浮世草子怪談集』木越治解題参照)『和漢乗合船』(正徳三年・一七一三刊)巻二－一「即身即猫附葛岡猫塚日爪発心」。これは、先妻の亡霊が猫にとりつき、後妻を噛み殺したというもの。「猫定」をやや彷彿とさせる趣向。再び講談になるが、西尾魯山の『東金奇聞猫塚の由来』(大淵渉編、一八九七、駸々堂、丸山平次郎速記)は次のような話。

明治八年頃の話。日本橋横山町小間物屋・上総屋清左衛門の息子・清三郎は非常に身持ちがかたい。これを心配した親は番頭に一肌脱ぐように頼むと、三社前の茶店のお花に夢中になる(落語「明烏」に近い)。鎌倉などに駈落ち同然の遊山《ゆさん》をした二人も金が尽き、上総屋の旧奉公人で車屋の長蔵のもとへ。そこへお花の養母おとらに頼まれた伝次が二人を出せと脅しにくる。長蔵は上総屋に相談すると、姉ヶ崎の与吉の所にいく手配が整う。姉ヶ崎の五右衛門茶屋につとめるお花は、博徒の音次郎に口説かれる。ある日、お花の帰りが遅いのを心配した清三郎は、最近世話になっている船頭・勘太郎の家へ。勘太郎、お花を救うが、その後音次郎一味に傷つけられる。勘太郎は傷が治らないことを悲観して、八年前に救けた猫に自分の悔しい思いを訴え、胸を包丁で突き自害。猫は勘太郎の血を舐めると、音次郎ら六人を次々嚙み殺す。しかし、最後は巡査に退治され、仙建寺という寺に猫塚が建てられる。

お花と清三郎は、勘太郎に救われた後、江戸へ行く。おとらは、お花に金をせびる。これを見兼ねた二人の理解者・長五郎の活躍なども組み込まれているが、いっこうに怪猫譚と嚙み合ってこない。むりやりに筋の延長を図った印象を受ける。また、怪猫譚に入るくだりは、「佐賀の夜桜」(鍋島の化猫)の趣向に拠ったと思える。他に、『文芸講談』創刊号(一九二三年四月)に、南海夢楽の「猫塚の由来」が連載開始されている。管見に入っただけの筋を引けば、上総国姉ヶ崎の漁師勘蔵は、義俠に富む博徒の貸元でもある。その倅・勘次郎がある日、子供に虐められている猫を救ける。そして、救ったところに乳銀杏《ちちいちょう》があったので、その猫を銀杏と名づける。思うに、姉ヶ崎という地名と救けた猫という点で、前掲の西尾魯山の講談に近いものであろう。また、桃川如燕の「上総猫塚の由来」(『続怪談揃』一九一四、国華堂所収)も同系統の講談といえる。一龍斎貞山の「勘七猫」も猫塚の由来譚(『講談研究』四五七号参照)であり、小野川喜三郎の登場する有馬の猫騒動(『小野川真実録』)も「赤羽の猫塚由来」という別題で言われることがある。

さらに、はなしが土地から土地へ移動するこの問題について考えてみよう。

皿屋敷説話と「厩火事《うまやかじ》」

皿屋敷説話は全国的に分布し、すでに三田村鳶魚や牧村史陽の考証などがある。ところで、比較的有名な皿屋敷説話以外に、牧村は宮田思洋著『伝説の彦根』(一九五四、彦根史談会発行)なる書に依拠して、次のような伝説を紹介している(史陽選集33『皿屋敷伝説』史陽選集刊行会)。

井伊直政が徳川家康より拝領した皿十枚。井伊直興の代になって、藩の家臣・孕石政之進に譲り渡される。政之進には親の決めた許婚がいたが、待女・お菊と恋仲であった。政之進の本心を知りたく焦ったお菊は、孕石家の重宝である皿十枚のうち一枚を故意に割る。当初、誤って落としたと思った政之進は、何の咎めにもおよばなかったが、真相を知るや、自分が疑われたことに憤りお菊を斬り殺す。お菊の墓は長久寺にある。

牧村のほかに、この伝説は高谷重夫「皿屋敷伝説考」(『加能民俗研究』10、一九八二年三月)や、明石散人『ジパング——誰も知らない日本史』(一九九六、講談社。初出『小説現代』一九九四年六月)にも記述がある。さらに、一九九六年九月二三日、日本テレビの特番「今夜発見！　これが幻の100億のお宝伝説」のなかで「番町皿屋敷遺恨の刀」と題し、静岡県清水市本覚寺に前述の孕石が斬った刀と、その皿が祀られていると紹介している。

この伝説について気になることがある。それは、この伝説がどうやら前に引いた『伝説の彦根』のみに見られる話という点。しかも、この書の成立は一九五四年と決して古い資料ではない。牧村はこの伝説に対し具体的に言及しないが、明らかに岡本綺堂の戯曲を連想している。これは言うまでもなく、市川左団次のために書き下ろした『番町皿屋敷』(一九一六初演)であろう。青山播磨の心を試すために、ヒロインお菊は皿を割る。はじめは、それを過失と許した播磨も、お菊が自分の気持ちを図りかねての行為と知って、お菊を斬殺、という筋。なるほど、この類似は注目に値する。明石は前著のなかで、やはり、戯曲との類似に触れ、綺堂は長久寺の伝説を知っていたのかとコメント。つまり、綺堂は自らの戯曲に前掲の伝説を流用したという推測である。これに対して、高谷は前掲論文中で、長久寺の伝説のほうが、綺堂の戯曲によって創りなおされたのではと指摘する。同様に、長戸寛美も前述の類似に触れているが、綺堂が彦根の伝説に基づいた様子はないと判断している(「お菊皿」、『漫筆草市噺』所収)。本稿では後者の考えを支持する。すなわち、綺堂の戯曲が従来のなんらかの伝説に影響を与え、その結果、長久寺に前掲の「伝説」が成立したのではないだろうか。すでに、この結論は堤邦彦も「高僧の幽霊済度」(『国語と国文学』一九九六年五月号)のなかで述べている。悠々たる時間を孕んで継承されるかのような伝説。しかし、これに虚構が素早く滑り込むことは、意外に多いものなのではないだろうか。

ところで、長久寺の伝説、綺堂の戯曲に影響を与えたものは何か。一つ考えられるのは落語の「厩火事」(「厩焼失」)である。すでに『番町皿屋敷』初演より早く、初代三遊亭遊三によって口演された速記(『百花園』一八九〇年六月二〇日、酒井昇造速記)がある。その梗概をまとめてみる。

仲人でもある親分のところへ、夫婦喧嘩をした髪結いの女房が愚痴をこぼしにくる。女房は夫の気持ちがよくわからないと訴える。親分はあるたとえ話をする。孔子の留守に召使が誤って孔子の愛馬を焼け死なす。しかし、孔子は召使の体を労わるだけで、馬のことは一言もいわなかった。一方、麴町のある役人は、奥様が皿を持って階段を落ちると、皿のことばかりきいて、奥様の体については何もきかなかった。そのため離縁。話し終わると親分は、何か家にある大事なものを壊して夫の気持ちを試せ、という……(3)

すでに、この類似は周知のことと思われるが、寄席にもあれほど親しんだ綺堂が、この落語を知らないと考えるほうが不自然である。また、大事な物を壊して人の気持ちを試すという手法で知られているものでは、ほかに有名な例をみない。綺堂が『番町皿屋敷』を書くにあたって、「厩火事」を参考にした可能性は低くないと思える。綺堂は

「厩火事」の趣向を流用し戯曲化、これが芝居などで人口に膾炙し、彦根の長久寺の伝説にまとわりついたのではなかったか。そして、またここでも、長久寺に納められてあるお菊の皿に関わるそもそもの伝説とは何だったのか。それが判らない。

本来、虚構であったはなしが実話のように認識される。特に地名や時代が具体的に明記されれば、されるほどに、その信憑性は高くなったりする。注意しなければならないのは、この点なのである。

注　記

（1）『怪談乳房榎』で、円朝は熊野十二社の滝の場面に入るにあたって、「紀州藤代に鈴木九郎と申した人が」と前置きして、この熊野権現の由来を述べる。鈴木九郎とは、俗に中野長者と呼ばれた人物で、この長者には姿見橋にまつわる伝説がある。自分の財産を近くの山林に埋めに行くが、その作業を手伝わせた同行の使用人の口をふさぐために、姿見橋で斬殺すること数回に及んだというもの（『遊歴雑記』その他に記述）。円朝がこの伝説を知っていた可能性はあろう。原話（『深窓奇談』）と最も異なる田島橋の重信殺しのヒントに利用されたのではないだろうか。なお、談洲楼燕枝「西海屋騒動」の後半は『怪談乳房榎』に類似するところがある。また、『怪談乳房榎』の冒頭、幽霊画のくだりは、講談「応挙の幽霊」に近い。

ところで、この作品のなかに、男の横暴な脅迫に女が妥協に至る趣向がある。これには、古い説話にもその類型が見つけられるが、近代文学では芥川龍之介の『お富の貞操』（一九二二)にも見られる。『芥川龍之介事典』(明治書院)によれば、これは、スウェーデンのストリンドベリーの戯曲『令嬢ジュリー』の影響とあるが、『怪談乳房榎』を好演した六代目三遊亭円生が『お富の貞操』を朗読しているのも興味深い事実である(京須偕充『寄席と芝居と』青蛙房)。

(2) 以上、「猫の恩返し」については、拙稿「猫の恩返しの源流」(『諸芸懇話会会報』一七七号、一九九六年一二月)に補筆したものである。

(3) 参考までに「厩火事」の類話を引く。「東京日々新聞」一八九三年から一八九四年にわたって掲載された「想古録」に、熊本侯・細川重賢《しげかた》の逸話が載る。鷹野にて家来が石に躓き皿小鉢を割る。すると、怪我はないか、とだけ尋ねたというもの(森銑三『史伝閑話』中公文庫)。また、外国の笑い話も紹介したい。といっても特定の典拠を示さぬ『西洋新作はなしの尻馬』(大館利一編、一八八九、欽英堂)の第五章より。川に落ちた妻をしきりに心配する夫。これに妻は嬉しく思うが、救けたあとで夫は「今度からお前に財布は預けない」と言う。なお、同書第十八席は落語「夏の医者」、第三十六席は落語「紙入れ」と同工である。

追記

「猫塚」

＊ 佐藤悟「マスメディアとしての歌舞伎」(『歴史公論』一一三号)、花咲一男『近世風俗雑考』(二〇〇三、太平書屋)に、「猫の恩返し」に関連する記述がある。

＊ 『文化秘筆』(文政年間成立・写本、『未刊随筆百種』四所収)に猫の怪について記述がある。

＊北村一夫『落語人物事典 下』(一九八八、社会思想社)の「肥前の守」の項に、猫塚への言及がある。

「皿屋敷」

＊堤邦彦『近世説話と禅僧』(一九九九、和泉書院)に皿屋敷に関する記述がある。

＊延広真治「一心太助」(「講談速記本ノート 63」、『民族芸能』264号、一九八八年四月)が、皿屋敷と一心太助を結びつけて論じている。

第三章　噺さまざま、起源さまざま

「大山詣り」――狂言からの着想

落語「大山詣り」(「大山参り」)は、数多《あまた》ある落語のなかでも傑作中の傑作として知られている。若干サゲに難色を示すむきもあるようだが、完成度の高さにおいては衆目の一致するところである。噺としては、大ネタに属するものであり、いわゆる「トリネタ」。これまでの代表的な演者をあげれば、以下の通り。四代目橘家円喬(一八六五～一九一二)・〝品川〟こと四代目橘家円蔵(一八六四〈逆算〉～一九二二)・初代柳家三語楼(一八七四～一九三八)・五代目三遊亭円生(一八八四～一九四〇)・四代目柳家小さん(一八八八～一九四七)・八代目春風亭柳枝(一九〇五～一九五九)・八代目三笑亭可楽(一八九八～一九六四)・五代目古今亭志ん生(一八九〇～一九七三)・六代目春風亭柳橋(一八九九～一九七九)・六代目三遊亭円生(一九〇〇～一九七九)・八代目林家正蔵(後の彦六。一八九五～一九八二)(参考、保田武宏『ライブラリー落語事典・東京編』他)。その後、五代目柳家小さん(一九一五～二〇〇二)・古今亭志ん朝(一九三八～二〇〇一)・柳家小三治(一九三九～)など。まさに、時代を担った落語家《はなしか》の多くが演じた噺とわかる。以上のうちでも、特に四代目橘家円蔵がこれを十八番にし、さらに五代目・六代目の円生が、「大山詣り」を自家薬籠中のものとしたことは記憶されている。以下、本稿では「大山詣り」成立までの足どりを辿るのであるが、言うまでもなく、先学諸書の指摘に拠るところが多い。

では、まず落語「大山詣り」の粗筋を『増補落語事典』より引用する。なお、これは『円生全集』第二巻所収の「大山詣り」を下敷にしたもの。

江戸の衆がそろって大山詣りに行くことになり、道中酒を飲んで暴れた者は坊主にするという約束で出かけた。この約束が効いて、山のほうはしごくおとなしくすんだが、これから江戸へ帰るという神奈川の宿で気がゆるみ、熊公が酔っぱらって風呂場で大騒動。あげくに二階で大いびきのところを約束だとばかりに丸坊主にされてしまう。翌朝早くまだ寝ている熊を、みなで置いてきぼりにした。やっと目をさました熊が、気がつくと丸坊主。そこで通し駕籠で他の衆より一足先に江戸へ帰ってしまう。家につくと、さっそく他の連中のかみさんを集め「実は一行が帰りみち金沢八景で船に乗ったところ、船がひっくり返ってみなおぼれ死に、自分だけが助かった。自分はみなの菩提をとむらおうと坊主になって来た」と坊主頭を見せると、かみさん連中すっかり信用し、なげきのあまりみな坊主になってしまう。そこへ一行が帰って来る。どうしたことだと怒り出すと、年長者が、怒ることはない、めでたいことだという。「なぜです」「お山は晴天で、家へ帰りゃみなお毛が(怪我)なくってておめでたい」

多少補っておきたい。まず、暴れた者は坊主にする、という約束の前に、腹をたてたら罰金として二分《ぶ》とる、ということを決めている。また噺のなかには、大山講の責任者というべき〝先達《せんだつ》〟(先達ッつァん)の存在も重要。右梗概での「年長者」が先達。

御山詣りを材にとった落語であり、他に、落語「富士詣り」なども、御山を扱った噺である。いずれも、江戸庶民と山岳信仰の関りを窺わせるものがある。ただし、「大山詣り」のほうは、「富士詣り」とは異なって、右の筋で触れたように、山のぼりや信仰的な営為を具体的に演出するところはない。また「大山詣り」全体について管見に入った速記類をみても、落語家による演出に大きな相違はない(1)。

ここで、落語「大山詣り」の成立を考える前に、大山詣り(石尊《せきそん》参りとも)について少し説明を加えておく。大山の位置は、丹沢山地の東部にあって、厚木市の西部・伊勢原市の北西部・秦野市の接点にある。別名を「阿夫利山《あふりやま》」「雨降山《あめふりやま》」とも言ったらしい(『神奈川の地名』平凡社)。大山詣りについては、『明治維新神仏分離史料』(一九二六、東方書院)中巻所収の鷲尾順敬「相模大山阿夫利神社調査報告」が、詳しく参考になる。また、『相州大山案内記』(一九〇七、東京田村書店)は貴重な資料。他に、『伊勢原町勢誌』(一九六三)・桜井徳太郎『祭と信仰』(講談社学術文庫)等々。これらによると、阿夫利神社は、崇神天皇の延喜七年(九〇七)から歴史をもち、代々の権力者の保護を受けた霊地。大山詣りは、江戸時代初期から行なわれるようになり、元禄年間からは能楽の地としても知られ(2)、宝暦年間(一七五一〜一七六四)から大山講が盛況になる。毎年の例祭は、六月二七日から七月一七日までのほぼ三週間。この期間は『新編相模国風土記稿』巻之五十一にも明記。また、滝亭鯉丈《りゅうていりじょう》の滑稽本『大山道中膝栗毛《おおやまどうちゅうひざくりげ》』(天保三年・一八三二刊)でも、山びらきは六月二七日とある(明治版帝国文庫『滑稽名作集 下』)。しかし、『嬉遊笑覧《きゆうしょうらん》』に引かれる『江戸《えど》総鹿子《そうがのこ》新増大全《しんぞうたいぜん》』や『東都歳時記』では六月二八日とある。前掲の期間は、つまり大山の奥之院が一般公開される時であり、多いときで白の行衣を着た人々が二十万人集まったという。そして、『大山道中膝栗毛』のなかには、普通二五日に江戸を出発とある。すると、大山詣りを目指す江戸っ子は、山びらきの初日に山に着くような予定をくむ講が多かったと考えられる。初詣は元旦に、という考え方と同じか。以上のことで、だいたい落語「大山詣り」が、一年のいつ頃のはなしか限定できる。山へむかう前、両国の垢離《こり》場で水垢離をして、心身を清める。『円生全集』では、「大山詣り」のマクラで、このあたりの事を考証したうえではなしに入っている。大山講を導くのは、本来御師《おし》の役目であるが、この御師が「大山詣り」のなかではまったく顔を出さない。故に、先達がすべての案内人のような印象を落語から受けるが、先達は御師にバトンを渡すまでの道中責任者として考えるべき。『大山道中膝栗毛』でも、大山に着いたら山明まで御師の家に逗留する、という文句がみえる。ちなみに、大山に女性は入れないので、大山講は必ず男だけ。

『円生全集』を読むと、大山からの帰路は、藤沢・神奈川・品川・江戸といった地名が出てくるので、おおよそ察しがつく。ところが、往路にはほとんど触れていない。この往路だが、大山道(大山街道)と呼ばれる道がある。江戸から三軒茶屋・二子渡・多摩川を越えて、溝口・厚木・伊勢原と南下し、大山への道、厚木街道・矢倉沢往還である。ただ、大山に至る道は他に幾路もあって、あくまでこれは代表的な道筋。鯉丈の滑稽本『大山道中膝栗毛』(『栗毛後駿足』《くりげのしりうま》文化一四年・一八一七〜文政五年・一八二二刊)では、江戸から品川、そして大森と足をすすめており、前述の大山道からは外れている[3](『神奈川県の地名』)。この講の道中については、榎本滋民『落語小劇場』(一九八三、三樹書房)下の巻「夏の山・大山まいり」や、佐藤光房『合本 東京落語地図』にも詳しい。

「信心二分で色気八分」(『円生全集』)とあるように、御山詣りと言っても多分に遊興的色彩が強い。大山からの帰路は、一年の憂さを発散させる目的もあったと思われる。帰路の地理に関してだが、円生は、従来「大山詣り」のなかでいわれる「烏帽子岩」を、「烏帽子島」に訂正。確かに、例えば『大日本地名辞書』第六巻に拠っても、神奈川の三浦郡にあるのは、「烏帽子島」でなければならない。

主に職人の信者によって支えられていた大山信仰は、近代に至っても、新橋発、平塚経由、国府津行の臨時列車が日に四回、夏季大祭の時には出るほどだった。けれども明治初期の神仏分離の波には抗し難く、その後衰退。(4) ただ、現在でも昔ほどの活気はないものの、大山への参詣者はいる。

さて、大山詣りの歴史的な説明はここまでにして、これから、落語「大山詣り」成立までの考察にはいることにする。

落語「大山詣り」は、今でこそ東京落語において「大山詣り」で統一されているが、以前は「百人坊主」とも言った。六代目円生によれば、「昔から楽屋の帳面には『百人坊主』と書きます。『大山詣り』という題名はごく最近ついたものなんです」(「輪講大山詣り」(5)、『円生全集』第二巻所収)と語っているように、「大山詣り」という名の新しさがわかる。ところで、一般的に東京の「大山詣り」は、上方落語の「百人坊主」と言いならわしているようだが、思うにこれは注意せねばならない。

円生も前掲の「輪講」で述べているが、演出がかなり違う。事実『増補落語事典』では、その「補遺」において、「別話」扱いの項目を設けている。では、その「百人坊主」の梗概を引用する。

長屋の連中が「腹立てん講」というのをつくって、伊勢詣りに行くことになった。いつもけんかが起こるので、今度腹を立てたやつは五貫文の罰金という条件で、旗を立てて行く。旗を持ったのが、こつきの源太というすぐにけんかをする男。三十石船で伏見へ行く途中、けんかをしたのでみんなに坊主にされてしまう。旗を持っているので怒るに怒れない。伊勢神宮は坊主をいやがるからということで、伏見から引き返すことになった。家に帰って、みんな死んだといって女房たちを坊主頭にしてしまう。亭主たちが帰ってきてびっくり。女房たちは、自分たちばかり坊主ではと、亭主もみな坊主にしてしまう。家族もみな坊主にしてしまう、年寄から子供まで、みな坊主頭ばかりでややこしい。中に一人だけ髪をつけた人がいたのでよく見たら、旦那寺の坊さんやった。

地理が異なるのは当然としても、「腹立てん講」という組織と、その字が書き込まれた旗を持つ点は「大山詣り」と違う。また、白生地の着物に絵を描いて伊勢詣りへ行くが、これに該当するものも「大山詣り」にはない。さらに、サゲが違い、最後に坊主にされる人数も、「百人坊主」では山へ行った男の女房に限らず、村の子供・年寄にまで及んでいる(6)(「百人坊主」、『米朝落語全集』第二巻所収)。

円生の前掲の発言をもとに考えれば、「百人坊主」のほうが「大山詣り」より古く、後者は前者の焼直し、つまり本来上方落語とも思えるが、断定できない。ここで、「百人坊主」の原話の通説にふれておけば、「百人坊主勝負の魁《さきがけ》」が原題らしく(前田勇『上方落語の歴史』杉本書店)、出典を狂言「六人僧」や西鶴の説話に拠ったとする指摘がみえており、これから詳しく記すが、「大山詣り」のそれとかわりがない。いずれにせよ、この両者はまったく縁のない噺とも言い切れず、同根・同典拠から派生して成立した落語として見て差しつかえないだろう。ただし、上方落語「高津の富」に対する東京の「宿屋の富」、「住吉駕籠」に対する「蜘蛛駕籠」、「淀川」と「後生鰻」などのような単に地理・風俗を変えただけの同一の落語としてすますわけにはいかない。筋として紹介に挙げた場合、『増補 落語事典』のように別話として取り扱うのが、厳密に言えば妥当であろう。なんともややこしい事態である。以下、本稿では「大山詣り」を中心に論を進めるものではあるが、随時「百人坊主」の話柄も意識してゆくつもりである。

さて、落語「大山詣り」の原話だが、他の落語に較べて、これまで諸書に指摘が見られ、広く知られている。その一つ、興津要『日本文学と落語』(一九七〇、桜楓社)の「西鶴と落語」では、典拠を狂言「六人僧」として、これから、井原西鶴の浮世草子『西鶴諸国ばなし』(貞享二年・一六八五刊)巻一―七「狐四天王」へ、さらに滝亭鯉丈の滑稽本『大山道中膝栗毛』をはさんで、現行の上方落語「百人坊主」・東京落語「大山詣り」へ、という系譜を説明している。他の文献でも一様に、「百人坊主」の出典同様、「大山詣り」の原話を狂言「六人僧」としている。(7)では、現在考えられるところで最も古い、この種の話柄である「六人僧」から、順に見てゆくことにしたい。古川久他編『狂言辞典』(東京堂出版)事項編より、その梗概を引用する。

諸国仏詣を思い立ち、同行《どうぎょう》二人を誘って旅に出た男(シテ)が、仮にも怒る心など持つまいと提案し、互いに誓い合う。途中辻堂で一休みし男が寝入ると、他の二人が男の髪の毛を剃り落としてしまう。目をさまし驚くが誓言の手前怒れない男は、このような姿では具合が悪いからと一人別れて帰宅し、妻たちを呼び集めると、高野への途中紀ノ川で二人が溺れ死んだので、一人残った申し訳なさに僧形になって戻ったと言う。二人の妻は夫の菩提を弔おうと尼になるので、男はその髪を高野山へ納めようと再び旅立つ。そして高野山で同行の二人に出会うと、三人の仏詣をなじみの女に会いにいったと讒言する者があって、二人の妻はさし違えて死んだと言い、証拠だと髪を見せる。二人は妻のあとを弔おうと剃髪する。さて帰郷すると、二組の夫婦は互いの生存を驚き喜び、男に詰め寄る。そこへ男の妻も尼になって出てくるので、これも仏の導きであろうと、出家三人・尼三人、男女別々に霊場を巡り後《ご》世《せ》を願おうと、名残りを惜しみ謡留めにする。（三百番）

ここに引いた文が示すとおり、ほぼ「大山詣り」の原形が完成されてしまっている。この「六人僧」と「大山詣り」の関係は、前掲の『狂言辞典』や、『日本古典文学大辞典』(岩波書店)の「六人僧」の項目でも記されている。他の落語で、これほど一般に原話が知られているものは少なく、また実際原話が判明していても、文学研究事典類に明記されることは稀なのが現状である。この点は、「大山詣り」の知名度の高さを裏付けるものであるとともに、それだけ一見して濃い類似が両者に認められることも示している。

ということは、この「六人僧」一つをもって、「大山詣り」の成立は可能であるという仮説は十分成り立つ。だが、それでも、「大山詣り」成立への影響を考えるにあたっては、やはりこれまでの先学の指摘を再検討する価値は消えるはずがないと思うので、順に見てゆきたい。まず、『西鶴諸国ばなし』の「狐四天王」から。

姫路の本町筋・米屋の門兵衛《もんびょうえ》があるとき子狐の群に石を投げると、そのうちの一匹にあたり死ぬ。その晩、門兵衛の家に異変がおこり、その翌日にはお尋ね者の出家をかくまった疑いで、同心たちに踏みこまれ、女房もろとも門兵衛は坊主にされる。そして、門兵衛の息子・門右衛門に化けた狐は、門右衛門の妻に不倫の疑いをかけ、これも坊主にしてしまう。さらに、門兵衛の親元へ、門兵衛が死んだと知らせ、親たちも坊主にする。(日本古典文学全集、小学館)

なるほど、「六人僧」を下敷にしたと思える説話である。他に西鶴は、同じく『西鶴諸国ばなし』巻三-三「お霜月の作り髭」でも、「六人僧」を利用したはなしを拵えている。

今晩婿入りする男。酒の宴で興が入った末、寝入ってしまう。この男の仲間が、この時とばかり男の顔に、墨で釣髭を描く。目ざめた男は、これに気がつかないまま婿入りして恥をかく。激怒した男は、イタズラした男たちに復讐しようとするが、なだめられ、結局解決策として、イタズラした者たちの顔にも作り髭を描く。さらに頭に引きさき紙をつけさせた狂人の姿で、世間に醜態をさらさせる。「狐四天王」では、復讐相手を含めた身内まで坊主にしてしまう点などが、「六人僧」を生かしている。「お霜月の作り髭」は、寝ている人間の顔(頭)にイタズラをする点などが、「六人僧」と共通。しかし、「六人僧」と「大山詣り」の間にくる説話としては、「大山詣り」の趣向に近づくというより、逆に離れてしまった観は否めない。なお、前掲の「お霜月の作り髭」を利用したと思えるのが、浮世草子『怪談登志男《としおとこ》』(寛延三年・一七五〇刊)巻四―十九「白昼の幽霊」。上州安中でのこと。酒店でねむってしまった男を、仲間がなかなか起きないとふんで、みんなで男の髪を剃って、額に額紙をつけてしまう。やがて目ざめた男は、自分が死んだものと思い込む(『徳川文芸類聚』)。他に、寝ている人の髪の毛を切ってしまう趣向は、草双紙類にもみえる。例えば、黄表紙『夜野《よの》中狐物《なかこんなもの》』(安永九年・一七八〇刊)では、狐にだまされ野にねかされた者が、起きると坊主頭だったというもの。他の落語にも、遊女にふられた男が、その遊女がねている間にハライセに、髪の毛をすっかり剃って逃げてしまう、「坊主の遊び」という噺がある。原話は、中国の『笑府』巻六殊稟部の「解僧卒」で、類話は江戸小咄に散見する(『落語三百題』)。

同じく、西鶴の浮世草子『懐硯《ふところすずり》』(貞享四年・一六八七序)巻三―一「水浴の涙川」は、「お霜月の作り髭」に類似する説話である。

伊勢の松坂屋清蔵は、女房を持ったため付きあいが悪くなったと仲間の反感をかう。懲らしめてやろうと思った仲間から、お前の女房がてんかんを隠しているとふきこまれる。真にうけた清蔵は女房に三行半《みくだりはん》。その後仲人に否定され、かつての妻が別所に嫁入りするのを見て、怒り心頭。嘘をついた仲間のもとへ、抜身でむかう。仲裁され、結局仲間五人の妻も同じように離縁させる。(『対訳西鶴全集』五、明治書院)

江島其磧の浮世草子『善悪身持扇《ぜんあくみもちおうぎ》』(享保一五年・一七三〇刊)巻下―二「重来強じて尼に成」は、この西鶴の説話を模倣したもの。ただ、其磧はてんかんを、ろくろ首に、また最後は相手の女房も離縁させるのではなく、髪を切って尼にしている[8](明治版帝国文庫『珍本全集 中』)。

これまで見た例では、いずれも恨みを抱いた者への報復手段として、坊主にしている。ところが「大山詣り」の場合は、前の粗筋でもみられたように、坊主にされた男が、坊主にした男たちの女房を口先三寸で坊主にしている。同様に報復ではあるが、言わば「目には目を」的な復讐行為である。「六人僧」は坊主にされた男が坊主にする展開であって、この点でも、やはり「六人僧」からそのまま「大山詣り」に移行したほうが趣向的に近い。

ところで、ここで坊主にするという恥辱的な行為について考えておこう。「大山詣り」では、大山からの帰路に熊の髪を剃っているが、「百人坊主」では、往路で髪を剃られた男が、仲間からお伊勢さんは坊主は嫌いだと諭されるくだりがある（『米朝落語全集』第二巻）。伊勢詣りは出家体ではかなわず、「大山詣り」においても、「坊さんにされちゃったんですよ、お山ができないからてんで……」（『円生全集』）と、わずかに言及している。つまり、坊主にされることが参詣についてゆけない屈辱につながっているのである。故に、単に坊主頭が笑われるという恥辱以上の意味あいを考えておくべきであろう[9]。

さて、落語「大山詣り」の成立について、『増補 落語事典』や『落語三百題』には、もう一つ重要な指摘があり、これを引いておかねばならない[10]。十返舎一九の黄表紙『滑稽《じょうだん》しつこなし』（文化二年・一八〇五刊）にある挿話である。細かく見てゆきたい。これは、前掲の説話の不足分を補って、「大山詣り」の原形を十二分に整えたものである。次のような筋立てになっている。

神田八丁堀の長屋の左次兵衛・太郎兵衛・権兵衛が、江の島参詣へゆく。その前には、どんな冗談にも腹をたてないことをお互い約束しあって出発。大森にて、左次兵衛が茶屋でいねむりをすると、後の二人が、この男の頭を坊主にしてしまう。左次兵衛目をさまして、これに気がつくが怒るに怒れない。結局、一人江戸に向けて先に帰る。なんとか、仕返しをと思った左次兵衛は、帰り道黒衣を買い込み、出家体になり長屋に戻ってくる。そして二人の女房に、六郷の渡しがひっくりかえり、二人は亡くなったと嘘をつく。女房たちが夫の後を追おうとするのを止め、自分と同じように菩提を弔うために出家するのがよいと勧め女房たちを尼にする。さらに、左次兵衛はとって返し、平塚の宿で出家の姿で太郎兵衛・権兵衛に再会。我々三人の女房はふぐ汁にあたって死んだと嘘をつき、そして、その形見として二人の女房の黒髪を見せる。ここでも、二人に坊主になることを勧めた左次兵衛、今や三人の坊主となって長屋に帰ってくると、夫婦がお互い生きていて坊主なのに驚く。(林美一編著『江戸春秋』18、一九八四)

これもすぐわかるとおり、「六人僧」を典拠にしている。この関係は、高木好次「黄表紙における謡と狂言とについて」(『江戸文化』第四巻二月号、一九三〇)ですでにふれられている。が、右論文中に「大山詣り」への言及はない。前掲の『滑稽しつこなし』の完全な翻刻を載せた『江戸春秋』所収の林美一「十返舎一九を知る作品三種」では、「大山詣り」の種本として前掲の話をとらえている。やはり、「六人僧」から『滑稽しつこなし』へ、そして「大山詣り」(「百人坊主」)へと趣向が伝播したと考えるほうが妥当のような気がする。どうやら、前に引いた浮世草子の説話は、その支流として見るべきかもしれない。なお、一九は『続々膝栗毛』二編之上(天保二年・一八三一刊)でも、「六人僧」の趣向を生かしたものを書いている(麻生磯次『笑の研究』)。他にこの話柄を踏襲したと考えられるのが、根岸鎮衛の随筆『耳嚢』(文化一一年・一八一四成立)巻之一「悪しき戯れいたす間敷事并頓智の事」である。

神田辺に住む二人組が、路銀がないという独り者の男をむりやり誘って、伊勢神宮へ旅立つ。途中、品川を経て神奈川宿に着いた時、独り者は酒に酔いつぶれねむり込み起きようとしない。そこで残りの二人が、この独り者の頭の毛を剃ってしまう。起きて驚いた独り者、問うても二人は白を切るばかり。出家体では、伊勢には行けないので、長屋へ帰る独り者。そして、二人の女房の前に坊主頭で現れると、「三人で乗った渡し船が転覆、自分だけが助かった」とでたらめを言い、悲しむ二人の女房の毛を剃ってしまう。(岩波文庫)

一九、そして『大山道中膝栗毛』(『栗毛後駿足』)の作者・滝亭鯉丈が落語に親しい環境にあったことは、すでに言われてきている。四壁庵茂蔦『わすれのこり』(文政七年・一八二四自序)によれば、鯉丈は座敷で一席演じた噺家の横顔ももっていた(『続燕石十種』。参考、渡辺均『落語の研究』一九四三、駸々堂)。あるいは、「輪講大山詣り」で飯島友治が推測するように、「大山詣り」を演じはじめた人物と、鯉丈の存在には、何らかの関係があったと考えていいのかもしれない。

結論として、狂言「六人僧」から着想を得た一九の『滑稽しつこなし』の挿話を母体として、落語「大山詣り」が産声をあげたとする見解を、「大山詣り」成立の主流としたい。

ところで、一九よりも古い談義本に、「六人僧」を生かし、さらに「大山詣り」の趣向にきわめて類似した説話があるので、その粗筋を引いておきたい。滑稽本[11]『俗談唐詩選』(宝暦一三年・一七六三成立)巻之二「飲中八仙は口頭の交り」がそれである。

江戸橋辺の両替店の主人・知無多屋《ちんたや》上戸郎《じょうごろう》は、無類の酒好きで、渾名が知上。この知上には酒の友達が七人いて、日ごろ酒を交えた座興に余念がなかった。ある時、家の者に出先を告げずに、屋形船にのりこんだ八人は、いつものように酒宴となる。船中にて、李白や酒などを論じながら、いかなる事にも腹をたてないという証文に、全員が判を押し、江の島へむかう。神奈川で一宿、さて出かけようとするが知上ひとり目をさまさない。そこでこの時とばかりに、知上を剃刀《かみそり》で坊主にしてしまう。起きた知上は怒りたくともそれができない。しかたなく、鎌倉に用があるから後で大山でおちあおうと告げ、みんなと別れる。知上は、八人がいなくなったと騒いでいる江戸へ戻り、女房たちの前で、船遊びで品川沖から神奈川沖、ここで船が転覆、自分一人だけが助かったと嘘をつく。さらに、自分は今死ぬわけにゆかず、友人の後世のために坊主になったと付け加える。悲しむ女房たちに、知上は夫の菩提をとむらうことを勧め、頭を剃って尼にしてしまう。七人は待ちあわせの地・大山に知上が来ないまま、江戸へ帰ってくると、幽霊だと指さされ、女房たちは前述のありさま。腹をたてぬ約束なので、怒れない七人だった。(国立国会図書館蔵本)

これは、『滑稽しっこなし』に先行する、「大山詣り」と同趣向の説話として位置づけられる。ただ、一九と落語との深い関係を考えれば、『俗談唐詩選』から落語への直接的影響について、一九からの影響以上に強く言うわけにはいかないであろう。

注記

(1) 先達の名は『円生全集』他、多くが吉兵衛。四代目橘家円喬・口演「百人坊主」(『百花園』一八巻一七九号、一八九六年一〇月五日、『口演速記明治大正落語集成』第四巻所収)では、名は吉兵衛だが「世話人」とある。四代目橘家円蔵・口演「百人坊主」(今村信雄編『名作落語全集』第六巻、一九三〇、騒人社書局)では、講元の吉兵衛。一行の人数は、『円生全集』が十八人。『春風亭柳枝全集』全一巻(一九七七、弘文出版)では、二十人。『五代目古今亭志ん生全集』第四巻や前掲の円喬等は、十三人。あばれる主人公は、おおむね熊だが、前掲の円喬では民。『落語全集』(一九二九、大日本雄弁会講談社)中巻、柳家三語楼口演では、源。なお、三語楼は源のあばれる演出が長い。帰りの宿名が明らかではないが、『春風亭柳枝全集』には、神奈川大米屋。腹を立てたら二分とり、あばれたら坊主にするという約束(きめしき)をとり決める場所については以下の通り。四代目「小さん・聞書」(『安藤鶴夫作品集』Ⅱ、朝日新聞社)によると、多くの落語家は長屋にいる間に決めているが、これでは女房に知れるので、江戸を発った大森の梅屋敷できめしきをもうけるとある。五代目小さんもこれに従う。この件については、川戸貞吉『落語雑記帳』(一九八一、弘文出版)所収の「雑談

『大山詣り』」に詳しく考証されている。

（2） 滝亭鯉丈の滑稽本『大山道中膝栗毛』では、白福屋の徳郎兵衛が、能楽者を誘って大山へ行く。

（3） 三升屋二三治の随筆『十八大通』（弘化三年・一八四六序）によると、下野屋十右衛門は大山へ納太刀に参る際、身分不相応な派手な振舞で縄にかかっている。この時、芝・高輪とすすんで品川の宿入口でつかまっている。大山道と同様にこのコースもよく使われていたのではないか。他に黄表紙『即席耳学問』（寛政二年・一七九〇刊）の記述は参考になるか。

（4） 正宗白鳥の「大山詣り」（一九二六）の中にこうある。「讃岐の琴平と対立して、江戸の昔から明治の初年にかけて、日本中に知られて非常に信仰されてゐた神社がある。それがこの数十年来は、名前をさへ忘れられたほど衰微してゐる」（『正宗白鳥全集』第十二巻）。

（5） 坊主にされる人数の矛盾からの改名。山本進の調査によれば、明治大正期の『百花園』『文芸倶楽部』『講談雑誌』等の速記雑誌では、ほとんどが「百人坊主」。さらに山本は、「大山詣り」と「百人坊主」の題名の混用に言及し、「大山詣り」の名は昭和以後、『落語全集』（一九二九、大日本雄弁会講談社）が最も早い例ではないかと指摘している（『名人名演落語全集』第五巻、大正「演目解題」）。

（6） 「輪講大山詣り」での円生の発言によれば、本来上方の「百人坊主」には、船が転覆するという噓はないはず。が、米朝の速記にはそれがある。東京の型を移したものである。

（7） 狂言「腹立てず」も関わると考えた見解もある（宇井無愁『落語の原話』角川書店）。

（8） 十返舎一九の合巻『欲の川乗合ばなし』（文政五年・一八二二刊）第四「辛き浮世に甘口

な自惚男」も、この種の話柄を踏襲したもの。謡曲の師匠・鷹野爪衛門の門弟・福徳屋得介は、同じく門弟・又作が美しい女房をもったことに嫉妬。そこで得介は、師爪衛門と悪事を工作、お前の女房はてんかんだとふきこみ離縁するようにしむけ、別れさせてしまう。その後嘘だと知った又作は、抜身で怒り狂うものの、なんとか取りなされ、師と得介の妻を自分と同じように離縁させる。

(9)　剃髪のおかしさ・風俗については、布施昌一『日本人の笑いと落語』(一九七〇、三一書房)のなかで言及。

(10)　『落語三百題』では、この他「大山詣り」が民話に採られた例として、柳田国男編・関敬吾『島原半島昔話集』(一九四二、三省堂)を挙げている。同書の四六「仇討競争」(小浜町田中長三の語ったもの)は三つの話を含んでいる。その「一」も似ているが、「二」が「大山詣り」にほぼ同じ。一兵衛から十兵衛までの十人の仲間で、伊勢詣りに出た。旅の間は腹をたてないという約束をしていた。伊勢近くの宿で、寝ている十兵衛の髪を他の九人が切る。気がついた十兵衛、怒れず、一人先に帰り、女房たちの前でいう。渡し舟がひっくりかえり、自分だけ助かった。そして、みんなの遺言だと言い含め、尼にさせ、四国遍路に誘う。九人の女房の髪を剃って旅立つと、途中で前の九人と会う。『日本昔話集成』第三部、六二〇にも載る。

(11)　『日本古典文学大辞典』第四巻『俗談唐詩選』の項(中野三敏)でもこの関連は指摘。その他現行落語「王子の狐」「宇治の柴舟」と、『俗談唐詩選』所収説話との類似に触れる言及は貴重であり看過できない。

追記

＊「大山詣り」のなかの殴られた数を勘定するクスグリは、円朝『菊模様皿山奇談』十二にも見える。

＊八島定岡『猿著聞集《さるちょもんじゅう》』(文政一一年・一八二八刊)の巻三「升輔酒にゑひて坊主になりし事」を参照。

＊長谷川強「作られた笑い」(ハワード・S・ヒベット、長谷川強編『江戸の笑い』一九八九、明治書院)、池田広司「狂言と近世文芸」(川口久雄編『古典の変容と新生』一九八四、明治書院)にも「大山詣り」に関連する記述がある。

＊黙阿弥「首尾四谷色大山《しゅびもよつやいろにおおやま》」は『黙阿弥全集』(春陽堂版、二十巻)によれば別名「大山参り」であり、「大山詣り」の趣向を踏まえた作品である。

＊岡鬼太郎「江の島土産坊主烏賊」は「大山詣り」を劇化したもの。初代吉右衛門の主役で上演された(宇野信夫『話のもと』の「二人尼」の項に拠る。同書は一九八一年刊、中公文庫)。

「黄金餅《こがねもち》」――奇想と滑稽の極み

これ以上の噺はない。そう思えて仕方がない、「黄金餅」。陰惨・奇想・凄み・滑稽・爽快。演じ手如何《いかん》で、若干の違いはあっても、この噺から、聴き手に与えられる興趣は無尽であろう。

鈴木行三編『円朝全集』にも収められ、一応、三遊亭円朝作とされる。本稿でも、円朝作「黄金餅」として扱う。ただ、これから中心に据える速記は円朝のそれではない。というのも、普通「黄金餅」と聞けば、現在それを知る人は、五代目古今亭志ん生(一八九〇〜一九七三)の「黄金餅」を思い浮かべると考えられるからだ。つまり、円朝と志ん生の速記では地理等に相違があり、また当然、演出の変化もある。円朝の速記は後述するとして、我々になじみ深い志ん生の型に従った、『増補落語事典』より「黄金餅」の梗概を引用する。

下谷の山崎町に住む西念《さいねん》という坊主は、頭陀《ずだ》をさげて江戸中をもらって歩き、せっせと金をためてきわめてケチに暮らしていたが、ある時ちょっとした風邪がもとで寝込んだ。隣家の金山寺味噌を売る金兵衛という男が見舞いに行くと、あんころ餅が食べたいという。買ってやると、人が見ていると食べられないというので金兵衛は家へ帰って、壁の穴からのぞくと、西念はふところから胴巻きを出し、二分金、一分銀をとり出して、餅にくるんで食べ、のどにつまらせて死んでしまう。金兵衛は長屋の連中に知らせ、死骸をその夜のうちに麻布絶口釜無村《ぜっこうかまなし》の木蓮寺に持ち込み、生臭坊主《なまぐさ》にでたらめな経をあげさせ、天保銭六枚はらって焼き場の切手をもらい、寺の台所から鯵《あじ》切りを持ち出して桐ヶ谷の焼き場へ行く。遺言だから、腹のところだけなま焼けにしてくれと頼み、翌朝鯵切りで西念の遺骸を突くと、金が出て来た。金兵衛はこの金で目黒に餅屋を出し、たいそう繁盛したという、黄金餅の由来。

飯島友治編『古典落語』第二巻「黄金餅」(志ん生の口演を採録したもの)の説明を参考にすると、志ん生は噺の時代設定を、徳川末期から明治初期として演出。三代目五明楼玉輔(嘉永元年・一八四八〜大正七年・一九一八)より、志ん生は「黄金餅」を教わったとある。

右梗概に漏れた趣向を『五代目古今亭志ん生全集』第二巻所収の「黄金餅」から拾う(以下、志ん生「黄金餅」の引用は、すべて同書による)。まず、道中づけ(地名尽し)が挙げられる。金兵衛をはじめ長屋の連中が、西念の遺体を棺桶がないので樽に入れて、山崎町から麻布まで運ぶ過程を、軽快に地名を並べて描写している。テープで志ん生の声を聴くと、地名の羅列だけだが、不思議に臨場感が伝わる。話術の妙。次に、金兵衛の嘘。

金兵衛は、西念の体に金が入っていることを長屋の者に教えず、これを一人占めにするため、西念から死後の世話を自分が頼まれた等、人ぎきのよいことを言う。つまり、長屋の連中は、金兵衛の悪企みを知らずに手伝わされている。

つぎに他の速記と前掲の志ん生のそれを比較する。

『三遊亭円朝全集』第四巻所収「黄金餅」では、坊主の名が西念ではなく源八。山崎町ではなく、芝将監殿橋あたり。あんころ餅のところが、大福餅か今坂餅を源八は所望（あん入りの餅を買い与えられる）。金山寺屋の金兵衛は一致。呑み込む金は、五、六十両。麻布絶口釜無村木蓮寺が、麻布三軒家の貧窮山難渋寺（三軒家は実際の地名。次の山号寺号は当然架空）。寺の和尚は、志ん生のそれとは異なり、きちんと読経をあげている。どこの焼き場か明記されていない。黄金餅の餅屋は、目黒ではなく芝金杉橋。道中づけは見あたらない。

『文芸倶楽部』一九巻二号（一九一三年一月）に載る、四代目橘家円蔵の速記（今村次郎）では、西念の呑み込む金額が、二分金二朱、小粒あわせて六、七十両と、やや明確（『口演速記明治大正落語集成』第七巻所収）。他に、志ん生の速記との大きな相違なし。また、志ん生が「黄金餅」で用いたクスグリの原型といえるものが幾つか、円蔵の右速記中にある。[1]

今村次郎編集『滑稽博覧会』（一九〇七、盛陽堂）所収の「黄金餅」も、志ん生の筋とおおむね異っていない。ただ特筆すべきは、西念の前歴が書かれていること。箕輪新町の吝嗇《けち》な古道具屋・源八が、資本いらずの商売をしようと思い、その結果、下谷山崎町に移り住み坊主・西念になった、というもの。

なお、石谷華堤編『金馬落語全集』(一九二八、三芳屋書店)所収の「縁の下の犬」という落語には、「黄金餅」の趣向が取り込まれている。本所小泉町の江川治助という金貸し。病気になって命が危い。子はなく女房がいるだけ。苦労して貯めた金を女房にすべて持っていかれるのは悔しい。まして、女房が再婚して別の男のものになるのは、たまらない、と思った男、金を呑んでから死ぬと女房に言い、札束を呑み込んで死ぬ。

他に、「黄金餅」を持ちネタとする落語家《はなしか》は、立川談志(一九三六~二〇一一)、三代目古今亭志ん朝(一九三八~二〇〇一)である。両者とも、志ん生の型を踏襲するが、談志の演出のほうがより強烈で毒を含む。大ネタであり、三十分以上の口演時間を要する。よく知られた噺だが、寄席等で演じられることは少ない。

「黄金餅」にサゲはない。志ん生は「江戸の名物黄金餅の由来という一席でありますと終える。円朝・円蔵の速記も同様。他に、~由来という形で締めくくる噺としては、「文七元結《ぶんしちもっとい》」「幾代餅」「お若伊之助」等が挙げられる。これらの噺はその内容から人情噺と目されることが多い。それでは、「黄金餅」も人情噺とみなすべきだろうか。前述の飯島友治編『古典落語』には、はっきりこうある。「古くから所演されている人情噺である」。しかし、「黄金餅」を知る者はこの定義に抵抗を示さざるをえないであろう。桂米朝は、「サゲこそ落語の落語たるところであって、もともと、これがなかったら落語ではありません」(文春文庫『落語と私』)と述べる。確かに、サゲのあることが落語であるための決定的な要素であろう。が、現在「黄金餅」を知る人々の多くが、これを落語とするに憚からず、むしろ人情噺とするほうに違和感を催すはずである。ここまで本稿中で、落語「黄金餅」とせず、まして人情噺「黄金餅」ともしなかったのは、かかる理由で筆者をとまどわせたからである。果して、サゲだけが落語を落語たらしめる最大の要素なのだろうか。実は、我々は、サゲの有無と関係のないところで、落語の落語らしさを感じとっているのではないだろうか(この件については本書第一章「落語における笑いの生成」で論じた)。

ここで、少し地理考証等をしておく。下谷の山崎町は、江戸時代では四谷鮫ヶ橋町・芝新網町等と並んで、貧民街として知られていた。「昔のこのォ、山崎町だなァんときたら、ああ実に凄いとこですなァ。万年町――みんなあすこいら昼間だって、恐くって」(『志ん生全集』)。ここで志ん生は「万年町」と言っているが、これについては呉文聡「東京府下貧民の状況」に、次のようにある。「下谷区　同区にて貧民の最も多きは万年町一、二丁目なれど、此所は以前山崎町と称えし時よりは追々開け行きて」(中川清編

『明治東京下層生活誌』岩波文庫)。また、篠田鉱造『増補幕末百話』(岩波文庫)「貧窮組」にも、下谷の山崎町が出る。山崎町は、落語「大工調べ」でも、悪く言われる土地柄である。寄席芸で山崎町といえば、他に人情噺「双蝶々《ふたつちょうちょう》」の玄米問屋がある。円朝『緑林門松竹』では、按摩幸治が山崎町に住む。(2) 講談・浪曲の「新蔵《しんぞう》兄弟」「新門辰五郎《しんもんたつごろう》」も山崎町に住んでいる。(3)

『守貞謾稿』雑業によれば、願人《がんにん》坊主は橋本町に多くいたことがわかるが、『百戯述略』(明治初年成稿)によると、橋本町のほかに、芝新網町・下谷山崎町・四谷天竜寺門前にも願人坊主が少なくなかったと知れる。ここで、高柳金芳『乞胸《ごうむね》と江戸の大道芸』(一九八一、柏書房)と、「ちょんがれ・ちょぼくれ考」(『中村幸彦著述集』第十巻所収)を参考にして願人坊主について記す。願人坊主は、本来真面目に勧進するのが目的だが、物乞いの不良坊主へ次第に堕落したようだ。願人坊主は、ちょぼくれ・阿房陀羅経《あほだらきょう》を唄いながら踊る等をして金をいただく職種。山崎町に住む乞胸も、大道芸に近い仕事であったため、両者にたびたび対立が起きた。著者不詳「東京の貧民」(前述『明治東京下層生活誌』所収)には、貧民窟の人々の生計のたて方の一つに、「阿房陀羅経」とある。願人坊主の末裔か。講談「勤王芸者」では、三条大橋の桂小五郎が阿房陀羅経の坊主。また、相手の宗派によって、どんなお経でも読んでしまう西念のやり方は講談「河村瑞軒」にもあり、落語「由辰」も連想。前述『乞胸と江戸の大道芸』によれば、山崎町は江戸時代の地誌では、「黒鍬町」になっているという。そこで、この黒鍬を調べると、「主として川普請や新田開発工事を受け持った労務者」(『日本国語大辞典』)。『譬喩尽《たとえづくし》』(天明六年・一七八六自序)には、「畔鍬者《くろくわもの》尾州ヨリ出ル日雇也　大ナル鍬ヲ以二人前働ク力《チカラ》者也」(宗政五十緒編著、一九七九、同朋舎)。以上のことにより、志ん生の次の言葉の理解が深まる。

冗談いっちゃいけねえやなァ、明日明け方行って担ぎ出したらお前、明日仕事ァできなくなっちゃうぜ、え？　仕事一日しなきゃァこの長屋の者ァ食えやしねえじゃねえか。

地名に関しては、佐藤光房の『合本 東京落語地図』に詳しい。ここでは、これを頼りに筆をすすめる。志ん生は道中づけで、「下谷の山崎町を出ましてあれから、上野の山下ィ出まして三枚橋から広小路ィ出まして、……」と語りはじめるが、佐藤光房が同著で指摘するように、厳密には「三枚橋」ではなく「三橋」が正しい。「三枚橋はもう一つ下流の、昭和通りあたりにかかっていた。中央通りを行くのに、遠回りして三枚橋を渡るわけはない」(佐藤前掲書)は説得力ある考証。実際、前述の円蔵の速記中の道中づけには、「三橋」とある。ちなみに、立川談志の速記は「三枚橋」(『立川談志独り会』一九九三)。古今亭志ん朝も「三枚橋」でやる(一九九七年四月一一日、第三四六回落語研究会、於国立小劇場。口演も同)。次は麻布絶口釜無村について。絶口釜無村は、まったく架空の地名。ただ、南麻布には「絶江坂」という坂がある。これは、この坂の近く、曹渓寺開山の僧・絶江和尚に由来する。だから、『志ん生全集』他で絶口とするが、漢字をあてるならば絶江のほうが適当かもしれない。なお、円蔵の前述の速記では、「ゼッコウ」と片仮名にしてある。釜無村についてだが、明治のころ曹渓寺近くに、「釜無横丁」と呼ばれた地域があった。『麻布区史』(一九四一)によれば、「麻布の七不思議」の一つに上っている。釜無横丁は、「往昔貧民長屋のみ多く、毎朝一ツの釜を共用したので、此の称呼は始まった」(同)。続いて、木蓮寺だがこれも架空。また、志ん生の道中づけには、「おかめ団子という団子屋の前をまっすぐに、麻布の永坂を……」とあるが、このおかめ団子は実在。延広真治「落語十二月」(『日本人の美意識』第二、一九九一、東京大学出版会所収)に詳しい。なお、志ん生の持ちネタに落語「おかめ団子」がある。

道中づけは、講談や浪花節には多い趣向だが、落語や人情噺では必ずしも多く使われるわけではない。それでも、「黄金餅」の他、三遊亭右女助の新作落語「出札口」が知られ、二代目古今亭今輔(安政六年・一八五九〜明治三一年・一八九八)の「小言幸兵衛《こごとこうべえ》」(『百花園』一巻二二号、一八八九年一〇月二〇日)に見える。他の文芸では、『曾根崎心中』の観音廻りをはじめ、仮名草子等にも多く見つけられる。寄席芸に近い例を一つあげる。噺本『鹿《しか》の巻筆《まきふで》』(貞享三年・一六八六刊)第二「筆屋の受領」より。

ある時、番町、牛込、麴町、四谷、赤坂、青山、芝、木挽町、築地、鉄砲洲をかぎりに売りて帰る時もあり。(日本古典文学大系『江戸笑話集』所収)

同書の校注者・小高敏郎は、右を「今の落語にもある、町名づくしの面白味」と指摘。念頭に「黄金餅」が浮かんだか。

次は桐ヶ谷の火葬場。志ん生の速記では細かくないが、円蔵のそれでは、白金の清正公から瑞聖寺(白金台)の前を通って、桐ヶ谷へとある。『新編武蔵国風土記稿』巻之五十三、荏原郡之十五、桐ヶ谷村の霊源寺の記載に、「茶毘所」とある。説明は以下の如く、「境内奥の方にあり近郷の寺院へ送葬の輩当寺へ送りて茶毘す」(『大日本地誌大系』)。霊源寺は近世初期に開山。三田長松寺の末寺であること等、前著の記述から知りうる。つまり、火葬を行なう寺であったが、明治一八年(一八八五)に寺と火葬場が分離している(『品川区史』)。『東都紀行』(享保四年・一七一九自序)巻三に、「浅草に橋場、高田に落合、麻布に霧(ママ)が谷」(『新燕石十種』第二巻)とあり、江戸の五三昧《ごさんまい》にも桐ヶ谷は数えられる。

下谷の山崎町から、麻布の木蓮寺(曹渓寺を目安とする)までの全行程は、島岡光一『落語「黄金餅」の経済学外論』(近代文芸社)によると、道中一一・五キロ、間断なく進んで約三時間と推定している。[4]

西念という名は、落語「藁人形」の坊主の名と一致する。ただし、「藁人形」の原話とされる諸文献に、西念の名があるわけではない。[5]

金兵衛という名は、落語では「はてなの茶碗」の茶屋金兵衛など、頻出する名である。円朝作品では、『政談月の鏡』に誠実で温情な人柄の金兵衛が登場し、『鏡ヶ池操松影』

には、偽物を売る江島屋の番頭・金兵衛が登場する。円朝自身は、金兵衛という名に一貫性を持たせてはいないようだ。島岡光一は前掲書の中で、金兵衛という名を、金の番人と解釈し、さらに、金山寺味噌売りの金山寺を、金を山を越えて寺に運ぶ、と分解する。この説に従えば、金山寺味噌は径山寺味噌とも書くが、金の字をあてたほうが効果的で、この「金」を出したいばっかりに、選択された職業とも言えそうである。すなわち、金兵衛・金山寺・黄金餅、金尽しとなる。なお、西念が呑みこんだ金額や、天保通宝については島岡光一の前掲書に詳しい（天保銭一枚の価値は、篠田鉱造『明治百話』所収の「銭湯と床屋」が参考になる）。

続いて、志ん生速記中に見られた幾つかの趣向について検討しよう。円朝の速記にはなかったが、木蓮寺の和尚のいい加減なお経は次のようなもの。

金魚ォ金魚ォ三ィ金魚ォ最初《はあな》の金魚ォいい金魚ォ、なかの金魚ォ出目金魚ォ。天神天神三ィ天神最初の天神鼻ッ欠けェ、なかの天神なまりの天神いいてーんじぃん。虎が吼《な》く虎が吼ァく、虎が吼いてはたァいへんーだァア。犬ゥの子ォー。ええエ……なんじ元来しょっとこのごとし。君と別れて松原ゆけば、松の露やら泪《なみだ》やぁら。あじゃらかなとせのきゅうらいすゥ、てけれッつのぱァー。

これは、宇井無愁『落語のふるさと』（一九七八、朝日新聞社）の「黄金餅」の項目で指摘ずみだが、昔話の「にわか和尚」に共通。『日本昔話通観3　岩手』に採録された、菊地勇「二戸の昔話」所収の例話を一つ引く。

にわか和尚(原題・四貫八百)　二戸市(旧二戸郡福岡町)

昔、和尚様と小僧と、檀家さ葬式ァあって行ったず。和尚様も小僧も、御経一つも、満足に言えながったず。へでも(それでも)お布施ば、たんと欲しがったず。葬式の最中にお経忘れてしまったず。そこで天上見だば、雁が飛んで来たずな、へで和尚ァ、「空飛ぶ鳥は四十八羽、百ずつに売れば四貫八百、小僧ァ八百、吾れァ四貫」て、引導渡したず。小僧ァそれへ続げで、「俺ァ和尚ァ大慾大慾大慾」て鉦《かな》コチンチンとならして拝んだと。

昔話「鼠経」や「にわか和尚」に近い。落語「万金丹」にも、右の趣向が見られ、狂言では「魚説教」にも見られる。次に、噺本『一休ばなし』(寛文八年・一六六八刊)巻一－二に載る経を引く。

なんぢ元来なま木のごとし、たすけんとすればバにげむとす。生て水中にあそバんよりハ、しかじ愚僧が糞となれ。喝。(『噺本大系』第三巻、東京堂出版)

志ん生の「なんじ元来〜」の原型とも言えようか(「にわか和尚」の趣向他について、岡雅彦「昔話と咄本」、『国文学』一九八九年九月号所収を参照)。ところで、前引の「あじゃらかなとせのきゅうらいすゥ、てけれッつのぱァー」は、落語「死神」の呪文にも似た文句がある。『円生全集』第四巻所収の六代目三遊亭円生の速記より引用。

あじゃらか……もくれん……あるじぇりあ……てけれッつのぱァ。

偶然にすぎないかもしれないが、右に「もくれん」(木蓮寺)とあるのが気になる。樽を棺桶代わりにするのは、落語「らくだ」も同様。(6) そして、この趣向も先行文芸に見えている。西鶴の浮世草子『本朝二十不孝』(貞享三年・一六八六刊)巻五－二「八人の猩々講」に、「棺桶も伊丹の四斗樽に入」(新日本古典文学大系)。同じく『西鶴俗つれ〴〵』(元禄八年・一六九五刊)巻一－四「おもはくちがいの酒樽」にも同趣向がある。

なお、志ん生は「黄金餅」のマクラで幾つかの小噺をふっている。ここでは、『志ん生全集』に記された小噺に関して気がついたことを書く。まず、両眼をつかっているのはもったいないと思った男の噺。この男、何年か片眼で生活。その眼が痛んだので、塞いでいた眼で見るが、知っている人が誰もいなかった、というオチ。これは落語「一眼」。『増補落語事典』の「解説」や武藤禎夫『江戸小咄類話事典』(一九九六、東京堂出版)によって、『軽口若夷《かるくちわかえびす》』(寛保二年・一七四二刊)の「よいたしなみ」が先行小噺と判明している。

物《もの》ごとに用心ふかきおやぢあり。つねにかた眼《め》を紙《かみ》にてはりゐられしが、わかき人、何してさやうに紙をはりおはすぞととひければ、これはけがせぬやうに、片目とつてをくといはれける。或時《あるとき》すだれにて、かためをつきつぶしければ、いざ、かやうのこともあらんかと、かための紙《かみ》をめくれば、たばい置《をき》たる眼ほどあつて、あきらかに見ゆれども、近付《ちかつき》が壱人もなかつた。（改題再版本『軽口噺物種《かるくちばなしものだね》』寛政五年・一七九三刊より。『噺本大系』第八巻所収）

右では、杞憂とも言える思考を巡らす親父であって、非常識な倹約家ではない（昔話「眼を惜しむ」も同じ話である）。続いて、次は小噺の形式をあるいは整えていないかもしれないが、『志ん生全集』より引用。

エエ金を貯めて、エエ以前なんざァ昔ァみんな、自分でエ隠して持ってえたもんで、「どのくらい貯まったろう」ッてんでもって二階でもって、エエこう、金を並べて、「まだあるまだある」ッて後《あと》イさがってってエ、二階から落っこって死ンじゃったなんて……

すでに本書「芝浜」の節（六五ページ）でも書いたが大蔵永常の『奇説著聞集』（別名『田家茶話』文政一二年・一八二九刊）巻三‐一二「金を拾ひて死したる話」に似たくだりがある。

文化の頃、京都の手代が大坂から金をうけとり八軒屋で船に乗る。その際、出船に慌てて、近くの雪隠《せっちん》に金を置き忘れる。それを、水くみにきた男が持ち帰る。「扨《さて》水汲《みずくみ》は其財布《そのさいふ》を持内《もちうち》に帰り女房《にょうぼう》にも何《なに》とも云《いは》で二階《にかい》へ上《あが》り財布《さいふ》より出《いだ》し見れば金《かね》なり生《うま》れてよりかかる大金《たいきん》を手《て》に取《とり》たる事《こと》もなければ嬉《うれ》しさの余《あま》り壱両宛《りょうづつ》畳《たたみ》に并《なら》べけるに間《ま》狭《せま》き二階《にかい》なれば段々《だん〴〵》跡《あと》すさりして上《あが》り口《くち》より仰《あふ》のけに落階子《おちはしご》にて陰嚢《きん》を打《うち》

うんと斗《ばか》りに息《いき》たえける」（国立国会図書館蔵本）

「黄金餅」の原話は、次に引く、松崎観瀾《かんらん》の随筆『窓のすさみ』（享保九年・一七二四自序・写本）追加巻之上にある話と指摘されている（有朋堂文庫より引用）。

洞家の僧隠遁《いんとん》して芝辺に住みけり。年老いて伏せしかば、甥なる士《さぶらひ》常に来りていたはりけり。やや重りければ、予が方に招き入れて看病《かんびゃう》せんと云へど、きかざりけり。一日《あるひ》云ふやう、小き餅《もち》を二百ほしきと云ひければ、その如くして与へけるに、思ふ事ある間、汝とく帰れとて、内より戸をさし固めけり。明る朝往きて戸を敲きけれど、答ざりし故、押し放ちて入て見れば、かの餅に金一づつ包み込み、さて四十八ばかり喰ひしが、そこにて死したりと見えて倒れ居たり。此金を跡に残さん事の口惜くて、悉く餅にうめて腹中に入れおかんと思ひけるにこそ。かかる執心深き者も有りける事にこそ。

『窓のすさみ』は温知叢書第十編にも翻刻されている。右引用と温知叢書のそれでは、送り仮名等に若干の相違がある。有朋堂文庫の目録では、この話を「執着深き僧」と題しているが、温知叢書には目録等はない。静嘉堂文庫所蔵の『窓のすさみ』（嘉永三年・一八五〇写本）にも目録等なく、この話を巻三に収める。前二者と較べて、送り仮名等に異同はあるが、大きな差異はない。なお、洞家は曹洞宗を指す。

円朝の「黄金餅」が芝金杉橋で始まる点ほか、その話柄の類似から言って、『窓のすさみ』のこの話は、原話と判断するに十分。だが、厳密に言えば、「黄金餅」の前半部が判明したにすぎない。その後半部の考察は後述するとして、右『窓のすさみ』の類話を引いておく。十返舎一九の読本『怪物輿論』(享和三年・一八〇三刊)巻之二「妖火護恪持方金話《ようくハりんぢのはうきんをまもるはなし》」。

泉州堺に高科なる酒造りの富家の下男・嘉蔵が病にかかり、厠で急死する。その後、厠では怪火が出る等、奇異が絶えず、加持祈禱の効験も空しい。ある晩、主の夢枕に嘉蔵の亡霊がたち、次のように告白。

「我稟性遅鈍《われうまれつきちどん》にして頑《かたくな》に逼《せま》り。猶万事《ばんじ》に質素《しつそ》を守《まも》り。一銭弐銭《いつせんにせん》よりして。終《つゐ》に方金《こつぶ》拾両を貯持《たくハへもち》しが。計《はから》ざる病《やまひ》に犯《おか》され。死期《しご》に向《むか》つて。我膏血《わがかうけつ》の貨《たから》。人の手に渡《わた》らん、叓《こと》を本意《ほんい》なく思ひ是に執着《しうじやく》して遺憾《のこりおき》の心堪《たへ》さる余《あま》り病中《ひやう》褥《しとね》の下に伏置《かくしおき》たる金子《きんす》を暗《ひそか》に取出《いだ》し厠《かわや》に持行残《もちゆきのこ》らず呑《のミ》て腹中に納《おさめ》しゆへ。稍《すこし》く安堵《あんど》の憶《おもひ》をなせしが。俄《にハか》にして腹痛起《ふくつうおこ》り煩満《はんまん》し。大に瀉下《くだ》し数行《すきやう》に及び件《くだん》の方金糞土《こつぶふんど》の中に落《おち》入しを。取上んとして倒伏《たふれふし》たるが。其儘《そのまま》に息絶《いきたへ》たれバ。扨《さて》こそ死後に。」(古典文庫『怪物輿論』)

「黄金餅」の粉本に、この『怪物輿論』は加えない。『窓のすさみ』だけで十分「黄金餅」の前半部の作話は可能である。むしろ、これは「黄金餅」からやや離れる。もっとも、一九がこれを草するさいに、『窓のすさみ』を参考にしたことは想像に難くない。

そもそも、『窓のすさみ』と舌耕芸の縁は深い。関根黙庵『講談落語今昔譚』(一九二四、雄山閣)の「種本の出処」は、『窓のすさみ』の向坂次郎右衛門の話が、講談「義士銘々伝」の「寺坂吉右衛門」の出典であると説き、また、『窓のすさみ』には落語「芝浜」の原話もあると記している(ただし、これは疑問)。講談や落語にある柳田格之進の噺は、『窓のすさみ』の僧無南の話に近い。また同書、米屋治兵衛の話は「小間物屋小四郎」に通じる。『窓のすさみ』は写本として多くの人に読まれ、噺・話の材源として重宝がられたようだ。

さて、『窓のすさみ』では死体に納まった金品を奪う、という展開には至っていない。そこで、「黄金餅」の後半部は、いずれの先行文献にも拠っていない、とも考えられる。けれども、ここに一つの仮説をたてたい。まず、志ん生の次の言葉にこだわって考えたい。

天下の通用を、みんな呑ンじまいやがってまァ勿体ないことォしやァがんなァ。

これはつまり、死者には無用な金を惜しむ気持ちである。この心情を描いた落語は、他にもある。まず、現在ほとんど口演されない「片袖」。次のような筋。

ある大家《たいけ》の娘が早死し、婚礼の衣裳とともに大金をも詰めて埋葬。これを知ったある男、相棒と連れだって、墓を掘り返しに行き、金を山分けにする……

この落語の原話は、北条団水の浮世草子『昼夜用心記』(宝永四年・一七〇七刊)巻二―

五「駿河に沙汰ある娘」である(『増補落語事典』解説)。他に、宇井無愁の『落語のみなもと』(一九八三、中公新書)に詳しく、中嶋隆「仮名草子の文芸性」(叢書江戸文庫29、月報)にも。

また、三代目三遊亭円歌(一九二九〜)が稀に口演する「紺田屋《こんだや》」にも、前述の「まァ勿体ない」という心情に触れる部分がある。『増補落語事典』よりその梗概を引用する。

京都三条室町に、紺田屋というチリメン問屋があった。そこの独り娘お花、ふとした風邪から病の床につき、医者にも見はなされてしまった。死ぬ前に四条新町新粉屋新兵衛の新粉《しんこ》餅が食べたいというので、食べさせると顔色が変わってとうとう死んでしまった。遺言通り髪も切らずにきれいに化粧して、三百両さいふに入れてやって大雲寺にほうむった。これを見ていた番頭の久七「三百両に純金の指輪を埋めてしまうのは惜しい。一時これを拝借して店を出し、成功したらおわびをして、嬢さんの菩提を葬《とむ》らおう」。(傍点筆者)

この落語の後半は、シェイクスピアの『ロミオとジュリエット』同様な蘇生場面をもち、鶴屋南北の歌舞伎『心謎解色糸《こころのなぞとけたいろいと》』(文化七年・一八一〇初演)と関わってくる(延広真治「口承文芸の伝統」、『国文学 解釈と鑑賞』一九八〇年三月号参照)。後半はともかく、注目したいのは、右梗概中の傍点部分である。死ぬ前に餅を所望、遺体の中の金、その金を惜しむ第三者、埋葬地(「黄金餅」では火葬場)で金を盗む。「紺田屋」では結局、金を手に入れていないが、以上、一連の運びは「黄金餅」に一脈通じるところがあるように思える(落語「死ぬなら今」にも死者に添える金を惜しむ心理がある)。

死体から金が出る。正確に言えば、火葬された体の中から、金が出る。さらに見方をかえれば、死体が金へ、となる。よって、「黄金餅」を昔話の「大歳の客」と同様にみる試みがある。『昔話タイプ・インデックス』(『日本昔話通観28』一九八八、同朋社出版)から、その「14A　大みそかの客――授福型」を引用する。

> 大みそか、乞食が長者に宿をことわられ、貧乏人の家に泊めてもらう。貧乏人が、夜なかに便所に落ちた乞食を救い上げて寝させると、翌朝乞食は黄金になっている。翌年の大みそかに長者がむりやり乞食を泊め、便所に突き落として寝させると、長者は没落する。これが歳神祭りの起源となる。

昔話以外の分野にも、この話型は見つかる。すでに寛文元年(一六六一)頃成立した鈴木正三《しょうさん》の仮名草子『念仏草紙』に見られる(延広真治「話芸の成立」で指摘。『日本の説話』第五巻、一九七五、東京美術)。また、読本『虚実雑談集《きょじつぞうだんしゅう》』(寛延二年・一七四九刊)巻三―一「越前福井富家の事」も次のような話。

> 越前、富裕な慶松という家。この祖先は決して豊かではなかったが、慈悲深かった。ある年の晦日、旅の盲人を泊める。朝になり、盲人を起こしにゆくが、その体はなく、黄金になっていた。お上にそれを届けると、日頃の仁心により、慶松一家の所

得とせよとのお達し。その後、この家は栄えた。（国立国会図書館蔵本）

他に、赤本『万歳《まんざい》』（延享頃成立）も、死体が金になるわけではないが、同型（『選択古書解題』）。落語「初夢」の前半も然り。また、前掲の例とは異なるが、馬場文耕の『当世《とうせい》武野俗談《ぶやぞくだん》』（宝暦六年・一七五六〜同七年・一七五七成立）巻之十は、比丘尼《びくに》宿で頓死した尼の懐中に小判二十両があり、それを元手にして商売をひろげた竹の子婆の話である。死者の金を元手に店を開いた、「黄金餅」に類似の例として挙げておく。

「黄金餅」は数ある円朝作品のなかでも、最も異色と言って差しつかえない。永井啓夫は、「庶民的リアリズムに徹した野心的な短篇」（「『黄金餅』の世界」、『古典落語大系』第四巻、三一書房）と述べ、立川談志は、「人間の業の極致まで描く落語の本質」（『立川談志独り会』第三巻、解説）と積極的に評価する。しかし、大西信行は、「黄金餅」の世界と、円朝の「説教者」としてのイメージが合わない、と次のように疑問を投げかけている。

関山和夫氏のいうごとく円朝が説教者だとしたら、因果応報の仏説とはまるで逆な金兵衛の成功を、いったいどう説明したらよいのだろう？（「木竜円朝考」、『三遊亭円朝全集』第四巻、解説）

この疑念を解消する証言がある。それは、「黄金餅」には後篇がある、というもの。三代目柳亭燕枝（一八九四〜一九五五）から、志ん生の長男・十代目金原亭馬生（一九二八〜

一九八二)へ、その後篇が伝わったという旨、ならびにその粗筋が、馬場雅夫『落語大学院』(一九八二、明治書院)に記されている。その筋を整理するとこうだ。

黄金餅屋で成功した金兵衛。女房・息子も持ち生活も豊かになる。これも西念の金のおかげと感謝した金兵衛は、西念の供養を思いたつ。仏壇に位牌を置き、西念の墓を建てるための金(西念の体から奪った金と同額)を仏壇に隠しておく。ところが、この金を道楽息子が女のために使ってしまう。息子は女を騙し、女も報復する。これが災いとなり、黄金餅屋は左前になり、金兵衛一家は滅びる。

親の旧悪が子に災いするという、歌舞伎や読本等で見かける因果応報譚の形式を整えている。また、前引「紺田屋」傍点部との類似にも留意したい。

ところで、馬場雅夫が、どこまで意識して記したか図りかねるが、右は貴重な証言といえよう。つまり、我々がよく知る「黄金餅」が、実は前篇にすぎないのであれば、それは「黄金餅」をあまりよく思わない人が胸をなで下ろすにたる証言なのである。円朝の勧善懲悪主義は、後篇に確然と貫かれていたわけだから。ただし、この後篇が、円朝以後の別人が付け加えたのではなく、あくまで円朝作という条件が、ここには必要である。

この後篇の存在意義は、すでに延広真治「『英国孝子之伝』と〝Hard Cash〟」(『文学』一九七九年三月号)注二六のなかで言及がある。同論文は、前・後篇の離別についてこう記す。「恐らく『黄金餅』も怪談離れの時期に、成功譚の前半部のみ独立して演じられ、それが速記として残されたのであろう。右は、『塩原多助一代記』と『塩原多助後日譚』の関係に類似する」。『塩原多助』も人口に膾炙しているのは、炭屋として成功した多助がお花と一緒になるまで。怪談調になる後日譚は、大衆に好まれなかったのであろう。

大衆の好みという観点から、「黄金餅」後篇の口演されることが少なかった意味を考えるとどうなるだろうか。大衆は、案外寛大に、もしくは無条件に、金兵衛の策略に、成功に、拍手を送っていたのではないだろうか(昔話には悪人が知恵を弄して成功するパターンがある)(7)。一般の落語ファンのなかには、「黄金餅」の卑劣な行ないに顔を顰め、悪が栄える噺に目を背ける向きがある。しかし、「黄金餅」の西念の金はどうやって集められたのだろうか、と考えると筆者は一言口を挟みたくなる。同じ西念でも、「藁人形」の西念に実直な願人坊主である。しかし、「黄金餅」の西念はどうだろうか。

円朝の速記には見えないが、円蔵・志ん生らの速記によって想像すれば、西念は読経と称し、金を半ば騙しとっている。あるいは、西念に門口で半ばたかられ、仕方なく金を払って、西念にお帰り願った家も少なくなかったのではないだろうか。必死で呑み込んだ西念の金が、あのように金兵衛から奪われるのも、まともな葬式もあげてもらえなかったのも、西念の常日頃の行ないのせいではないだろうか。とすれば、これも因果応報と言えるのではないか。元を正せば、汚い手段で貯めたお金なのである。ここで、筆者は芥川龍之介『羅生門』(一九一五)における、老婆の理屈を連想する。すなわち――蛇を切ったものを干魚だと偽って売っていた女から、その髪の毛を抜きとったところで、たいして悪いことではない。嘘を言って商売していた女を悪いとは思わない、生きるために仕方がなかったから。自分も、この女の髪の毛を抜くが、特に悪いこととは思わない。生きるために仕方がないから――

下谷の山崎町。そこは人が生きる環境としては劣悪をきわめた。それにつけても金の欲しさよ。程度の差こそあれ、決して豊かではない多くの庶民は、その手段の善悪はともかく、何が何でも這い上がってやると、必死で生き抜く金兵衛のすがたに共鳴し、元気づけられたのではなかったのだろうか。

金に気が残り死にきれない人間(幽霊)が、落語には少なからず現れる。「へっつい幽霊」「幽霊長屋」「長者番付」「壺」(「へっつい幽霊」の改作)等々。この気が残る説話と落語については、次節「執心ばなし」で触れる。「黄金餅」も右落語に共通するのは言うまでもないが、その心理を生前の人間に移したところが特徴的である。

最後に余談として記す。貧しい世ならば、素行不良の願人坊主も日本だけに限らない。例えば、『カンタベリー物語』の「小官吏の話」に出てくる托鉢僧は、西念とイメージが重なる。また、柳沼重剛が『語学者の散歩道』(一九九一、研究社)の「イソップなどを読んで文楽や志ん生を思い出すこと」で指摘したように、金を呑んで死ぬ奇行は古代ローマの著作に前例がある。アテナイオス『食卓の賢人たち』(二世紀)の、「犬儒派のキュヌルコスが豆スープのために弁じてストア派の哲学者と喧嘩したこと」のなかに、次のような一節がある。

人間の中には、金のことになるとこうまで堕落してしまうという例がある。ある男は死が近づいた時、少なからぬ金を飲み込んで果てたという。(岩波文庫)

ちなみに、『紅楼夢』第六九回では、病気のために絶望した女が、金《きん》の塊を呑んで自害している。ただ、これは美しく死ねるという俗信に、女が従っただけのことである。

注記

(1) 下谷から麻布までの道中づけを終えた志ん生は、「ずいぶんみんなくたびれた……ああ、あたしもくたびれた」(『志ん生全集』)と言って笑いをとっていた。同種のクスグリを、例えば『三遊亭円朝全集』より求めると、『蝦夷錦古郷之家土産』一に、「ズンズン護持院ヶ原へ逃げて来て、ほっと息をつきましたから、円朝もひと息つきます」。

(2) 「双蝶々」と『緑林門松竹』には似た部分がある。

(3) 円朝も一時、下谷万年町に居をかまえた(永井啓夫『三遊亭円朝』「病歿前後」)。

(4) 余談だが、この道中づけの趣向は映画にも利用された。森田芳光監督『の・ようなもの』(一九八一)のラスト近くのシーン(同映画は落語家たちを主人公にしたもの)。また北野武監督『その男、狂暴につき』(一九八九)では、道中づけを喋る志ん生の声が、わずかに流れるシーンがある。

(5) 「藁人形」の原話とされるのは次の二つ。噺本『坐笑産《ざしょうみやげ》』(安永二年・一七七三刊)の「神木」(武藤禎夫『落語三百題』で指摘)、『古今俄選《ここんにわかせん》』(安永四年・一七七五刊)の「丑の時参」(延広真治「話芸の成立」で指摘)。なお、歌舞伎「網模様燈籠菊桐《あみもようとうろのきくきり》」には、「藁人形」同様に、お熊と西念が登場する。他に、落語「仏馬」に小坊主の西念が登場する。また、馬場雅夫『落語大学院』には、馬生の語ったこととして、四谷の寄席・喜よしの近くの西念寺に「藁人形」の西念は由来する、とある。なお、西念寺は服部半蔵の建立で、西念は半蔵の法名である。

(6) 現行の演出では、五街道雲助(一九四八〜)などが「ヒヤでもいいからもう一杯」までやることもあるが、らくだを樽に入れる前に終えるのが通常。

(7) 現在のところ、「黄金餅」後篇速記は未発見である。口演されることも少なかったようだが、ラジオで聴いたという証言はある。それは、筆者の知人の祖父(明治生まれ、平成八年没)が、知人に語ったというものである。知人が「黄金餅」の筋を、祖父に話し終えたところ、だいたい次のようなことを祖父が言ったそうだ。「それで終りか。その噺は昔、ラジオで聴いたが、その先があって、こわい噺だった」。

付記

目黒の餅といえば、目黒不動尊の境内で売られた御福餅が知られたようだ(『落語大学院』)。ちなみに、現在、黄金餅という餅は売られているが、もちろん目黒や金兵衛とは関係ない。なお、目黒に餅屋、金山寺屋金兵衛、となると、黄表紙『金々先生栄花夢《きんきんせんせいえいがのゆめ》』(安永四年・一七七五刊)の目黒の粟餅屋で寝た金村屋金兵衛に類似する。

追記

＊「黄金餅」後篇と類似する場面が、初代談洲楼燕枝《だんしゅうろうえんし》の『西海屋《さいかいや》騒動』(『名人名演落語全集』一)の中に出てくる。

＊黄金餅とは、粟餅の美称である(『日本国語大辞典』)。また、弘化二年(一八四五)正月、中村座開曲の常磐津『花競俄曲突《はなのほかにわかのきょくづき》』(通称『粟餅』)の中に「黄金餅」が出る。

＊野村純一『昔話伝承の研究』(一九八四、同朋舎出版)、伊藤清司『昔話伝説の系譜』(一九九一、第一書房)に、「大歳の客」に関連する記述がある。

「悋気《りんき》の火の玉」「三年目」――執心ばなし

誰もいないはずの富士の裾野に、亡き兄弟の「執心」が残り、闘う声が昼夜絶えなかったと、『曾我物語』にある(巻第十一「貧女が一燈の事」、日本古典文学大系)。謡曲をはじめ、古典文学には執心を扱うことが少なくない。辞書によれば「執心」とは、
① ある物事に異常な関心を持ち、いつまでもそれにこだわること。また、その心。
② 特に、人に深く思いをかけること。(『日本国語大辞典』)

落語にも、この心情を主題とした噺が幾つもある。愛した男への女性の執心、金に対する執心などが専らのところであるが、人間の普遍的な心理に訴えるのか、本質的に生命力の強い落語が揃っている。

本稿は、数多《あまた》ある落語のうちから、この種の噺を選び、論考を加えたものである。屋上屋を架す整理・考察に及ぶやもしれないが、落語を聴く限りでは個性的と思えた趣向にも、実は民俗的・説話的な背景・連接があったことを、多くの類話に触れることで確かめてゆきたい。

「悋気の火の玉」

落語「悋気の火の玉」は、八代目桂文楽(一八九二～一九七一)の持ちネタの一つとして知られていた。文楽亡き後、演者を失った観もあるが、今でも寄席等で、巧拙はともかく、時折聴くことのできる噺である。趣向が奇抜で、軽快に演じられる落語であるから、失われてゆくものではないと思う。では、『増補 落語事典』の梗概を引く。

浅草花川戸の立花屋という鼻緒問屋の旦那、いたって堅物だったが、仲間の寄り合いのあと吉原へはじめて連れて行かれて、それ以来吉原通い。ところがこれではソロバンが合わないというので、女郎を身請けして根岸に妾宅をかまえた。本妻と妾が、たがいに相手を祈り殺そうと、わら人形に釘を打ちはじめ、一念が通じたのか、二人ともころっと死んでしまった。旦那は葬式を二つ出し、しょんぼりしている。すると立花屋から火の玉が出て、ふわふわと根岸のほうへ向かって行く。根岸の妾宅からも火の玉が出て、花川戸のほうへ向かって来て、大音寺の前でぶつかって火花を散らす騒動。困った旦那が、和尚に成仏させてもらうよう頼んで、二人で大音寺前に立っていると、根岸から火の玉がやって来た。たばこの火に困っていた旦那は、火の玉で火をつけて一服吸いながら、妾の火の玉をなだめていると、本妻の火の玉もやって来た。旦那が本妻の火の玉もなだめながら、もう一服つけようとすると、本妻の火の玉がすーっとそれて「あたしのじゃうまくないでしょ」。

さて、この落語の原話についてだが、暉峻康隆「近世後期舌耕文芸史(上)」(『国文学研究』31号、一九六五)や、武藤禎夫編『江戸小咄辞典』(一九六五、東京堂出版)に指摘がある。これらによると、鼻山人《はなさんじん》の人情本『永明間記廓雑談《くるわぞうだん》』(文政九年・一八二六刊)に描かれた上総屋事件を基にしてできた桜川慈悲成《さくらがわじひなり》の噺本『延命養談数《えんめいようだんす》』(天保四年・一八三三刊)の「怪談」という[1]。これらに従い、この「怪談」の筋立てをまとめる。

江戸町のかづさやの主《あるじ》が、みのわにはなざという妾をかこっていた。これに本妻が嫉妬して、はなざを呪詛するが、同じくはなざも呪詛し返し、共だおれになる。が、亡くなっても両者は、火の玉となり大音寺前で闘う。かづさやはこれを供養させるが効果ない。そこで、二人を兄弟分にさせようと大音寺へ出かける。するとみのわの方から飛んでくる火の玉。これに煙管の火をつけてもらう。今度はよしわらの方から火の玉。いろいろ二人を取りなし、今度は本妻の火の玉から、火をつけてもらおうと煙管をだすと、私のじゃおいしくないでしょ。(『噺本大系』第一八巻)

なお、『江戸小咄辞典』では、噺本『軽口太平楽《かるくちたいへいらく》』(宝暦一三年・一七六三刊)巻二「火の玉も怖がる」(『滑稽文学全集』11所収)も類話として挙げ、以上のことは武藤禎夫『落語三百題』にまとめられている。なるほど『延命養談数』の「怪談」は「悋気の火の玉」とつながると即断しうる筋立であり、原話とするに異論をはさむ余地がない。つまり、これは「悋気の火の玉」の原話究明に結論が出ていることを、確かめる比較であった。ただ、ここで筆者のきわめて個人的な胸中を書けば、落語の原話と覚しき話が検出された時、一見矛盾するような理屈だが、それがあまりにも現行落語に類似する場合、そこに両者の時代差を感じさせないがために、その原話自体の分析にかからんとする好奇心を持つのである。「悋気の火の玉」は、そんな子によく似た親をもつ落語の一つなのである。では、気になる箇所を挙げて順に検討してゆきたい。

まず、この火の玉とは何か。これを考えてみたい。おそらく、古来より「陰火」「燐火」等々と呼び慣わしてきたものであろう。『桂文楽全集 上』(一九七三、立風書房)所収の「悋気の火の玉」にも、「陰火」とはっきりある。山岡元隣《げんりん》の『百物語評判』(貞享三年・一六八六刊)巻一 - 四「西岡の釣瓶おろし陰火陽火の事」に、次のような記述がみえる。

人間にとりて心《しん》の火、命門《めいもん》の火を人火《じんか》といふ。其の火のうちにて陰火《いんか》、陽火《ようか》のわかちあり。陽火は物を焼けども、陰火は物を焼くことなし。そも又雷火などの、適《たま》ま人家を焼く事あるも、此の火、陰火なるゆゑに、水もてけし、濡れたるをもて覆ふときは、却《かえ》りて燃え候。火をなげ、灰を散し、ふせげば、其のまま消え侍る。是れ道理のおだやかなる処なるべし。此のつるべおろしとかやも、陰火なり。其の故、雨ふりなどには、殊に見ゆるなるべし。（岩波文庫『江戸怪談集 下』）

同じ『百物語評判』巻四－八「西寺町墓の燃えし事」でも陰火を扱う。切腹した人の墓から、夜ごと火が出るという話。人に限らず、動物の血液が地におちるのが、その火の原因だとしている。寺島良安『和漢三才図会《わかんさんさいずえ》』（正徳二年・一七一二自序）巻第五十八「火類」の「火」「君火《くんか》・相火《しょうか》」「寒火《かんか》」「燐《おにび》」「霊魂火《ひとだま》」では、主に『本草綱目』を引きながら、陰火は物に触れても焼きつかないと説明する。また、その正体を死んだ人間の魂とみる考えがあったと記す。なお、火の玉を人間の魂だとする考えは、古代より行なわれている。例えば、和泉式部「ものおもへば沢のほたるもわが身よりあくがれいづるたまかとぞ見る」（『和泉式部集』125）は有名である。本稿では、そうした見方全般をとりあげることはせず、あくまで、執心のあらわれという観点にこだわって、火の玉を論じる。

黄表紙『虚八百万石通』（安永九年・一七八〇）のなかに、海から陰火を掬い上げては袋に入れる男の話がある。提灯《ちょうちん》の火にするそうだが、つまり袋に入れて保管できるのだから焼けないのである。水から火といえば、小宮山昌秀の随筆『楓軒偶記《ふうけんぐうき》』（文化四年・一八〇七～同七年・一八一〇、写本）のなかの「陰火」が詳しい。ここでは水から火の出る現象について、「非㆓漁火㆒。非㆓鬼火㆒」とある（『百家随筆』２）。伴蒿蹊《ばんこうけい》の『閑田次筆』（文化三年・一八〇六刊）巻四には、上野吾妻郡のある家に度々おきた不審火の話がある。火はつくものの、人体にはほとんど害を及ぼさない。火の原因は、かつてこの家の女房が間男したので、死んだ夫の執念が火になったというもの。ここでは物を焼いているが、人に害を及ぼさないので、これも陰火とみていいだろう。逆に、陰火が人のみを焼いたという例は、『諸国奇談北遊記』(寛政九年・一七九七)巻第一「人の火」である(ここでは「欲火」とある。国立国会図書館蔵本)。陰火が必ずしも焼きつかないということはなさそうだが、接する対象に無作為に延焼するという性質はなさそうだ。

燃えつかないという性質はわかったとして、この陰火の色は何色と考えていいのか。『今昔物語集』巻第二十四―二十「人の妻悪《め》霊となり其《そ》の害を除く陰陽師の語《こと》」では、男に捨てられた女の死体のある家の中が青く光った、とある(日本古典文学全集『今昔物語集 三』の頭注参照)。『醍醐随筆』(寛文一〇年・一六七〇刊)下、人魂を説明しているところで、「其形色は青く赤き火の玉ゆらめき行」(『続日本随筆大成』10)とある。未達の浮世草子『諸国心中女』(貞享三年・一六八六刊)巻三―一「青き火に人間化して狐塚」でも、題名からわかるとおり、心中した男が青い火となって現れている。また、『深川珍者録』巻之三「道心坊磧が事」には、妾二人を寵愛した夫を恨んで亡くなった本妻の霊が、「狐火のごとく成る影」で現れ、呪いの言葉を投げつけて、「又本の青火と成り消失ぬ」とある(『続燕石十種』)。早川孝太郎『三州横山話』(一九二一)の「ヒトダマ」には、「ある男が見た人魂は、何処からともなく青い火の魂が飛んで来て、其男の頭上を、三回程廻った」(『爐辺叢書』)とある。これは、「悋気の火の玉」の火の玉の現れ方と類似する。(2)後に触れる落語「へっつい幽霊」でも「青い火」(『円生全集』第三巻)とある。

ここまでをまとめると、火の玉の色は主に青であり、対象を定めて燃やすこともあるが、基本的には物に燃えつくことはない。またこの後の事例でもわかるが、火の玉は小雨の日に現れやすく、現れる時刻を夜などに限定することも少なくない。落語「悋気の火の玉」の火の玉は、決まって夜現れている点では右の条件にあうが、小雨の時ということはない。そしてこの火の玉も青い色であるならば、本来は煙管の火種になるには少々力不足の火のはずである。

落語「悋気の火の玉」では、女の嫉妬心が火の玉をうむわけだが、このような発想がどれだけ他に見られるだろうか。女の嫉妬心や諦めきれぬ片恋は、女を蛇にさせたものである。道成寺説話がその最も顕著な例であろうし、『沙石集』(弘安二年・一二七九〜同六年・一二八三成立。例・巻第七－七「愛執に依つて蛇となる事」(3))をはじめとする中世説話や、近世の片仮名本『因果物語』(寛文元年・一六六一刊)他に、そうした例を見つけるのに難しくない。しかし、ここで取りあげるのは蛇ではなく火の玉である。そのなかには、人体が蛇体になるのと同様、人体が火の玉になったものがあり、また、昇華しきれぬ心のみが火となって、体から離れてゆくという趣向もある。では、ここで「執心」という言葉をたよりに、このことを考えてみたい。

男の例になるが、『諸国百物語』(延宝五年・一六七七刊)巻三 - 十九「艶書の執心、鬼と成りし事」では、やや複雑な経路で陰火が発生する。寺の児《ちご》への恋文が、冷たくあしらわれて、縁の下に捨てられる。これが、夜になると手鞠ほどの火の玉になって屋内を飛びまわる。つまり、書いた人の執心が手紙に残って、手紙が陰火に変化しているのである。なお、この説話の構成は、上田秋成の読本『雨月物語』(明和五年・一七六八自序)の「青頭巾」に似ている。(4) 浅井了意の仮名草子『狗張子《いぬはりこ》』(元禄五年・一六九二刊)巻五 - 一「杉谷源次附男色の弁」は、前掲『百物語評判』の西寺町墓の火と同様に、塚に火がつく説話である。男色関係のもつれの末に死んだ男の墓から、未だ残った執心のために、火が発生するので、経によって消すという内容。陰火は人体にかかわらず、気持ちさえ残れば手紙や墓にすら発するのである。以下に、女性の例を本妻・妾という構図とからめて、引いてみよう。

「悋気の火の玉」での本妻と妾の呪詛合戦は、この落語の聴かせどころである。説話で呪詛しあうといえば、空海がライバル僧の修円と祈りあいの末、策を弄して修円にスキをつくらせ、呪い殺した『今昔物語集』巻第十四 - 四十が思いだされる。本妻と妾という点では、例えば、歌舞伎『苅萱桑門筑紫 轢《かるかやどうしんつくしのいえづと》』(享保二〇年・一七三五初演)に、両者が嫉妬の炎を燃やすのを障子越しに加藤繁氏の見る場面がある。(5) 淡海子の読本『操双紙《みさおぞうし》』

(明和八年・一七七一序)巻四‐十四「つや篠水の御社へ丑の時詣の事」では、本妻が妾を呪詛するが結局失敗する。田にし金魚の洒落本『妓者呼子鳥《げいしゃよぶこどり》』(安永六年・一七七七刊)もこの種のもので、次のような話である。

露時雨の女であった芸者・おとよは、突然、露時雨から切れ文をわたされる。新しいおとみという女ができたと知って、おとよは必死に丑の刻参り。おとみは苦しめられる。その後ささいな誤解からおとみは露時雨に殺されるが、なおもおとよの呪詛が続く。生きながら執心の火の玉となったおとよが、おとみの亡魂を襲うのである。その後、ある晩に浪人によって火の玉が斬られ、おとよが死に、おとみの亡魂が救われる。(『洒落本大系』2)

この説話は、『日本文学書目解説』によると、平秩東作《へずつとうさく》の『怪談老の杖』巻二「生霊の心得違ひ」を踏襲したものという(『潁原退蔵《えばらたいぞう》著作集』第一巻、中央公論社)。洒落本『隣壁夜話《りんぺきやわ》』(安永九年・一七八〇刊)は、右の話を焼き直したもの。また、暉峻康隆『江戸文学辞典』(冨山房)によれば、講談『小夜衣草紙《さよぎぬぞうし》』も同趣向だとある。[6] また、鼻山人の洒落本『青楼女庭訓《せいろうおんなていきん》』(文政六年・一八二三刊)などもこの種の話柄。他に、読本『諸国怪談実記』(天明八年・一七八八刊)巻二のなかにも、丑の刻参りの話があり、本妻が妾を包丁で襲う場面がその後に続く。一雪著・神谷養勇軒編『新著聞集』(寛延二年・一七四九刊)第十一執心篇「妬女妻を悩し念仏たちまち治す」は、夫婦約束をした男が別の女と一緒になったので、釘を打ってこの新しい女を呪い殺そうとした女。しかし、この呪いも仏法によりおさえられたという説話。他にもこの種の話柄はある。このように、「悋気の火の玉」と同じ、本妻と妾の確執・呪詛・火の玉といった趣向は、近世期の他の文芸にも多く見られるものである。

ところで、火の玉が宙を飛び、人を攻める云々は例を見たとして、『延命養談数』や「悋気の火の玉」にあるような、「火の玉と火の玉が、かちいいんとぶつかって火の玉を散らす」(『桂文楽全集 上』)といった例は他にあるのだろうか。これを落語特有の趣向とする説もあるようだが、実は、これは決して舌耕文芸に限って見られるものではない。菊岡沾涼の『諸国里人談《しょこくりじんだん》』(寛保三年・一七四三)巻之三「不知火」にこうある。

豊後国宮古郡甲浦の後の森より挑灯《ちょうちん》のごときの火、初更のころより出る。また松山よりひとつの火いでゝ、空中にて行合、戦ふごとくにして海中へ颯と落る。又海上にて鶏の蹴合にひとしくして、少時捻あひて後、出たる所の山森に入るなり。(『日本随筆大成』旧二-十二)

松浦静山の『甲子夜話』巻二十三にも、「越前の大野郡に九頭竜川と云あり川北は水田数里相連るこの処陰雨の夜には必数千の陰火球の如く四方より飛集り闘戦するの状あり暫して又砕け散る形敗走するが如し」(国書刊行会)。火の正体は、昔の僧徒あるいは武士の霊だと言われているとある。『太平百物語』(享保一七年・一七三二刊)巻三-二十四

「闇峠三つの火の魂の事」は、同じ女に想をよせた二人の亡き男の執心が、お互い火の玉となって闘うという筋。また、闘うといった描写ではなく、睦みあう様として、この火の玉現象をとらえた例もある。黒川道祐の地誌『雍州府志《ようしゅうふし》』(貞享元年・一六八四序)巻八のなかの「相逢杜《あひあふのもり》」などもそれだ。この森には、雨の降った湿った五月頃などに、南北より「逢火」があらわれる。自分の寵愛していた童が病死すると、後を追うように亡くなる僧。彼らの「愛著《あいぢやく》の凝《こ》る所、死後散《さん》ぜず。亡魂鬼燐《きりん》と化《け》して飛行《ひぎやう》し、この杜《もり》に於て相逢《あひあ》ふときは滅《き》ゆと。之《これ》に依《よ》りて逢《あふ》の火《ひ》と称すと云ふ」(『新修京都叢書』第十、臨川書店)。他に伝説だが、高田十郎編『増補版 大和の伝説』(一九五九、大和史蹟研究会)の「魂火の会合」には次のような文がある。

南市場の南方、東西に走った県道の路わきに、非常に古い大樹がある。昔、ふたりの親友があって、ひとりがこの木で首をつって死に、他のひとりが尺土の墓地で死んだ。それから後、雨の夜には、必ずこのふたりの魂が両方から現われて、その中間辺で何か話し合って、しばらくすると、両方へ別れて帰るということである。

(大和高田市市場町　旧葛城郡陵西村市場　中西忠順による記述)

さらに、この種の話柄で管見に入った限り近世期最も古い説話が、池田委斎の仮名草子『霊怪艸《あやしぐさ》』(慶安元年・一六四八か)のなかにある。題は付されていないが、ここでは『日本古典文学大辞典』の仮題に従い「女の執心火の玉となる話」(担当堤精二)とする。

次のような筋立てである。

天正の頃、播磨の国に島津加賀守という侍がいた。その娘は大変な美人で、これに多賀久助という者が想いを寄せた。婿入を希望するものの、先方に断わられたので、娘を奪い強引に仲を認めさせてしまう。その後、多賀久助は秀吉軍につかえ、いくさに赴くが鳥取で戦死する。その久助の魂が火となって空に舞う。また同様に、妻の方も生きながら夫への執心が火となる。

この後に、次のような文が続く。以下引用する。

> 上村と正条との間わづかに十町はかり、其間に揖保川の上川原とて広き河原有。ある夜はんはかりに、其上川原へ上村のかたより丸ちやうちんほとなる火飛来る。また正条のかたより同しころ成る火飛出て、川原にて火と火とゆき合てひとつに組合て河原へ落る。あるもの是を見付て人にかたりけれは、ふしきなる事成りとて次の夜伺ひ見れは、あんのことくに火出たり。さらば誰か家のそのほとより出るといふ事をよく見よとて、在所よりわきえたちのきて伺ひみれは、上村は久介《ママ》か家の通り、正条よりは加賀守か女房にとゞめし執心の火ならん、かれはすてに死にたり、おあ子はいまたいきなから、かゝるしうしんのふかきも事ありけるよと、おとろかぬものなし。（古典文庫『あやしぐさ（霊怪艸）』）

生きている人間の体から出た火の玉が、死者のそれと会うという形態は、前掲の『妓者呼子鳥』他に先んずる説話としてとらえることが可能かと思われる。

　科学的に詳しい説明には及べないが、電光のぶつかりあう現象があって、それが江戸時代の人には、喧嘩しているかのように、あるいは、仲良く密会しているかのように見えたのではなかろうか。(7) いずれにせよ、「悋気の火の玉」に見られた趣向は、落語(噺本)だけの独自性ではなく、他の随筆類にも同様な表現がみられるところから考えて、何らかの科学的現象に基づいて、カリカチュア、笑話化されたものだったのである。

　「魂の入替」(「魂違い」)という落語がある。(8) 二人の男が酔って寝ている間に、お互いの魂が入れ替ってしまうドタバタ噺である。原話として、永井堂亀友の浮世草子『赤烏帽子《あかえぼし》都気質《みやこかたぎ》』(明和九年・一七七二)巻五 - 一が指摘されている(9)(『落語三百題』)。次のような話だが、ここでこれを引くのは、これが「悋気の火の玉」の類話としても十分考えられるからである。

　京五条の煙草屋六兵衛は醜男だったが、妻・おたかは大変な美人。一方、向かいの小間物屋の嘉兵衛は色男だが、女房おすがはひどい不器量。いつの間にか、おたかは嘉兵衛の男っぷりに惚れ、おすがが居てはうまくいかないと妬む。この気持ちが夜魂となって抜け、さらに火の玉となって外へ。おすがの方もおたかをよく思っておらず、この心も火の玉となって外へ。そして両者の火の玉が、空中でもみあいになった末、魂が入れかわって各々の肉体に戻る。（帝国文庫『珍本全集・前』）

この魂の入れ替り譚については、南方熊楠の「睡人および死人の魂入れ替わりし譚」や「睡眠中に霊魂抜け出づとの迷信」に詳しい（『南方熊楠全集』2、平凡社所収）。熊楠は、この類話として以下のものを列挙する。『列子』湯問篇九「扁鵲《へんじゃく》のおこなった心臓移植の話」（中国古典文学大系4、平凡社）、『酉陽雑俎《ゆうようざっそ》』続集巻三、『聊斎志異《りょうさいしい》』巻一「老僧の身代り」（中国古典文学大系40）、『日本霊異記』中巻第三十五「閻羅王の使の鬼の、召さるる人の饗を受けて、恩を報いし縁」、『今昔物語集』巻第二十一十八「讃岐の国の女冥途に行きて其《そ》の魂還《かへ》りて他の身に付く語《こと》」、七巻本『宝物集』巻六、『和漢三才図会』巻七十一の伊勢の話。このなかで落語「魂の入替」に最も近いのは、『和漢三才図会』所収の話である。(10)「悋気の火の玉」は、この「魂の入替」と近い噺としてここで再認識しておこう。

最後に、ここまで考察した要素（火の玉・本妻と妾・生霊死霊他）をほどよく混合した説話があるので、要約して引いておく。東随舎の『古今雑談思出草紙』（天保一一年・一八四〇序）巻之六「嫉妬深き女の事」である。

上総国青柳村の権平の妻が亡くなった。権平は後妻を迎えるが、この新妻が嫉妬深く、先妻の遺品等を嫌うこと甚しかった。ある時、同村の八右衛門が、権平の先妻の墓近くを通ると、先妻の亡霊に呼び止められる。そして、権平の新しい妻の生霊に苦しめられているので助けてくれと訴えられる。これをひき受けた八右衛門、次の日再び墓地へ行くと、青い火の玉と赤い火の玉が闘っている。そこで八右衛門が青い火の玉を斬ると、同じ頃、権平の新妻が亡くなる。(『日本随筆大成』旧三－二)

以上、落語「悋気の火の玉」より以前にあった話や、周辺にあった類話に触れた。果してどれだけ、「悋気の火の玉」が解体できただろうか。次も執心ばなしが続く。

「三年目」

この落語も同じく、死後に残る執心を扱うものだが、「悋気の火の玉」以上に、演出によって怪談調が濃くなり得る。もっとも、それでさえ演者によっていくらでも滑稽味をだすことは可能である。現在も比較的多くの落語家《はなしか》の手にかけられている。これまでの演者としては、〝ステテコ〟〝鼻〟こと三代目(一般に初代とされる)三遊亭円遊(一八五〇～一九〇七)・これを十八番にした四代目橘家円喬(一八六五～一九一二)・五代目三遊亭円生(一八八四～一九四〇)・五代目古今亭志ん生(一八九〇～一九七三)・六代目三遊亭円生(一九〇〇～一九七九)などが口演している(保田武宏『ライブラリー落語事典』等参考)。作品の出来栄えとしては、サゲが長すぎるという難があり、『円生全集』第三巻の「輪講三年目」では、サゲを短く工夫したという円生の苦心談が述べられている。では、『円生全集』を下敷にして書かれた『増補落語事典』の梗概を引用する。

たがいにほれあって夫婦になったが、亭主の片時離れぬ看病のかいなく、女房は死んでしまう。死ぬ前に「後妻をもつときは婚礼の晩に幽霊になって出ておいで……。そうすれば、どうしてもあたしは独身で暮らさなけりゃならなくなるから」と女房に約束した。やがてまわりのすすめに抗し切れず、後妻を迎えるが、幽霊はなかなか出て来ない。そのうちに子供も生まれ、三年目(11)の法事をむかえた。その晩、先妻が幽霊になってあらわれ、うらみをいう。「それならなぜもっと早く出ない」「わたしが死んだとき親戚で坊主にしたでしょう。坊主では愛想をつかされるから、毛がのびるまで待ってました」

さて、この「三年目」の原話に関して、『落語三百題』には、桜川慈悲成の噺本『遊《ゆう》子珍学問《しちんがくもん》』(享和三年・一八〇三刊)のなかの「老子経曰《ク》 人之所《ヲハ》レ畏《ヲソル》不《ス》レ可《ラ》レ不《スンハアル》レ畏《ヲソレ》」だという指摘がある。これに従い、前梗概との比較のため、その全文を引いてみよう。

さるひとりもの、ひるめしをくひかゝる膳のむかうへ、白むくきていろ青き女、こしのあたりもミへす、トロ〳〵とあらわれける。一人リものおとろき、能〳〵ミれば、久しきあとに死にたる女ほうなり。ていしゅ〳〵これかゝア、われハしんて五六年になるに、なせ今ゆふれいとなつてきたのた　ゆうれい〳〵ひさしくおめへにあわねへから、あいたさのまゝ、まよふてきやしたわいナア　ていしゅ〳〵おへねへまぬけだ。ゆうれいになつて出るならば、夜ルでも出そうなものだ。昼日中、馬鹿なつらなとしかりつけれハ、ゆうれいへなミたぐミて、よるハきミかわるひ。（『噺本大系』第一四巻）

どうだろうか。前掲の「悋気の火の玉」の原話『延命養談数』に較べると、すぐにこれが典拠であるとは判断しにくいはずだ。しかし、落語の原話としては、むしろこの程度のほうが筆者としては納得がいく。なぜなら、舌耕文芸は、種々雑多な文芸からエキスを吸収して成立するものであり、それが舌耕文芸の特徴であると、筆者は信じるからである(12)。

なお、上方の「茶漬幽霊」は、「三年目」と本筋のほぼ同じ話であるが、若干の異同がある。「茶漬幽霊」の主人公は三枚目の与太郎。三年目に先妻の幽霊が真昼間に出てきて、髪がないと嫌われるから出られなかったという言い訳の後、夫のなぜ夜中に出ないという問いに、夜だと自分がこわい（三代目三遊亭円馬口演『昭和戦前傑作落語全集』）。つまり、「茶漬幽霊」のほうが、『遊子珍学問』に近い形になっている。あるいは、「三年目」はこの上方落語「茶漬幽霊」の最後のサゲを削って改作したものかもしれない。

このように、「茶漬幽霊」をはさんで考えれば、落語「三年目」の原話が、『遊子珍学問』中の小噺であると、より確信が持てる。ただ、この小噺にしても前に比較したとおり、「三年目」の後半部分に影響を与えただけである。やはり、「三年目」全体の成立を検討するには、その前半部分への影響関係を確認する必要がある。具体的に言えば、『遊子珍学問』には、再縁しないという夫の約束を取りつける趣向はない。「三年目」成立の要素には、何より最初にこの愛情がらみのイザコザがなくてはいけない。そして、この件は管見に入っただけでも、他に見出した例は少なくなかった。その結果、この「三年目」成立の背後には、もっと深い愛憎劇・醜悪でより怪異臭の強い説話が存在することがわかった。言わば、そうした説話の系譜の末端で、落語として成立したのが「三年目」なのである。整理すれば、「三年目」は江戸期の怪談を母体として、そこに『遊子珍学問』にある小噺のようなおかしみを付加させてできた落語なのである。

さて、次にその例を引いてゆくが、まずは比較的近代の読者に読まれたはなしに、「三年目」に近いものがあった。

ラフカディオ・ハーン(小泉八雲)の著述に、「破られた約束」という一篇がある。これは『日本雑記』[13](一九〇一)に、『雨月物語』の「菊花の約《ちぎり》」を原話とする「守られた約束」と対照的に並べて収められた。ここでは、平川祐弘編・池田美紀子訳『怪談・奇談』(一九九〇、講談社学術文庫)所収の「破られた約束」より梗概をまとめる。

ある武士の妻が病床で、武士に今後再婚はしないと誓わせる。そして、自分の体は家の庭の樹の近くに埋めてくれと頼む。さらに、小さな鈴を一つお棺の中に入れてくれという。ところが妻の死後、一年もすると、まわりからしきりに再婚を勧められたので若い女をもらう。新しい妻がきて一週間過ぎた頃、新妻は鈴をもつ女の亡霊におそわれるようになる。そして、何度となく、この家を去るように脅迫される。わけは決して話すなと言われたとおり、新妻は武士に離縁をのぞむが、武士がしきりにその理由を訊いたので、言ってしまう。その日、二人の武士を護衛として側につけられて新妻は床へ。ところがその晩も亡霊は現れ、護衛の者を金縛りにして、新妻の首をもぎとってゆく。(14)

八雲が日本の古典をもとに多くの物語をこしらえたことはよく知られており、その翻案(再話)上についての研究はこれまで少なからず進んでいる。平井呈一による『全訳小泉八雲作品集』(一九六四、恒文社)第九・十巻の参考資料が、整理された最初のものであろう。現段階では、前掲『怪談・奇談』所収の「原拠」が、過去の研究をまとめた最新のものと言えるだろう。ところで、この「原拠」に、「破られた約束」への論及はない。八雲研究では、原話不明なのだろうか。ただ、速川和男『小泉八雲の世界』(一九七八、笠間選書)では、この「破られた約束」は、せつ(八雲夫人)が八雲に語った出雲の伝説に拠ったとある。八雲著『骨董』のなかにある、肝だめしに行った女のおぶっていた子供の首がもぎとられるというラストの「幽霊滝の伝説」は、すでに指摘があるようにこの「破られた約束」に似る。また小泉節子の『思い出の記』によれば、この「幽霊滝の伝説」を節子が八雲に語っていたことがわかる。あるいは、「破られた約束」もそんな経路からか。この件に関しての具体的調査を筆者はしていないが、近世説話に類似のものがあるので、それらの類型の一つとして八雲の話もとらえうるだろう。

　そうした近世説話を、古いものから挙げてみよう。

　まず、片仮名本『因果物語』(寛文元年・一六六一刊)上―六「嫉み深き女、死して後の女房取り殺す事」がある。江戸麹町のある人妻が重病で亡くなる前、下女を後妻にしたら祟ると夫に遺言する。しかし男は下女を後添いにしたため、亡妻の霊が下女の髪をむしり死に至らしめるという筋。『諸国百物語』(延宝五年・一六七七刊)巻五―十四「栗田左衛門介が女房、死して相撲を取りに来たる事」も同様な筋立てである。左衛門介は、美人の妻が死んで三年目に、まわりの勧めもあって再婚する。するとこの新妻に、亡き妻が襲いかかる。左衛門介が留守の時ばかり現れては、相撲をいどまれ、結局病に倒れ死す。続いて、『万世百物語』(寛延四年・一七五一刊)巻二―三「泉州に悪縁の契り寸夫を殺す執心の幻」は、次のような話である。

　和泉国日根の郡に、柴崎与次という男がいた。家は豊かであったが、いまだ嫁をもらっていなかった。やがて、柴崎の家に出入りをしている女と恋仲になり結婚。「おくれさきだつ人の世のならひありとも、つまもち給ふな、夫にふたたびそはじ」と誓いを交す。しかし、女は病に倒れ、亡くなる。程なく人の勧めもあって、別の女と一緒になるが、前の女が幽霊となって出る。そして与次は幽霊より薬をわたされ他界。(叢書江戸文庫『続百物語怪談集成』)

『新著聞集』第十二冤魂篇「先夫招き呼つゐに死す」は、江戸境町の鼓打の遊女を女房にもらった男。後添いはもらわないと約束したはずなのに、女の死後再婚。夢で女に呼ばれ命をおとす。読本『怪談旅の曙』(寛政八年・一七九六刊)巻一(この巻は一話のみ)「嫉妬の上成」は次のような内容。

諸芸に通じたある山国の武士が嫁をもらった。仲はよかったが、この武士の男ぶりがよすぎたため、他に羨しがられて、ひやかしの唄をうたわれる。これに過敏に反応した新妻は、夫の貞節を疑い、そのため病になり亡くなる。死ぬ間際、夫の側にいたいと墓所を指定するが、それを無視されたため葬い後、妻は亡霊となって現れ、墓をなおさせる。その後、武士は新しい妻を迎えるが、これが次々と病になり離縁。五人目の妻は気丈であったが、やはり前妻らと同じ病で倒れる。武士が問いただすと、最初の妻の亡霊から猛烈な攻撃を受けていたとわかる。五人目の妻は、自分が亡霊を教化するからと、最初の妻と同じ墓に埋めるように遺言する。そのとおりにするが、その後も異変はつづいた。(国立国会図書館蔵本)

さらに、『積翠閑話《せきすいかんわ》』(安政五年・一八五八刊)巻之二「著執」がある。病になった妻と夫との悲しい病床の別れから始まり、死んでも自分の魂だけは夫を離れないと妻は言い残す。すると、どんなに遠方に行っても、亡き妻につきまとわれた男はそのために死んでしまう。なお、この説話は、軍記『武将感状記《ぶしょうかんじょうき》』(正徳六年・一七一六刊)巻之八「成田治左衛門亡妻と契る事」に拠ったものであろう。同じく『積翠閑話』の巻之二に、これまで見た夫婦の立場を逆転した話がつづく。

常陸の国に、仲のよい夫婦がいた。ある時、夫が戯れに、自分が死んだらお前は他の男と一緒になるかと問うと、妻はこれを否定。その後、夫は出先で水死。女は二年間の未亡人生活の末、人の勧めで再婚。すると、前夫の亡霊によって家内に奇怪な事がおこる。(『日本随筆全集』14)

古い笑話のなかに、やはり同趣向のものがあるので引いておこう。『きのふはけふの物語』(寛永初期頃成立)上の三十五より。

ある男が重病になり、回復不能と思えた時、女房を呼び、「此の分ならば二三日中に死なんと思ふなり。あら御名残惜しく候又いかなる人にか添ひ給はんと思へば、是れのみ心に懸る」。こう言われた妻は、剃髪して夫の後世を弔うと言うが、男は髪はすぐ生えるから、鼻をそるように言うと、快く妻は鼻をそってしまう。男は遺言状を認め妻に渡すものの、意外にも病が全快。こうなると男には、妻の顔が見苦しく思えてくる。妻に隠居をすすめるが、妻は拒否する。結論を見ぬので裁判に及ぶ。奉行は男の言い分をきくや、「かの男の鼻を剃げ」と命令。お互い同じような顔になった夫婦は、また元のように仲のよい夫婦となり、末長く暮らした。(日本古典文学大系『江戸笑話集』)

なお、落語「おかふい」は、この笑話に「後日談を付け加えたもの」という指摘がある[15](武藤禎夫訳『昨日は今日の物語』東洋文庫)。他にこの種の話は枚挙に暇がない。落語に近い文芸で考えれば式亭三馬の滑稽本『浮世床』第二編上(文化一一年・一八一四刊)の亡妻の霊も考慮すべきだろう。

さて、ここで落語「三年目」の考察をまとめてみる。病床での再婚せずという約束から、死別、後添いをもらい、これを恨んで先妻の幽霊がでる、という展開は、近世説話に定型として存在していた。この言わば「破約」説話の後半部に、『遊子珍学問』の踏襲・創意工夫と思われるオチを繋いでみて、はじめて「三年目」の基盤が出来上がるのである。これらの条件を、夫婦の立場は転倒しているものの、十返舎一九の黄表紙『此縁唐有乎《こんなえにしがからにもあろか》』(寛政一二年・一八〇〇刊)は整えている(『黄表紙総覧』に指摘がある)。

(付)「へっつい幽霊」——お札はがしの趣向について

「執心ばなし」に関する落語その他の話題を、幾つか続けてみたい。まず、落語「へっつい幽霊」。これは金への執心を描いた落語である。

ある古道具屋に、何度売ってもすぐ戻されるへっついがあった。仕方なく、少々の金をつけ、差し戻さないという約束で豪気な男に引き取ってもらう。夜、へっついから出る幽霊に恐れない男は、幽霊がへっついの中の金に心が残って成仏できないと知る。金を取り出してやると、お互い好きとみえて賭事をこの金で始める。幽霊が負けてもう一度、幽霊だから足《あし》(銭)はださない。

『落語三百題』には、噺本『今歳花時《ことしばなし》』(安永二年・一七七三刊)の「幽霊」、『耳囊』巻五「竈の怪」が原話として挙げられている。これらの原話類に先行する説話として、次の『諸国百物語』巻五―十五「伊勢津にて金の執心ひかり者となりし事」も挙げられるのではないだろうか。

化物屋敷の噂をきいた小間物商人。剛気者で人が止めるのもきかず単身確かめにゆく。すると、かつてのこの屋敷の持主夫婦が二つの火となって現れ、口論を始める。気丈にも逃げずにいる商人に夫婦は、実は井戸の内に金銀を残したまま急死したので、成仏できないと訴える。そして、誰も怖がって我々の話を聞いてくれなかったのに、と夫婦は喜び商人に井戸の金を与える。商人は懇ろに夫婦を弔い、この金をもとに親孝行につとめた。

落語「長者番付」も、右の説話に類する点がある。(16) 『新著聞集』巻十一、執心篇「僧の遺財を貪り災となりて家をやく」でも、財宝に執着した亡き僧の一念が火となっている。『耳嚢』巻二「執心残りし事」も、やはり金に気が残って、それを譲渡したはずの店の前に、幽霊となって現れる老人の話。他に「百物語」(『三遊亭円朝全集』第七巻所収)等。なお、この「へっつい幽霊」のサゲは落語「朝友」と共通。また、金に気が残って棺桶から立ち上がる老人がでるのが、落語「七度狐」。本書前節で論じた「黄金餅」もその一つである。

最後にこれも覚書き程度に、執心ばなしにちなんで触れておこう。三遊亭円朝の怪談噺『怪談牡丹燈籠』(明治一七年・一八八四刊)に使われた有名な趣向「お札はがし」について。

お露と恋仲になった萩原新三郎は、お露が実は幽霊で、このまま夜の逢引を続けていると命はないと、人相見の白翁堂勇斎に予言される。そこで、新幡随院の和尚から御札をいただき、家の外の方々にはりつけ、雨宝陀羅尼経を読んでお露を遠ざける。しかし、執心深いお露は諦めきれず、新三郎の下男・伴蔵に、百両と引きかえにお札をはがしてもらい、家に入り込むや新三郎をとり殺す。

『牡丹燈籠』は、周知のとおり明の瞿佑《くゆう》の『剪燈新話《せんとうしんわ》』巻二「牡丹燈記」を翻案した、浅井了意の仮名草子『伽婢子』(寛文六年・一六六六刊)巻三－三「牡丹燈籠」を原拠として書かれたもの。ただし円朝の『牡丹燈籠』の長さからいえば、当然その利用も全体に及んでいない。そして、「お札はがし」の趣向も右原話群には見られない。これについては、永井啓夫『三遊亭円朝』(青蛙房)に、民話研究家の指摘として高知県の伝説「称名寺前の幽霊」と共通すると紹介している。この伝説は管見による限りでも、寺石正路編『土佐風俗と伝説』(『爐辺叢書』一九二五)・市原麟一郎編『土佐の民話』第一集(一九七四・未来社)に収められている。また、この伝説に限らず、お札はがしの趣向は、もう少し広く近世怪談には見られるので、その幾つかをここに引いてみよう。

片仮名本『因果物語』(寛文元年・一六六一刊)上-七「下女死して、本妻を取り殺す事付主人の子を取り殺す事」から。

ある浪人が名古屋近くの川で、仇をとりにゆくから舟に乗せてくれと、ある女に呼び止められる。浪人が引きうけると、女は逆立ちしたまま舟にのってくる。そして、目的の家まで来ると、女は浪人に、家に札があって入れないのではがしてくれ、と頼む。そのとおりにしてやると、女は家主の女をたちどころに殺してしまう。女はかつて、この家の妾で、本妻に井戸にさかさまに落とされたのであった。

円朝が直接、何を典拠にしたのか定かではないが、お札はがしの趣向は、この『因果物語』に端を発するようだ。

北条団水の補筆・編『一夜《ひとよ》船《ぶね》』(正徳二年・一七一二刊)巻二-二「詞をかはせし磔女」は前掲の説話を模倣したと思われる。次は、『諸国百物語』巻三-七「まよひの物、二月堂の牛《ご》王《おう》に怖れし事」。

墓が燃え、人の声がするという噂をきいた豪胆な男。それを確かめにゆくと、幽霊から、その気の強さを感心され、相談を受ける。「自分はある鍛冶屋の妻だったが、隣の女に毒殺され、その女が自分の夫と今一緒になって悔しい。仕返ししようにも、二月堂の牛王の札があって、家の中に入ることができない。その札を取り除いてくれないか」。男がこれを果してやると、幽霊は鍛冶屋へゆき夫とその女の首をとってしまう。そして、これは礼だと黄金十枚を男に与える。

次の『古《こ》今辨惑《こんべんわく》 実物語《じつものがたり》』(宝暦二年・一七五二刊)巻二―三「幽霊二月堂乃牛王を懼事《おそるる》」は、題名からいっても、前掲の『諸国百物語』の説話を踏襲したものか。

妾を寵愛する夫に腹をたてた本妻。ついに、下男に妾を殺すように頼む。妾は池で殺される。この池で亡霊となった妾は、ある男を呼び止め訴えた。本妻に恨みを晴らしたいが、その夫の信仰する二月堂の牛王が門戸に貼ってあるので内に入れない、なんとかしてくれ。男がその牛王の守札をはがしてやると、幽霊は本妻ののどぶえに喰いついてゆく。(国立国会図書館蔵本)

この他にも、読本『宿直草《とのいぐさ》』(延宝六年・一六七八刊)巻三―十「幽霊の方人《かたうど》の事」でも、やはり本妻を恨んだ女の幽霊が、思いを晴らしたくも神仏の札に守られた本妻の家に入れないとある。また、秋成『雨月物語』の「吉備津《きび》の釜」との影響関係を論じられる、伊丹椿園の読本『深山草《みやまぐさ》』(天明二年・一七八二刊)巻一―二「娼妓死後に怨恨を報ず説」

も、神符の札で身をまもったはずの男が、ほんのわずかなスキに魔物に襲われ、身を真二つにされるという説話。これらお札はがしの趣向は、まさに執心ばなしの真骨頂と言えるか。

注記

(1) 神保五弥『為永春水の研究』(一九六四、白日社)参照。

(2) 「ぴゅうーッと廻ったかと思うと(手を高くあげてくるッと廻し)、くるくるッと三遍廻ってぴたりッ。」(『桂文楽全集』)

(3) この「愛執に依つて蛇となる事」は、『諸国百物語』巻三‐十七「渡部新五郎が娘、若宮の児に思ひそめし事」の出典と思われる。

(4) 両者を簡単に比較しよう。旅僧が一夜の宿を乞う。化物が出るという理由で断られそうになるが、泊めてもらう。果して、夜火が現れ、それが鬼となって僧を捜すが、一晩中姿を見つけられず、僧に供養される。以上「艶書の執心」。ある寺で、亡き児を慕いすぎた老僧が鬼となっている。その寺に、僧が一夜の宿を乞い、断られそうになるが、泊まる。夜鬼が現れ一晩中鬼は僧を捜す。だが、結局鬼は僧を見つけられず、あとで僧の教化を受ける。以上「青頭巾」。

(5) 苅萱の説話と「悋気の火の玉」の結びつきは、すでに宇井無愁『落語のふるさと』(一九七八、朝日新聞社)中で指摘。なお同書より多くのことを学んだ。

(6) 長篇講談『奇聞吉原小夜衣草紙』(邑井貞吉、編者今村次郎、一九二六、博文館。「因果因縁押上鶴の当矢」併録)によれば、堅物の源次郎が吉原の遊女・小夜衣に夢中になるが、すぐ他の娘を見染めて結婚する。これを恨んだ小夜衣は自害し、幽霊となって怪異をおこす。なお、この講談の冒頭は落語「明烏」に近い。

(7) 科学的に火の玉に論及したものに、井上円了『迷信と宗教』(国書刊行会)の「全国共通の迷信・怪火」や、大槻義彦『火の玉の謎』(サラブックス、二見書房)がある。

(8)『名人傑作落語集』(一九四〇、清教社)第九集の柳家小せん口演の「魂違ひ」のマクラでは次のような噺をふる。蔵前で赤い帯をくわえた不審な赤い火と出会った侍。すかさずこれを斬ると、近くの商家の女中の首がきれる。これは『妓者呼子鳥』他と同じ趣向。

(9) 題名「唐《から》まで聞《きこ》えたよい女房持《もっ》た男の自慢顔が少し五月蠅《うるさい》髪の生際《はえぎわ》附《つけた》り 一時《いっとき》に出る人《ひと》魂《だま》が行当《ゆきあた》りて両方へ颯《さっ》と別れた丑三《うしみつ》の夢の様なまこと」。

(10) 長源寺(中略)相伝へて曰く、昔当地《ところ》の人と日向の国の旅人と会《たまたま》暑を堂の檐《えん》に避く。互に知らず。熟睡して、日既に暮る。人有りて倉卒《にはか》に之れを呼び起こす。両人周章《あはてて》覚む。其の魂入れ替はりて、各々家に還る。面貌は其の人にて、心志音声甚だ異なる。家人敢て肯《うけが》はず。両人共然るが故に、再び此に来りて復た熟睡すれば、則ち夢中に魂入れ替りて故《もと》の如し。(『日本庶民生活史料集成』第二十九巻、三一書房所収)。なお、落語「朝友」はこの種の説話から成立。

(11) 何故、三年目なのか。三年目にでる幽霊といえば、『今昔物語集』巻第二十七-二十六「女死ぬる夫の来るを見る語《こと》」が思いだされる。河内国の笛の上手な美男子が、大和国の美女と苦労して結婚。深く愛し合う仲となるが三年目、男は病で死す。再婚を拒み続けて三年目、笛の音とともに男が幽霊となって女の前に現れる。これらの年数になんらかの意味があるのだろうか。

(12) 他に「三年目」を人情噺「皿屋」(「花見扇」とも。「崇徳院」に類す)の続篇とする説があり、これの考証が『口演速記明治大正落語集成』第六巻演目解説(榎本滋民)にある。ここでは前説に否定的見解も下している。この判断はともかく、前注の説話や本稿でふれた「三年目」周辺の説話からもわかるように、連合いの幽霊がでる説話の発端に、艱難辛苦のすえ結ばれ深く愛し合うといった趣向が組み込まれることは多いと思える。また、「三年目」と類似の落語として「おすわどん」が挙げられる。

(13) 新潮文庫『小泉八雲集』所収の上田和夫編「年譜」による。

(14) この八雲の話と「三年目」は既に、池田弥三郎『日本の幽霊』(一九五九、中央公論社)で結びつけ言及している。

(15) 女房の髪を剃る趣向や再婚せずという誓い等、この笑話には「三年目」の要素が含まれている。「三年目」の古い原拠として「おかふい」同様に見ていいのではないか。また「おかふい」の源は、宋の楽史撰『太平寰宇記《たいへいかんうき》』巻145の再婚を勧められた未亡人が鼻を剃いで、亡き夫に操をたてて断ったという話までゆくのではないか。

(16) 「長者番付」のなかに、大商人三井の先祖が六十六部だったと噺すところがある。諸国を巡って泊まった寺で、井戸のなかから飛び出して一晩中ふわついている火の玉に遭遇。井戸のなかを見ると千両箱。亡き持主の気が残って火の玉になったと知る。これを役人に届けると、すぐに下がってきてこの金を元手に成功(講談社文庫『古典落語』大尾)。また、落語「幽霊長屋」(『増補 落語事典』)もこの種の説話に類似。

追記

「悋気の火の玉」

＊ 鈴木正三『驢鞍橋《ろあんきょう》』(万治三年・一六六〇刊)の三九に、新しい妻の「胸もゆる」火のために先妻の墓の燃えるという話がある。

＊ 小枝繁『催《さ》馬《いば》楽《ら》奇《き》談《だん》』(文化八年・一八一一刊)巻五上に陰火についての記述がある(新日本古典文学大系『読本集』所収)。

＊ 講談「妲妃《だっき》のお百」の海坊主の場面に、火について類似の趣向がある。

＊ 「悋気の火の玉」のマクラは、『伊曾保物語』(万治二年・一六五九刊)下の十八によっているとの指摘が、武藤禎夫校注『伊曾保物語』(二〇〇〇、岩波文庫)にある。

＊ 中沢新一『虹の理論』(一九八七、新潮社)の「ファルマコスの島」冒頭に、バリ島での出来事として、二つの火の玉が水田の上でもみあい「空中戦」のように見える、という記述がある。

＊ 映画『居酒屋ゆうれい』(渡邊孝好監督、山本昌代原作、一九九四公開)の中で、円楽が「悋気の火の玉」を演じている。

「三年目」

＊「三年目」という時間設定は、三回忌の語の暗示するように、幽霊の出現できる限界である、という考えも成り立つかもしれない。

＊玄瑞『本朝諸仏霊応記』(享保三年・一七一八刊)巻上－八、蓮盛『善悪因果集』(宝永八年・一七一一刊)三－五、如実『準提菩薩念誦霊験記』(寛延二年・一七四九刊)下附録にも、本話に関連する記述がある(いずれも叢書江戸文庫16『仏教説話集成㈠』一九九〇、国書刊行会、に所収)。

＊「怪談牡丹燈籠」のお札はがし譚については、延広真治「動乱の時代の文化表現」(井上勲編『日本の時代史20　開国と幕末の動乱』吉川弘文館)を参照。

＊「おかふい」に関しては、ミカエール・アンドレオポーロス『賢人シュンティパスの書』(西村正身訳、二〇〇〇、未知谷)付録の訳注、及び、ボッカチオ『デカメロン』七日目二話に、関連する記述がある。また、沖縄の民話「逆立ち幽霊」は「おかふい」に類似する。

＊中国六朝時代の小説集『異苑《いえん》』(劉敬叔《りゅうけいしゅく》作、中国古典文学大系24『六朝・唐・宋小説選』一九六八所収)の五九「臨終の一言」に、妻の臨終の際、夫は再婚しないと誓うが、のちに夫がそれを破ったため、妻の幽霊が夫の一物を切りつける、という場面がある。

＊幽霊全般については、堤邦彦「『御伽人形』考」(京都精華大学『木野評論』一五号、一九八四年三月)、石井明『幽霊ばなし』(一九九八、平凡社)に、関連する記述がある。

＊落語「反魂香《はんごんこう》」には、後添いをもらうことを嫌がる妻が登場する。また、一七世紀インド・ムガル帝国五代皇帝シャー・ジャハーン王の妃も、夫に再婚しないでくれと懇願して亡くなり、夫とともにタージマハル廟に眠っている。

＊ 映画『居酒屋ゆうれい』(前掲)には、落語が多く生かされており、先妻の幽霊が絶えず夫をおびやかすところは、「三年目」を踏まえている。

＊ 元曲『鉄拐李《てつかいり》』(岳伯川《がくはくせん》作、中国古典文学大系52『戯曲集 下』一九七〇所収)は「三年目」と似た趣向のある話だが、夫と妻の立場が逆になっている。夫のほうが病気で死にそうになり、自分の死後に妻が約束を裏切るのではないかと非常に心配して、「いかにそなたが堅うても　三とせの喪をねばるがせいぜい」と語る(ここから、三年目とは再婚しないという約束の破られる頃、とも考えられるか)。

「風呂敷」「つづら」「短命」他――艶笑噺

本節では艶笑噺（バレ噺）を取り扱う。(1) 人々の常に変わらぬ好奇心をそそる、この種の噺は、どこの国の文化にもあるだろうが、落語とて例外ではない。以下、幾つかの艶笑噺に触れるが、どれも相変わらず先行諸氏の指摘をまとめ、筆者の管見に入ったわずかな資料を加えた屋上屋を架する論考にすぎない。まず次の落語から。

「風呂敷」

「風呂敷」は今でも頻繁に高座にかけられる演目の一つである。間男噺とも言えるのだが、現行の「風呂敷」の演出では、間男が登場したとは思わせない形が通用している。粗筋を『増補落語事典』から紹介しよう。

遊び好きの亭主が何日も家をあけている間に、女房が、むかしのなじみの男を家に入れて酒を飲んでいるところへ、亭主が酔っぱらって帰って来た。あわてて間男を押入れにかくしたが、亭主は押入れの前にすわってしまった。困った女房は、酒を買いに行く途中、町内の鳶頭に助けてくれと頼んだ。鳶頭は亭主に「おもしろい話がある」といって、この家のことを他家のことのようにして、仕方ばなしではじめ「そこの亭主がちょうどお前のように押入れの前にすわり込んでいばっていたからな、おれは持っていた風呂敷を亭主の頭から、こういう具合に、すっぽりとかぶせちゃった」と亭主に風呂敷で目かくしをし、その間に間男を逃がしてから、風呂敷をとって「どうだ。おもしろいだろう」「ああ、そうかあ、そいつぁうまく逃がしやがったなあ(2)」

別名「不貞妻《ふていさい》」「風呂敷の間男」「棲《つま》重ね」。右の『増補落語事典』の「解説」にも「最近は前半の姦通の部分をはぶき、やきもちやきの亭主の留守に、知人がたずねて来たことにしてやっている」とある。したがって、この梗概は古い「風呂敷」の型であることが確認できる。

このような、間男という印象を与えない形へ脚色するという点では、落語「紙入れ」も同様である。「紙入れ」も間男噺の一種だが、不義に及ぶ女房が、ウブな男を強引に引き込み、男は半ば嫌々女につきあわされる、というのが現行の演出である。しかし、三代目(一般に初代と思われている)三遊亭円遊(嘉永三年・一八五〇〜明治四〇年・一九〇七)口演の速記「鼻毛」(「紙入れ」の別名)を見れば、「ねへおい、斯う遣て差向て酒を喫み三味線を……」(『百花園』一八八九年六月五日。のち『口演速記明治大正落語集成』第一巻所収)とあるように、間男は現行の青二才風ではない。この「紙入れ」の原話を武藤禎夫『落語三百題』によって探すと、噺本『豆談語《まめだんご》』(安永年間刊)の「帋入《かみいれ》」に行きあたる(3)。これを読むと、筋はサゲまで現行の落語とまったく同じと言っていいのだが、円遊の速記以上に、この原話には間男のほうになんの遠慮の様子も窺えない。原話から現行の落語まで、演出が少しずつ穏やかになっていったと言える。こうした「紙入れ」の演出の変化は、「風呂敷」の演出の変化を考えるための参考になる。

上方落語には「お座参り」という、「風呂敷」に近い話がある。『増補落語事典』より引用する。

　年配の両親がお座参りに行っている間に、娘が男を引っぱり込んだ。両親が予定より早く帰ってきたので娘はびっくり。男を帰すのに、娘は芝居がかりで身ぶり手ぶりで話をし、話に出てくる男に仕立てて相手の男をうまく外へ出してしまう。両親は感心して「いまお座から帰ったばかりだが、おまえもなかなか話が上手だ。まるで目の前に見てるような」。

すでに『増補落語事典』の解説にあるが、落語「影法師間男」も、右に見たものと同工。女房が間男を連れ込んでいる時に、亭主が旅から帰ってくる。女房は家の中が暗いのをいいことに男を逃がす。亭主が誰かいなかったか、と問うと、おまえさんの影法師だ、と答える、というもの。また、落語「二階の間男」は、逃がすわけではないが、同じく暗がりを利用して間男を引き込む。

なお、『増補落語事典』には、同じく「風呂敷」という題で、異なる内容の話が、「風呂敷(2)(別名「まじない」)」として引かれている。これは人に風呂敷をかぶせるところは「風呂敷」に一致するが、強烈なバレ噺である。間男を巧妙に逃がすくだりはなく、そこが「風呂敷」の主眼であるのだから、これは「風呂敷」と同工とは言えず、右に引いた「お座参り」他に較べれば近くない。

間男の登場するはなしには、艶笑噺に限らず、肝心なところで夫が帰ってくる、という趣向が定石のように頻出する。「紙入れ」もそうだが、後に触れる落語「つづら」も然り。また、艶笑噺「縁の下の間男」や、人情噺「お藤松五郎」も同じ。美人局《つつもたせ》ばなしの「雨やどり」(『口演速記明治大正落語集成』第五巻所収、六代目桂文治口演)も近い。中世説話集『沙石集』(一三世紀末)巻第七－一の信濃国の間男のはなしも同じ(日本古典文学大系)。近代では藤村(4)の『旧主人』。このように目を拡げれば、この種の趣向は世界的に拾ってゆけるだろう。

さて、以上のことをふまえつつ、落語「風呂敷」の原形を探ってみよう。武藤禎夫『落語三百題』では、この「風呂敷」の参考として、『土佐の笑話と奇談』所収、近世後期の土佐に実在した中平泰作の頓智ばなしを紹介している。そこで、同書を収めた桂井和雄編『全国昔話資料集成23』(一九七七、岩崎美術社)より、その頓智ばなしと「風呂敷」を比較すると、風呂敷の代りに桶を使っている等、多少の違いはあるが、ほぼ落語に等しい。(5) ただ、武藤禎夫も推測するように、これは落語の民話化といった感がぬぐいきれない。

ゆえに別の視点から探ってみる。『堤中納言物語』(平安時代後期)の「花桜折る少将」は、衣を被って寝ている女性を、衣ごと抱えて連れ去るのだが、衣の中身は目当ての女性ではなく、その祖母だった、という話である。『今昔物語集』巻第二十八－一「近衛《こんえ》の舎人《とねり》ども稲荷に詣で重方女《しげかた》にあう語《こと》」は、日ごろ浮気はしていないと見せている重方が、伏見稲荷の祭礼のとき、ある女を口説くが、それが実は他人を装った自分の妻であり、言い逃れができずに責められる、という笑話。ちなみに、この重方の話は、艶笑噺「猪飼野《いかいの》」の遠い原形のように思える。(6)

この『今昔物語集』の話と趣向の似ているのが、狂言「花子《はなご》」である。筋立ては次のようなものである(狂言「釣女」「二九十八《にくじゅうはち》」も参照されたい)。

ある男。坐禅をすると妻を偽り、実は太郎冠者に坐禅衾《ぶすま》をかぶせて、別の女に会いにゆく。妻は夫を案じて御堂に行き、初めて夫の策略を知る。そして、太郎冠者に代わって妻自らが衾をかぶる。男は帰ってくるが、まさか中身が妻に入れ替わったとも知らず、浮気相手の女のことを小唄まじりにのろけてしまい……

井原西鶴の浄瑠璃「凱陣八島《がいじんやしま》」（貞享二年・一六八五初演）四段目に、この趣向は取り込まれている。義経が浮気相手のもとに行くため、弁慶に坐禅をさせるが、結局妻にばれる、というもの。また、歌舞伎「身替座禅」（岡村柿紅《しこう》作詞・所作事。一九一〇初演）も、「花子」が題材。そして、六代目三遊亭円窓（一九四〇〜）によって、落語化され、題名はそのまま「花子」。「風呂敷」の原形を探る作業から若干脱線するが、紹介がてら落語「花子」の梗概をまとめてみたい。

大店《おおだな》のある旦那、夢見が悪いから御こもりに行くと言う。女房は家の仏間ですませろと止める。すると旦那は、坐禅衾をかぶっているから一晩だれも中に入れるなと命じる。そして旦那は、番頭孝助《こうすけ》（漢字は筆者があてた）に夜明けまで入れ替わるように頼む。堅い番頭はいったん断るが、結局承諾。旦那はその足で芸者・花子に会いにゆく。夜中《よなか》、女房が仏間を覗き、番頭が衾をかぶっていることを知り、番頭を叱りつけ、今度は女房が衾を頭へ。何も知らない旦那の帰宅。女房と気づかず、花子のことをのろける。女房が正体を現し、浮気の露見。糾弾の末、旦那は孝助を捜すと、部屋で坐禅をしているらしい。ところが、これも身代わりの小僧。その頃、実は番頭孝助は外出。芸者にむかって、「今日来るつもりじゃなかった、花子」。（一九九六年一〇月一七日、国立能楽堂、口演。蝸牛の会企画公演「落語・狂言」(7)）

ところで、ここまで引いた例ではどこか落語「風呂敷」の先行文芸にそぐわないと考えるのはある意味当然であろう。ここまでだと、落語「干物箱」の源流といったほうが適当である。右諸引例と「風呂敷」とを比較すると、まず、何か大きな柔かい物で人の目を欺くという点は共通するものの、これを自らの動作としてやっているか否かという点で異なっている。「風呂敷」では第三者がかぶせて、人の目を盗んで、さらに逃がしたのであった。この逃がすという点も、前掲の諸例では脱け落ちている。ただ、それらのような、言わば術策の伝統的手法が、元禄歌舞伎に影響を与えたらしい。歌舞伎評判記『役者大福帳』(宝永八年・一七一一刊)京之巻「芳沢あやめ」の評にこうある。

けいせい本願記に則わこくと云女郎。屋敷へ請られ。新参の奉公人山下殿と見合。云かはせし男ゆへ。よそながらやうすしらさるゝ。恋と情といたづらだんぎ。長事をさりとはようのべさんすれ共。狂言あさまの格《かく》で珍《めづら》しからず。其後気を通し姫玉の江殿と。世代の介山下殿と蔵へ入レ合さるゝ所へ。こうしつ外山殿出さんしたゆへ。しかた咄しにして我打かけを顔へきせ。其間に両人をにがし給ひ。後室をだまし蔵へ入レ。にげゆかるゝ所思ひ入の御名人。(『歌舞伎評判記集成』第四巻、一九七三、岩波書店)

この部分に注目したのは松崎仁である。松崎仁はこれについて、「裲襠《うちかけ》を後室にかぶせて何かに見立てるか、あるいは後室に物をかぶる人(または物)の役割を勤めさせたか、それとも単に和国《わこく》が裲襠を使って身振りをしながら偶然のようにして後室にそれをかぶせてしまうのか、さまざまな演技が想像される。前の二つのケースのどちらかであるとすれば、後室を巧みに劇中劇の共演者に引きこんでしまう構造である」と述べている(「元禄歌舞伎の仕形咄」の章所収「舌耕芸や能狂言との関係」より。『歌舞伎・浄瑠璃・ことば』一九九四、八木書店所収)。こうなると、落語「風呂敷」の要素がそろったと言えよう。そして、松崎仁の同書によって、元禄歌舞伎において「花子」が多く舞台にかけられたこと、歌舞伎の仕方咄との関係の深いことを教えられる。つまり、「花子」のような、中身が入れ替わって人を騙す、という着想の発展したものが、「風呂敷」の詐術だと言えるのではなかろうか。松崎仁にはあるいは自明のことだったのか、「風呂敷」への言及はない。ただ、この芳沢あやめ評と「風呂敷」の類似は、延広真治が同書についての書評で指摘している(『国語と国文学』一九九五年七月号)(8)。

次の艶笑噺に移る。これも、「風呂敷」同様に、間男を隠す趣向がある。

「つづら」

「つづら」は、あまり寄席等では演じられない落語である。別名「つづらの間男」「成田の間男」という。梗概をこれも『増補落語事典』より引く。

バクチに手を出して大きな借金をつくった男。どうにも金策がつかず、成田へ出かけて行く。出がけに長屋のおばさんに「おまえさんのおかみさんは間男をしている」といわれ、びっくりして成田行をやめ、夜になるのを待って引き返す。一方女房は、夫の借金の穴を埋めるために、男やもめの質屋の旦那に身をまかせるようになっていて、この日も亭主が成田へ行って帰らないというので、質屋の旦那とうまくやっているところへ、亭主が帰って来て、表の戸をドンドン。女房は、あわてて質屋の旦那をつづらの中にかくす。見なれない下駄があるところから、女房を責めた亭主は、つづらを開けようとするが、女房は「借金取りが最近来ないのもこのつづらのおかげだから、開けてはいけない」とがんばる。亭主は「よし、わかった」とつづらにこよりで封をし、かついで質屋へ持って行く。女房はびっくりして止めようとしたが、突き飛ばされてしまう。質屋へつづらをかつぎ込んだ亭主は、番頭に、この中を見ないで百両貸せという。番頭はびっくり、旦那がいないからと断わっているうちに、女房が飛び込んで来て、こっそり番頭にわけを話す。うなずいた番頭は、百両用立てる。金を受け取った亭主が「流さないようにしろよ」。番頭が「へえ、利上げをしておきます」。

これまでの演者には、八代目桂文治(一八八三〜一九五五)、十代目金原亭馬生(一九二八〜一九八二)等がいた。現在では馬生の流れをくむ五街道雲助(一九四八〜)が演じている。[9]

さて、この落語の原話には、読本『実話東雲烏《じつばなしょあけがらす》』(安永八年・一七七九刊)巻四‐七「談《だん》義《ぎ》の場《にわ》から互《たがい》の心も法《のり》の道筋《みちすじ》」がまず挙げられる。次のような話である。
京・松原通の経師屋儀平には自分より年若で派手で美しい女房お袖がいた。ある時、お袖は、隣家の尼・智仙に浄土宗の説法へ誘われて同行する。熱心に通う二人に御幸町辺の質屋十二屋甚左衛門の息子甚介が近づく。実はこの甚介、お袖に言い寄る機会を窺っていた。甚介は智仙を仲だちに頼み、お袖に思いを伝えると、お袖も色よい返事をし、尼の家が密会の場になる。ある日、儀平の多忙の折を見はからって、甚介がお袖のもとに忍び込む。ところが、以前より不審を抱いていた儀平が、予定より早く帰宅。二人は慌て、お袖は甚介を戸棚に隠す。儀平はその戸棚を開けようとするが、開かない。そこでこれに錠をおろし、隣の煙管屋に留守を頼んで、御幸町辺の質屋へゆく。そして、儀平は、持参していないが荷い人を寄こして引きとってもらいたい代物がある、と告げる。物を見なければ、という質屋の手代に、物は見なくとも、これを見れば、と甚介の雪駄を出す。事の大きさに気づいた手代。甚左衛門に相談、五十両を、戸棚と引き換えに差し出すこととなる。お袖には暇がだされた。(国立国会図書館蔵本)
そして、これに先行する説話を探ると、まず『宿直草《とのいぐさ》』巻五−十二「堪忍故に徳をとる事」。ここでは、寺の僧侶が間男。これは、さらに『今昔物語集』巻第二十八−十一「祇園の別当感秀《かんしゅう》誦経《じゅきょう》に行はるる語《こと》」に遡れる。また『沙石集』拾遺の和泉式部と道命の説話も類話。似たような話型は、未達の浮世草子『諸国心中女』(貞享三年・一六八六刊)にもある。この書の巻二(この巻のみ『和国貞女白無垢《わこくていじょしろむく》』とも)-四「旅の荷葛籠《につゝら》つくり密夫《まおとこ》」は次のようなもの。

亀山の旅店《りょてん》に美しい女房がいた。この女房は、日ごろ隣家の若い男にしつこく言い寄られていた。ある日、夫の留守にこの女房は若い男の意に従うと見せかけ、家に呼び入れる。ここで女房は言葉巧みに若い男を葛籠の中に閉じ込め、縄をかける。そこへ帰ってきた夫に、女房は、自分を殺せ等、貞潔なことを述べ心中をたてる。すると、実は女房の気持ちを試す、夫の計略だったと打ち明ける。(『西村本小説全集』上巻)

『実話東雲烏』と較べると、女房の貞操の固さが強調される点は異なっているが、同種の説話だと見ていいだろう。ところで、類似の話型として、明の『五雑組《ござっそ》』巻十六にある次の説話にふれたい。

燕の国(今の河北省)の里季の妻は美人であったが淫蕩で、その隣家の少年と私通した。里季はこれを聞いて、襲うてやろうと思い、ある日、身を伏せて様子をうかがっていた。少年が室の中に入ると見るや、戸の錠をおろしてしまってから、起ちあがって戸を叩いた。妻がびっくりして、

「主人だわ。どうしよう」

という。少年はふりむいて、

「窓があるか」

とたずねる。妻が、

「ここには窓はないわ」

「穴ぐらはあるか」

「ここにはないわ」

「じゃ、どこから出ようか」

妻は壁の間の布嚢《ぬのぶくろ》を見て、

「これで充分だわ」

といい、少年は嚢の中に入り、妻がこれを牀《ベッド》の側に懸けた。

「問いつめられたら、米だといって欺しましょう」

戸をひらいて夫を内に入れた。里季はあまねく室の中を探し求めたが、見つけられなかった。おもむろに牀の側にゆくと、その嚢が累《かさ》ねられているのが見えた。触ってみると、大そう重い。妻に詰問した。

「これはなんだ」

妻は大そう懼れ、口を閉じて長い間たっても答えることができなかったが、夫の方は声を荒らげて追及してやめない。少年は事の露見するのをおそれ、思わず嚢の

中で、

「わたしは米です」

と答えたので、里季はこれを撲《なぐ》り殺し、妻にも及んだ。（岩城秀夫訳、東洋文庫）

ここでは、女の不貞が明らかである。さらに、興味深いことに、この『五雑組』の話と同趣向の笑話が、明の馮夢龍《ふうぼうりゅう》撰『笑府』にある。すなわち、その誤謬部「米」。

ある女房、よその若い男を家に引き入れているところへ、戸を叩く音がして、亭主がかえってきたので、あわてて男を布袋の中へ入れて、寝床の側に釣り下げ、亭主にきかれたら米だといってごまかすようにしめし合わせた。さて、戸をあけて亭主を中に入れると、亭主は布袋を見ておかしいと思い、

「それは何だ」

ときいた。女房が動転して返事が出来ないでいると、亭主は声を荒げて又きいた。そこで、袋の中の男が思わず答えた。

「米でございます」（松枝茂夫訳、岩波文庫）

落語「まんじゅうこわい」の原話が『笑府』（日用部「饅頭」）と、『五雑組』巻十六にあることはよく知られている。それと同様なことが、ほとんど指摘されてきていないが、この例でも言えるわけである。前二書には、何らかの影響関係があったのだろう。

噺本『落噺笑の種蒔《おとしばなしわらいのたねまき》』（安政三年・一八五六刊）所載「みそかを」は、前掲『笑府』の

「米」の翻案であり、他に噺本『口拍子』(安永二年・一七七三刊)の「間男」も「米」に近い(『江戸小咄類話事典』)。「みそかを」を引用する。

あるひと、となりのにようぼとミつゝうせしおり、そのていしゆかへりきて、とをたゝくゆへ、ふたりハおどろきうろたへつゝ、からのしとだるをミつけて、おとこをそのうちへいれ、ふろしきをかけおき、ていしゆにきかれたら、たきつけだといつておかうとやくそくし、やがてとをあけれバ、ていしゆうちへはいり、しとだるにふろしきのかけたるをミて、〳〵ありやアなんだト。にようぼ、ぶる〳〵ものもいへず。ていしゆいぶかり、すでにふろしきをあけてミんとするゆへ、なかにて、〳〵たきつけ〳〵(『噺本大系』第一六巻)

なお、この噺を「風呂敷」の原話とする説もあるが、筆者はそうは考えない。

次に、落語「つづら」と同工の昔話があるので、二つ引いておく。

間男の瓶(原題・はんどに隠れた和尚) 隠岐郡知夫村古海・女(語り手)

男が松前に働きに出た留守に、女房は和尚と仲良くしている。男が帰ってきて隣に寄ると、女房と和尚のことを聞かされる。男が平気な顔で帰ると、女房は和尚をはんど(瓶)の中に隠す。男が「銭がないのではんどでも売ろう」と言うと、女房は「いくらもしないし、馬鹿なことを言う」と怒るが、男は売りに行く。寺に行って小僧に「はんどを買ってくれ。和尚と相談するまで待っている」と言って本堂でお経を拝んでいる。和尚がはんどの中から「なんぼでもええけん買え」と言うので、小僧が男に買おうと言うと、十両だと言って売りつける。男は女房に暇を出し安楽に暮らした。(『隠岐知夫里島の民話・島前の伝承5』隠岐島前高校郷土部、一九七六。『日本昔話通観18　島根』所収、梗概引用。「間男の瓶」は『日本昔話通観』の編者による題名)

続いてもう一つ。

瓶の間男(原題・たんきはそんきのもと)　栗原郡栗駒町田高田・女(語り手)

夫が出かせぎから帰ると、妻が間男を引き入れているので、せきばらいをして入ると、妻は男を瓶に入れて隠す。夫は「金をつくってくる」と瓶を担いで質屋へ行き、「この瓶で十両貸してくれ」と頼み、便所へ行く。その間に瓶の中の男が質屋に「貸してやってくれ」と頼んだので、夫は十両受けとって帰る。期限がきて夫はまた質屋へ出かけ、「瓶の中身も受けとりたい」と文句をつけてまた十両受けとって帰った。短気はいけない。(『姫松のむかしばなし』栗駒町教育委員会、一九七五年七月。『日本昔話通観4　宮城』所収、梗概引用)

この昔話の型は全国的に分布。『すねこたんぱこ』(岩手県)、『氷上郡昔話集』(兵庫県)、『福島ナオマツ昔話集』(鹿児島県)、『ゆがたい・宮古島の民話 第一集』(沖縄県)。他にも、京都・岡山・熊本・長崎にある。

こうして見てくると、落語「つづら」は、〝女房の不貞〟説話の系譜上に成立した噺である、と言えよう。ただ、「つづら」の不貞には、不貞ではあるにせよ同情すべき理由が設けられており、そうなった経緯には、時代の制約等の事情があったのかもしれないが、それは定かではない。だが、説話へのそのような脚色を生み出した原因を考えるならば、芝居の手法からの影響を第一に挙げうる。例えば、「関取千両幟」(明和四年・一七六七初演)。関取稲川は、勝ちを譲る場面で、突如、金が投げ込まれたため、全力を尽くすことができた。それは女房おとわが身を売ってつくったものだった。『曾《そ》我綉侠御《がもようたてしのご》所染《しょぞめ》』(元治元年・一八六四刊)でも、主人のための金策のできない夫五郎蔵《ごろぞう》のために、女房早月が、日頃から言い寄る男に身を売って金をつくっている。両者とも、夫の了解を得ない金策手段であり、夫のためを思う上での不貞が「つづら」と一致する。なお、葛籠に人をいれる趣向は、落語「つづら泥」、怪談噺「真景累ヶ《しんけいかさね》淵《ふち》」にも見える。流すは古くから笑話のサゲ(オチ)に多く用いられる言葉[10]。落語「質屋庫」「大蓋」も同じ。

「短命」

艶笑噺には、サゲ(オチ)や噺の途中で、聴く者に思考を強要する噺が少なくない。この「短命」などはその顕著なものである。しかし、言葉の意味に含みを持たせ続けていく趣きがあり、そこが良い。下《しも》がかった噺は、自然にお蔵入りになるか、上演の機会を限定されるのが宿命だとも言えるのだが、この「短命」は、高座にかかることが珍しくない。完成度の高い傑作と言ってもいいだろう。ただ、この噺は、かつては濃厚な艶笑噺として受け取られていたが、現代人の感覚によってこの噺に接する場合、あまり濃厚なものとしては受け取られていないようだ。五代目柳家小さん(一九一五～二〇〇二)は「短命」について、こう言っている。「どうもこの噺のようなものは近頃はだんだん演りにくくなってきました。というのは『手が触わって、……』などと言っても、なに、今は手ぐらい触れるのはなんでもないですからね」(「聞書」、『柳家小さん集』一九六七、青蛙房所収)。つまり、「短命」のバレ具合は、小さんの証言時(一九六七年頃)でさえ、そのような受け取られ方であるのだから、現在は、ますます薄れていると言える。そういう意味で、「短命」には時代を超えた普遍性を望みにくいのも事実である。特に、この噺の中で病気の原因だとされていることについては、現代医学においては根拠がないとされ、また、噺の中におけるような常識(俗信)も我々は持ちあわせていない。では、「短命」の梗概を『増補落語事典』(これは『柳家小さん集』を下敷にしている)をもとに紹介する。

お出入り先の婿養子が死んだので、八五郎は、横町の隠居のところへ、お悔やみの言い方を教わりに来る。悔やみというのは口の中でもごもご言っていればいいのだと、一応けいこをつけてもらったあと、八五郎が、「今度で婿の死ぬのが三度目だというのは、なにか理由があるのだろうか」ときく。すると、隠居は首をかしげて、

「嫁さんの器量が良すぎるのが短命の原因だろう」と言う。八五郎はこれがのみこめず、「どうしてだ」と言う。隠居は、「店は番頭にまかせきり、奥で夫婦はほかにすることもない。ごはんを食べるのも二人きり、飯をよそって渡すときに手がさわる。顔を見ると、ふるいつきたくなるほどいい女。どうしても短命になる」と説明したが、まだのみこめない。さわるのは手ばかりではない、と聞いてやっとわかった八五郎、さっそく家に帰って女房に、「お店へ行く前に飯を食うから、茶碗によそってくれ」と言う。女房はめんどうくさがるが、それでもぽんぽんいいながら茶碗を差し出すと、受け取るときに手がさわるので、うれしくなった八五郎、顔を上げて女房の顔を見て、吐き出すように「ああ、おれは長命だ」。(11)

別名「長命」「長生き」(婿が次々と替わる落語、といえば他に「ろくろ首」がある)。さて、この「短命」の前半で、挨拶を知らない八五郎が横町の隠居にその教示を乞うが、この趣向は落語に多く見られる。「短命」に一番近いところで「くやみ」。これには、まとまった筋はないが、女房に悔やみの文句を教わって、お店の旦那の葬式へ行くが、結局上手に言えない、というもの。「くやみ」の原話は、噺本『花笑顔《はなのえがお》』(安永四年・一七七五刊)の「くやみ」。他に、落語「鮑のし」「熊の皮」「佃祭」等に、挨拶の仕方を知らない主人公が登場する。なお、八五郎という名は、「妾馬」で周知のように、威勢はいいが言葉遣いに疎い人物を指すことが多い。

さて、「短命」の成立を順序立てて考えると、まず、前述『花笑顔』の「くやみ」のような原型があり、その次に問題となるのが、横町の隠居と八五郎とのちぐはぐなやりとりである。この先行例にあたるものが、武藤禎夫『江戸小咄類話事典』に指摘されている、噺本『談林利口雀《だんりんりこうすずめ》』(天和二年・一六八二刊)巻五「らくのふしぎの事」である。

さる人打寄り、話しけるが、亭主いふやうは、「そん所誰《じょだれ》は、仕合せがよくて大分の身代《しんだい》になり、らくをしらるる。さりとは羨しき事」といふ。又一人がいふやうは、「その仕合せのよきは、けなりいが、らくを致されたらば、いとをしい事に短命にあらふ」といふ。亭主聞て、「らくをしたらば短命にあらふとは、合点の行かぬ事かな。いかが思はるるぞ」「さればその事よ。仕合せがよくて金銀に暗からねば、女房は及ばず、妾《てかけ》足かけ小姓なんどを置き、又その上に傾城の、やれ野郎なんどを買い戯れ遊び、一時も、らが休む間がなきにより、らくといふ。しからば淫水乾きて短命にあらふ」といふた。(『江戸小咄類話事典』所収。本書二五七ページ「追記」を参照)

他に類話を挙げれば、噺本『一口饅頭《ひとくちまんじゅう》』(享和二年・一八〇二刊)の「隠居」。これは、息子から「隠居」と「腎虚《じんきょ》」の意味を尋ねられた旦那が、「隠居」はともかく「腎虚」の返答に四苦八苦する話(武藤禎夫『江戸小咄辞典』)。整理すれば、前掲「くやみ」の趣向に、こうした質疑応答の発想を加えたところに、落語「短命」の形が窺える。八五郎が横町の隠居の言う意味を、ようやく呑み込んでから以下は、いわゆる《鸚鵡《おうむ》》の演出、そしてサゲ。これは笑話の常套的手法である。

ところで、「短命」の婿養子の死因は何だったのか。「短命」の速記のなかには明確に書かれたものもあるが[12]、前述の小噺に出た、いわゆる「腎虚」が原因であろう。この腎虚を、まず通用に従って説明すれば、房事過多によって生ずる病となる。落語には、この腎虚を扱った艶笑噺が少なくない。「大名道具」は、殿様の小さな一物と取り換えられた槍持ちが、腎虚で死ぬ話[13]。原話は『豆談語』の「化もの」。他に『軽口開談儀』にある由(『定本艶笑落語』立風書房)。また、大名と腎虚を扱ったものに「腰布」。他に、「くわい」のサゲも腎虚の意味を含ませたもの。美しい嫁と結婚したことが原因、ということで思いつくのは、三遊亭円朝の「明治の地獄」での亡者の会話、「おやまあ、岩田屋の旦那だよ、あなたは腎虚なんでしょう」(『三遊亭円朝全集』第四巻)。また、「にせ学者」も、言わばからかい半分の腎虚見舞い。なお、現・鈴々舎馬風の「会長への道」のクスグリに、それに近いものがある。

他の文芸に目を移す。有名な連句に、山崎宗鑑編『犬筑波集』(一六世紀前半成立)恋部「いのちしらずとよしいはゞいへ　君ゆへにじんきょせんこそ望みなれ」(古典俳文学大系『貞門俳諧集』一)がある。西鶴『好色一代男』(天和二年・一六八二刊)巻八-五には「譬へば腎虚してそこの土となるべき事、たまたま一代男に生まれての、それこそ願ひの道なれ」とある。これは女護の島を目指す世之介の言葉だが、前掲『犬筑波集』の連句と決心が一致する。また、「短命」の、美しい女房のせいで云々、と発想を等しくするのが、『東海道中膝栗毛』(文化一一年・一八一四刊)の発端「それに親方は、年寄の癖に美しゐ若いかみさまをもつて、腎虚してもふ、けふかあすかといふくらゐ」。なお、腎虚が人を具体的にどう死に至らしめるかというと、腎水(精子)が無くなり、肉体の力を失わせるから、と考えられていたようだ。『好色一代男』巻一－一に「腎水をかへほして、さても命はある物か」とある。腎水が涸れるという表現については、前田金五郎『好色一代男全注釈』(一九八〇、角川書店)での前掲部分への注に詳しい。江島其磧の浮世草子『魂《こん》胆色遊懐男《たんいろあそびふところおとこ》』(正徳二年・一七一二刊)巻一「仙女ハうたゝねの雲を枕」にも、「入替りし人の腎水のあらんかぎり。水あそびしてたのしめ」(『江戸文学選』2、一九七八、日輪閣)とあり、腎水は有限のもの、無くなると危険、と考えられていたようだ。こうした腎虚に対する薬としては、地黄丸が効くとされてきた。噺本『軽口御前男《かるくちごぜんおとこ》』(元禄一六年・一七〇三刊)の「腎虚の白鼠」や、後述『好色増鏡』等に見える。医書での地黄丸の用途はひろいが、文芸では腎虚の薬とされることが多い、と想像される。

医書を覗いてみる。曲直瀬玄朔《まなせげんさく》の『延寿撮要《えんじゅさつよう》』(慶長四年・一五九九刊)房事篇にこうある。「世俗遊興の道になして。乱に精をもらしすつる事尤おしき事なり。腎精は一身の根源たり。根絶すれは茎葉かるゝことく。腎精虚耗すれは形骨憔悴して年にさきたちて老す。甚だしけれは筋骨痿弱して諸病のはしめとなる」(『続群書類従』第31ノ上)。また同篇に「泄精有限」という項がある。精子製造作用の減退は男性にとって逃れ難い現実だが、同書を読むとやはりそれをことさら、病や寿命と結びつけており、そこが現代の常識との相違である。他に蘆川桂洲《あしかわけいしゅう》の『病名彙解《いかい》』(貞享三年・一六八六刊)巻之一、以部に「陰虚火動《インキョクワドウ》　或ハ腎虚火動ト云リ腎水虚損シ相火亢《タカブ》リ動クコトナリ虚労ノ症ナリ」(『近世漢方医学書集成』64)。医書によれば、腎虚になると虚労や労病(ともに肺結核)を併発するようだ。

ところで、仮名草子『為愚癡《いぐち》物語』(寛文二年・一六六二刊)巻六－八「悪女をもてる人、利口の事」に、こうある。「すくれてよき、つまを、もちぬる人のうへを、ミるに。まつ、寵愛すくれハ、かならす虚病おこり」(『仮名草子集成』二)。辞書によれば、「虚病」とは仮病を指す言葉らしいが、この場合は「腎虚」に近い意味と解しておきたい。他に、西鶴の『好色盛衰記』(元禄元年・一六八八刊)巻五－一、全体の筋には深く関与しないところに、「此亭主わか死。何ゆへなれば、内義のうつくしさ」(『定本西鶴全集』中央公論社)と、短くある。これも、腎虚による死と判断しうる。なお、『西鶴諸国ばなし』(貞享二年・一六八五刊)巻五－六の冒頭も同様に解釈したい。さらに、今回は取り上げないが、川柳においても腎虚は特になじみ深いものである。

腎虚は房事過多によって生じた病、という見方のある他に、人によっては、腎虚という体質の人もいたらしい。今でいうところの虚弱体質であろうか。『好色訓蒙図彙《きんもうずい》』（貞享三年・一六八六刊）の「腎虚」には、こうある。

虚性《きよせう》の人、第一痩《やせ》地なり、たとへ中年に一旦ふとるといへ共、ぶた〳〵として、遠道を歩行《あゆむ》事成がたく、食後又はありく時、汗出、こゑ小音にして、歯の間すき、はのねよりさい〳〵血いで、足ひゆるは、虚性の人也、又色わろく、身にあぶらけなく、足ひえ、小便しげく、食あたりやすく、さい〳〵腹くだり、或は腹はり、目しばつき、何事にもはやく退窟し、髪につやなく、身に垢すくなく、手のうちさら〳〵としふしよくし、むなさきつねにつかへ、かやうの人は、大虚人也、一儀の事、にしのうみえさらり（近世文芸資料10『好色物草子集』）

右引用中の最後にあるのは、かかる体質の人は房事を慎しめということである。つまり、「腎虚」とは、必ずしも房事過多によって生ずる病のことのみさす語ではなく、房事に関係なく、体質的に腎虚という状態を持ちあわせた人もいるわけである。そして、健康体の人でも房事過多で腎虚になり、また、房事を直接の原因とせずに、腎虚に陥ることもある。例えば、夜食時分による浮世草子『好色敗毒散《はいどくさん》』（元禄一六年・一七〇三刊）巻一－三「反魂香《はんごんこう》」では、ある男が先年亡くなった遊女のことを忘れられず、「湯水も喉につまるやうに覚え、顔色憔悴し、形容腎虚の相あらはれ」（日本古典文学全集『浮世草子集』)とある。これは悲嘆のあまり健康を損ねた末の腎虚である。

続いて、房事のしすぎが命を縮める、という考え方の普及した原因を探ってみたい。この考え方は、現代医学では決定的な根拠のないものだが、前掲の『犬筑波集』から判断しても、室町期にはあった可能性が高い。では、普遍的な、共通の認識となったのは、いつ頃だったのか。そこで、一方法として「短命」という言葉に焦点を絞ってみる。「短命」は、大津皇子の臨終の漢詩(『懐風藻』)でも知られ、古代からなじまれていた語とも思える。だが、この「短命」という語を効果的に用い、世に普及させたのは、貝原益《かいばらえき》軒《けん》の『養生訓《ようじょうくん》』ではないだろうか。『養生訓』は正徳三年(一七一三)に刊行されて以来、日本人にとって、言わば健康マニュアルとして存在しており、刊行後どれだけ重宝され続けたかは、明治に入っても啓蒙書として『益軒十訓』の刊行されたことによって想像できる。この『養生訓』に「短命」の文字を求めると、房事に関して使っていることがわかる。

又わかき時より色欲をつゝしみ、精気を惜しむべし。精気を多くつひやせば、下部の気よわくなり、元気の根本たえて必命短かし。(巻之一、『益軒全集』三)

精気をつひやし、元気をへらすは、寿命をみじかくする本なり。おそるべし。年若き時より、男女の欲ふかくして、精気を多くへらしたる人は、生付さかんなれ共、下部の元気すくなくなり、五臓の根本よはくして、必短命なり。(巻之四、同)

『養生訓』には中国書からの引用が多いようだから、かかる考えはさらに古く遡れるだろう。「精」という字を諸橋『大漢和辞典』で引くと、人の生命を支持するもの、という意味がある。男性はこれを放出するわけだから、漢字の意味からしても、過多になると短命だ、と考えてしまうのも無理からぬことかもしれない。『養生訓』によると、くしゃみ、つばき、など、体から出るものなら、言葉すら、体内の気を失うと益軒は考えていたようだ。そうなると、元気の源である「精」をみだりに体外に放つのはもってのほか、と言えそうだ。

房事過多は生命を縮める、という俗信のある社会でこそ、はじめて落語「短命」が生きてくる。八五郎が横町の隠居から、婿養子の次々と亡くなるわけを、何度説明されても理解できないのは、八五郎の頭の鈍さを聴く側に笑ってもらうところである。だが、八五郎がやっと納得しても、現代人である我々は、その理由にしっくりいかないところがある、というのが、ある程度の実感ではないか(14)。今後、落語家の演出上、マクラで昔の俗信をふって、聴く側にそれとなく予備知識を与えておく必要があろうかと思われる。

さて、この落語「短命」の構成だが、まず前述の噺本『花笑顔』等の、悔やみの文句を教わる笑話の要素。そして、噺本『談林利口雀』等、頭の回転の悪い相手とのもどかしい受け答えによる笑話の要素、とから成る。サゲに関しては、噺本『軽口はなしとり』(享保一二年・一七二七刊か)四「ほんぶくのうハさ」が何らかの影響を与えたか(興津要『古典落語 上』一九七二、講談社文庫の解説に指摘がある)。

最後に、腎虚で男が亡くなることの具体例を、先行文芸から幾つか引いておく。まず、浮世草子『好色増鏡《こうしょくますかがみ》』(貞享二年・一六八五刊)巻二―一「袖の振合 枕絵の思ひ」。

津の国伊丹の出口藤五郎は諸芸に通じたいい男だが、妻がいない。ある時、京の四条河原で見かけた娘を見染め、娘の親の許しを得て「吉《きち》日を定《さだめ》ほどなくいたみにむかへとり夜《よ》る昼《ひる》のさかひもなく朝まつり事おこたりぬさしもの藤五郎なれともあとよりじんせひのわくまもなくかへほしけれハ三年の春のころよりいろわろく次第にやせけれは地黄丸《ちわうくわん》にてあしてまであらへとも内証《しやう》こと〳〵く大破におよびぬれば業をうくるあいてもなし南面《みなみ》に氷《こほり》をゆれることくにて終《つひ》に卅五を一期として名残《こり》おしけに女の手をとりねぶれるやうにして息《いき》たえたり」。(前掲『好色物草子集』)

さらに、浮世草子『好色影倣子《かげぼうし》』(元禄一一年・一六九八刊)巻一―一「命を取し敵ハたそ」。

ある大名の夜伽のねゐほうし。絶倫を自慢したため煙たがられ、上臈頭の久米之助が召され、「卅日たゝぬ内に自慢《じまん》をやめさせ。やせぼしとなす」ように命じられる。その結果ねゐほうしは、「そのかみ一角仙《かくせん》が通力《つうりき》をうちくやして。御后《きさき》ハ。仙人《せんにん》の肩《かた》にのりて。我大内《わがおおうち》に帰《かへ》られしも。是なるべし。三十日の日限《ひぎり》をまだ廿日までたゝぬうちから。をとがひほそりて。扨《さて》もゝろき命《いのち》。終《つゐ》に野辺《のべ》の露《つゆ》となしける。」(天理図書館善本叢書『浮世草子集(一)』)

他に、浮世草子『風流連三味線《ふうりゆうつれじやみせん》』(元禄一七年・一七〇四刊)巻一―一にもある。また、夜食時分による浮世草子『好色万金丹《こうしよくまんきんたん》』(元禄七年・一六九四序)一―一は、美貌の妻をもらった男が、あやうく「脾腎両虚」で命をおとしかける。

最後に次の小噺を引く。「短命」の先行文芸としてはふさわしいと思える。『口拍子』より。

後家《ごけ》

いんらんな後家が有た。男《おとこ》めかけをいくたり置《おい》ても、十日たつと、ぢんきよして出《で》て行《ゆく》から、せんかたつきて、てんほうを置てあてがつたら、三十日程つとめると、ころりと死《しん》だ。きけば、早打《はやうち》かたしやげな。

本稿では、落語「短命」の原型として、武藤禎夫の指摘した『談林利口雀』の前掲小噺を第一に考えておきたい。

なお、「短命」で婿養子の次々と亡くなる理由として、激しい活性酸素による腹上死も考えられる(落語「吉田御殿」では、千姫が多くの男をこれで死亡させている)。あるいは、性病、つまり、保菌者の女性は無事だが、その女性と交わる男性に感染させて発病させる、という場合も考えられる。以後、これらの点からも調査を続けたい。

「町内の若い者」他――昔話との関わり

「町内の若い者」も、そのバレがかったオチのため、公の場ではあまり演じられない時期もあったようだが、すべて時節柄か、今ではNHKテレビで口演されることもある。別名「鉢山嫋」「町内の若い衆」。次のような話。

ある家に行った熊、建て増しした主人の力量をほめると、そこの女房は、「近所の若者のおかげ」と謙遜する。これに感心した熊。自分の女房にこの態度を勧めてから、外出。熊は八に会うと「俺の家へ行き、俺の何かをほめ、女房の返事を聞いてくれ」と頼む。八は熊の家に行くが、何一つほめるものがない。しかたなく、熊の女房の大きな腹をほめる。すると、女房が「これもみんな町内の若い衆のおかげ」。とんだサゲである。女房が、夫の目を盗んで町内の若者と遊んだ乱行を、うっかり口ばしった、とも受け取ることができる。それで十分おもしろい。だが、単なる女房の言い間違い、とも解釈できる。

原話は石川流宣《とものぶ》他の噺本『枝珊瑚珠《えださんごじゅ》』(元禄三年・一六九〇刊)の五-五「人の情」(『落語三百題』による)。これは現在演じられている話柄そのままと言っていい。また、同様の昔話もある。福島県の民話集『雪の夜ばなし』(遠藤登志子著、ふるさと企画)の「あたりほ

とり」である。（前半部を省略して引用）

その稼ぎ嫁の舅とっつぁま、ある日のこと、隣屋敷に招ばれて帰って語るには、「いや、隣の嫁は、聞きしに勝《まさ》る、大した嫁だ」と大層な、ほめようであった。隣近所、親類なんとの世話になって、立派な馬小屋を建てた。お陰様でというわけで、ごっつおう作って、招《よ》ばったわけだと。その席で、集まった村の衆が、ごっつおう礼かたがた、家の人等《ひとら》をほめたそうだ。したればその時、座敷の客人に酒ついだり、肴《さかな》運んで来たり、忙しくしていた嫁さまが、「ほんにこの度は、えらく皆様の世話になって、お陰でこのような立派な馬小屋が出来上がった。それにしても、冬の木《き》出《だ》し（材木運び）から、建前、壁塗り、屋根ふきと、あたりほとり（隣近所）の背兄《せな》さま方に、えらく骨折り掛け申した」と、流しのあたりで、ぼた餅やら、赤飯なんと食っていた、若い者呼ばって、花、持たせてくれた。座敷に座っていたのは、爺《じん》つぁまだの、親父さまばかりであったが、言われてみれば、正にそうだ。手伝った骨折り仕事は若え者、「いや全く」となって、それ、あの瀬、この瀬と話ははずむ。みな、良い気分で帰った。「利口な嫁だ。大したもんだ」と、まあ、いくたびも繰り返す。聞いていた嫁さま、だまっていたが、腹のなかでは、くそ面白くねえわげだ。「何だ」と。「隣の家の嫁ばァりほめくさって、チャラチャラ、口先で世辞語るが、それほど大したものか。おらだって、時と場があれば、その位語るは朝飯前だ」と考えていた。

ところが、それから、何ばっかりも経たねえうち、嫁が子を生《な》した。「いや、初孫だ。男孫だ」「立派な相続人が出来た。めでてえ」となって、孫祝いをしたわけだ。「何と、この家の嫁さま、体が良いから、赤子《やや》も、ずんねえ赤子だ」「いや力もありそうだ」「おっか様に似て、稼ぎ人《と》になるべ」「いや、これでまず、この家の身上、上がる一方だ。いや、めでてえ」と、まず、ごっつおうばえに、散々ほめられた。したれば、酒肴《さけさかな》運んでいた嫁さま、ぴたりと下座に下がって座り、口上のべたそうだ。「いやいや皆様方、せっかく、ほめて頂いたが、このような立派な赤子コ、夫婦二人きりで、何ぼ仲良くしても、できるもんでねえ。あたりほとりの背兄《せな》さま方に、えらく骨折り掛けて、世話になって、ようようでき申した」と、まあ挨拶したもんで、なんとも返事のしようがねえ。まことに困ったという話であった。

同趣向の笑話は他の福島県の昔話集にも見える(山本明『鬼の子小綱』)。ただ、これらは落語を昔話化したものとも思える。

このような笑話と似たものがギリシアにもある。『フィロゲロス——ギリシア笑話集』(一九九五、国文社)の九八「誕生祝い」より。

うつけ者に出会った友だちが、

「お子さんがでけておめでとう」

と言うと、こちらは、

「仲間の皆さんのお陰です」と答えた。(中務哲郎訳。同書に、前掲の昔話への言及がある)

本稿では、艶笑噺と同工の昔話を幾つか引いた。同様に、その他の、艶笑噺と類似する昔話を、最後に挙げてみたい(すでに先行諸氏の指摘にあがったものも含む)。落語「品川の豆」と「米搗き」は、昔話「鶯の谷渡り」。「膝と手」は、昔話「嫁の歯」。「医者間男」は、昔話「医者と姦通」(間男の医者)。「大師の馬」は、昔話「旅人馬」の艶笑噺化。「隠れ蓑」と「松茸の間男」は、昔話「隠れ蓑笠」。このような昔話と落語の交流を思うと、艶笑噺こそ、庶民の最も愛した噺のジャンルだったのであろう。

注記

(1) 艶笑噺に限らず、噺の分類は定義がまだ不定である。本稿では間男のでる落語も艶笑噺に含めた。

(2) 『名作落語全集』(一九三〇、騒人社)第八巻、二代目柳家小せんの「風呂敷」では、女房の名がおたつ。さらに小せんの速記では、夫が帰ってくるまでの間男とのやりとりが長い。三代目三遊亭円遊の「不《ふ》貞妻《ていさい》」(初出『百花園』一八九二年五月二〇日。『口演速記明治大正落語集成』第二巻所収)も然り。前二者のサゲは、「よい工夫だ」とする。が、『五代目古今亭志ん生全集』第一巻「風呂敷」では、「うまく逃がしゃァがったなァどうもォーああァそね野郎の家《うち》の、親父の顔《つら》が見てえや」とする。現・立川談志の「風呂敷」では、風呂敷に穴があいていたので亭主が間男を見てしまうが、お前の話がうまいから目で見ているようだ、と思い込んだところでサゲる。「お座参り」のサゲの流用。

ところで風呂敷とは、『貞丈雑記《ていじょうざつき》』(天保一四年・一八四三刊)巻之八、調度の部「平裏の事」によれば、文字通り風呂に入る時、下に敷いた物ゆえの命名。ただ、風呂敷の使用法は、近世初期の書物の挿絵(『東海道名所記』『好色一代女』他)を見ても、すでにその用途の幅は広くなっていたと考えられる。(参考、遠藤武「風呂敷雑話」、『被服文化』45号、一九五七所収)

(3) ちなみに、艶笑噺「軽業師」(桂米朝の持ちネタ)は、『増補落語事典』や相羽秋夫『現代上方落語便利事典』(少年社)にも記載されていないが、『豆談語』の「血気」を原話としたものであろう。

(4) ボッカチオの『デカメロン』七日二話や、他には例えば、バルザック『グランド・ブルテーシュ奇譚』。思わぬ夫の闖入に、妻は間男を押入れに隠す。そこを開けようとする夫、止める妻……。「つづら」も連想できる小説のプロット。なお、「風呂敷」が外国の話の翻案であることを、次節(「風呂敷」再考)で論ずる。

(5) 『土佐の笑話と奇談』所収「鼻がみ権次郎」は落語「鼻利き源兵衛」。また、同書「涼み風」は「須磨の浦風」。「ことしゃみせん」は「鏡屋」。「あほう聟」は「牛ほめ」。「長頭をまわせ」は「貝野村」に一致。やはり、中平泰作の頓智ばなしも落語題材の昔話か。なお、同書「親子でかついだ馬」はイソップ童話「ロバの親子」と同工。

(6)『東海道四谷怪談』のお袖与茂七の地獄宿も、これに近い趣向。夫と知らず妻とわからず、と言えば艶笑噺「骨董屋」も然り。この噺の原話は近松の浄瑠璃『大経師昔暦《だいきょうじむかしごよみ》』あたりからか(「嬶違い」も考慮に入れたい)。なお、『デカメロン』九日六話もこれに近く、「花子」と同趣向の箇所がある。

(7) 落語「花子」は、まず冒頭に「明烏」を、ついで「百年目」「干物箱」の要素を混入させていると思える。ただ、演出上、後半に不自然な登場人物の出入りがあり、改良の余地がある。なお、円窓は通常の寄席でも「花子」をかけた(例、一九九六年一〇月九日、新宿末広亭、夜席トリ)。

(8) 宇野信夫『話のもと』は、「船着場」と題した中国の話を引いて、これを「風呂敷」の原話としている。出典名はないが、看過できない。昔話の「猫足行灯《あんどん》」も一応、考慮の対象に入れておきたい。また、「風呂敷」の原型としては、前掲円遊の速記に、「外国のお咄で御座いますが」と断って噺に入っていることも手伝って、モーパッサンの『奇策』が思い浮んだ。ある婦人の家で、婦人の愛人が急死してしまい、その緊急の処理を依頼された医師は、帰宅した夫の目の前で、病人のように見せかけて外へ連れ出す、という話。『名人長二』(モーパッサンが元ネタ)の場合もあるので、あわや、と思ったが、裏付けができない。次節(「風呂敷」再考)を参照。

(9)『金原亭馬生集成』(一九七七、旺国社)三巻所収「葛籠《つづら》」によると、女房の名が「お花」、亭主は「半」。前引の梗概と大きな相違はない。雲助は馬生の型を踏襲するが、間男は伊勢屋の旦那、亭主は左官のよしぞう、件の金額は七両二分(間男示談金)にしている(一九九六年九月一三日、イイノホール第四四七回東京落語会で口演)。

(10) 流れの地口に関しては、佐伯孝弘「其碩気質物と噺本」(『国語と国文学』一九九六年一二月号)にて言及。

(11) お店は伊勢屋、女の年齢は三十三(女の厄年)とすることが多いが『古今亭志ん生全集』一所収の「短命」では、「年は若い」とあるだけ。立川談志は三十前とする(『立川談志独り会』二)。

(12) 「内損か腎虚と我は願うなり、とは百歳も生きのびしうえ」(『古今亭志ん生全集』一)。

(13) 槍持ちと大きな男性器は付け合いなのか。噺本『鹿の子餅』(明和九年・一七七二刊)の「睾玉」も槍持ちの男で……

(14) 富士川游『長寿法』(一九三七)には、性と命数を結びつける記述は、ほぼ見当たらない。性欲のことも多く書いた富士川が、あえてそれを避けて「長寿法」を書いたとは思えない。故に、それが命数に関わる云々は、その頃にはすでに古き妄信とされていたのかもしれない。ただし、近年のベストセラー、春山茂雄『脳内革命』(一九九五、サンマーク出版)には、これに触れる箇所がある。

追記

「風呂敷」

* 落語「花子」(蝸牛の会による)の番頭の名「こうすけ」は、蝸牛の会主催者野村万之丞(本

名耕介)にちなむ名か。

** 「風呂敷」は「鼻毛」として『落語　怪談咄集』(新日本古典文学大系　明治編)に脚注を付して収録し、本書に言及した。

** 談志の代数は七代目とおもわれるが(『日本芸能人名事典』一九九五、三省堂)、五代目を称しており(『東京かわら版』二〇一二年二月号)、そのためか、『古今東西落語家事典』一九八九、平凡社)には代数を記入していない。

「つづら」

* 「米」は狂言「人か杭か」に類似。

* 三世瀬川如皐作「与話情浮名横櫛《よわなさけうきなのよこぐし》」(嘉永六年・一八五三、中村座初演)の三幕目に、間男をした咎で血まみれとなった与三郎が、葛籠に入れられて売られる、という場面がある。

* 辰岡万作「艶競石川染」(寛政八年・一七九六、大坂角芝居初演)など、石川五右衛門物に葛籠抜けの趣向が見られる。

「短命」

* 二四一ページ「らくのふしぎの事」(『談林利口雀』)の引用文中、「けなりい」は「羨ましい」という意味であり、また、末尾の「らく」は「羅苦」という字となり、「羅」は「摩羅」の「羅」である。

「風呂敷」再考――東西の説話がいかにして交流するのか

南方熊楠や松原秀一、あるいは昔話研究や、比較文学研究の領域において、同型の説話を世界の文芸から探しだす試みがなされている。それらの論考に接するにつけ、説話の拡がりの果てしなさに呆然とさせられる。そして、それらの事実に立ちすくむばかりで、自ら新しく未知の説話をグローバルな視点で眺める努力を怠り、相も変わらず狭い文芸的な視野と先入観に縛られているようだ。

「風呂敷」と外国説話

前節で触れたとおり、落語「風呂敷」の源流を日本の説話から探す試みは、少なからずあった。だが、結論からみて、そこからの視点はほぼ改められるべきであろう。というのも、「風呂敷」ときわめて類似する説話が諸外国に存在することが判明したからである。それは、一読して、これまで「風呂敷」の類話に挙げられた日本・漢籍のものより酷似しており、「風呂敷」の原話を考えるうえで最優先されるべき説話であると言えるものである。

その類似説話の発見者は、西村正身（現・作新学院大学教授）である。その訳書『知恵の教え』（ペトルス・アルフォンシ著、西村正身訳、一九九四、渓水社）に、同書所収の説話と類似するものとして、「風呂敷」への画期的な言及がある。筆者には門外漢の分野の書籍ではあるが、普段の不勉強が不備をうむと反省し、また貴重な発見も何気ない記述のなかに隠れていることもあると改めて得心した。同書は翻訳書であるとともに、訳者によって膨大な「説話の比較のための註」が付され、これが驚嘆すべき博覧と気の遠くなるような視野の広さに満ちており、訳書というだけではまったく不適当な、魅力的な書物である。

さて、前節二二三ページに引いた「風呂敷」の粗筋は、現行に流通する型とはやや異なる。古い型と現行の型とでは、妻が浮気をしているかいないか、という点で大きな違いがあり、源流を論じるには、古い型を見るほうがよい。

三代目（一般に初代とされる）三遊亭円遊の速記が、『百花園』七巻七四号（一八九二年五月二〇日）にある。「風呂敷」ではなく、「不貞妻《ふていさい》」となっていて、演題が艶笑噺であることを示している。『口演速記明治大正落語集成』第二巻所収「不貞妻」（今村次郎速記）より、その概要をみてみよう。

速記の冒頭、円遊はまずこう述べている。「エー、手短かに一席申し上ます。日本の国には余り当節お差《さし》の無いお咄で御座いましてまして」。さらに、マクラで円遊は日本と諸外国婦人の品行にふれる。このなかでも、「此のお咄は台湾国の事を翻訳して演《や》るので御座いまして」とある。さらに、男女同権、女性の発言権の向上などの話題に大仰な比喩を交え、再びマクラの最後に「外国のお咄で御座いますが」と、断って噺に入っている。このしきりと外国を強調した円遊のマクラに、もっと注意を払うべきであろう。

ここでの円遊の演出は、明らかに間男噺である。「長家が三十八軒あつて、間男をしない内儀《かみ》さんは一人もない」と女房は一向に悪びれず、夫が横須賀に行った留守に情夫を家へ引っ張り込み、さまざまな料理、酒で男をもてなす。以下、前掲の梗概と相違は少ないがいちおう記す。間男と向きあう、そこへ予想外に早い夫の帰宅。女房、男を戸棚へ隠す。戸棚の前に夫が横になる。夫が眠ったスキに、女房家を飛びだし頭《かしら》の所へ。事態をきいた頭が、女房の日ごろの素行を戒め、夫婦の家へ。風呂敷を夫にかぶせ、こんな話があった、と夫に話して間男を逃がす。夫は、「此《こい》っア旨い工風だ」。

「説話の比較のための註」(二八〇ページ)では「風呂敷」に至るまでの類話を多く紹介、最古の例にアリストパネスの『女だけの祭』の一節を挙げる。つまり、「風呂敷」の祖型がアリストパネスの時代、紀元前五世紀まで辿れることになる。ここでは『知恵の教え』(一一〇六頃成立)所収の「亜麻布」を紹介する。

「こういう話がある。外国へ旅立つことになったある男が、妻を姑に託していった。ところが妻は別の男に恋心を寄せていて、それを母親に打ち明けた。母親は娘にせがまれてその情事に手を貸すことにし、その愛人を招いて、その男と娘といっしょに食事をし始めた。三人がご馳走を食べているところへ不意に夫が戻ってきて戸口を叩いた。席を立った妻は愛人を隠してから、夫のためにドアを開けた。家に入ると夫はベッドの用意をしてくれと言った。疲れたので横になりたいというのだ。妻はうろたえてしまい、どうしたらいいのかわからなくなってしまった。それを見てとった母親が言った。『ベッドの用意は急いじゃいけないよ、おまえ、あたしたちが織った亜麻布をおまえの旦那に見せるまではね。』そう言って亜麻布を引っ張り出した老母はその一方の端をできるだけ高く掲げ、もう一方の端を娘に持たせて掲げさせた。こうして広げた亜麻布で、隠れていた愛人が出ていってしまうまで、夫の目をごまかしていた。それから老母は娘に言った。『さあ、この亜麻布を旦那さまのベッドに敷いてやりなさい、なにしろおまえとあたしが手ずから織ったのだからね。』すると夫が姑に、『へえ、こんな亜麻布を作れるんですか、お義母《かあ》さん？』そこで彼女は、『おやまあ息子《むこ》どの、このようなものならもうたくさん作りましたよ』と答えたそうだ。」

右の類話が、『古ファブリオー』『スカーラ・ケーリー』『ゲスタ・ロマノールム』『百一夜物語』、セルバンテス『焼餅やきの爺さん』、韓国の『醍醐稗説』等々の書物にある（詳細は「説話の比較のための註」を参照されたい）。そのなかでも西村正身によれば『百一夜物語』所収の一話が、「風呂敷」に酷似すると指摘。そこで、その『百一夜物語』所収「七人の大臣の物語」の第二十二話「二人の姉妹」を紹介したい。

『百一夜物語』は、北アフリカを中心に流布したアラビア語の説話集。その成立は、『千一夜物語（アラビアン・ナイト）』（一五〜一六世紀）より早く、一〇世紀末以降と考えられるという。[1] 近代語訳は、フランス語訳があるのみ。よって、一九八二年パリ・シンドバット社刊の *Les Cent et Une Nuits* より、「二人の姉妹」を訳出する。

むかし、むかし、二人の姉妹がいました。姉は存分に悪知恵を働かしてふしだらな生活をしていました。妹は世間知らずな女で、つつましやかに暮らしていました。ある日、ウブな妹は姉にむかって、「私もあなたのように、愛人と好き放題したり、贈り物してくれる男を持ったりしたいの」と言いました。

「残念だけど、あなたはウブだから、男をつくったら夫と問題をおこしかねないから、気をつけてね」と、姉は答えました。姉は妹に、そんなふうに釘をさし忠告してから家に帰りました。しかし妹は、「私が彼女のようにお金やきれいな服を持つと彼女は嫉妬することになるから嫌なのよ」と思いました。

妹は探しまわって愛人をつくりました。そして家に迎え、しっかり鍵をかけて一緒にベッドに入りました。そこへ妹の夫が帰ってきて、扉をノックしました。妹は起きて「どなた様ですか」と尋ねました。

「ドアを開けろ」と夫が叫びました。妹は狼狽しました。どうやって、この状況を切り抜けようかと考えましたが、どうしようもありませんでした。夫は二回、三回とノックしましたが、なんの返答もありませんでした。

「どうしたんだ」と夫が言いました。

近所の人を夫が呼ぶと、みんな家の前に集まってきました。

「女房がドアを開けないんだ。彼女は誰かと一緒にいるに違いないんだ」と、夫は説明しました。

そこで、近所の人が、「おーい、ファトマ、旦那さんにドアを開けなさい」ようやく妹は、「だめです！　姉が来たらドアを開けます」と答えました。

「お姉さんのところへ行って、いま起きていることを伝えてくださいよ」と、近所の人が夫に言いました。

「いやだ。お姉さんの家へは別の人を使いに出す。私はどうして女房が自分を入れてくれないのか、それがわかるまでここにいるんだ」

姉がやって来て、集まっている人に気がつくと尋ねました。

「妹さんが、旦那さんにドアを開けないんだ」と、みんなが答えました。

「どうしたの？」と姉は義弟に聞きました。「妹を脅したりしたから、彼女はおびえてしまってるの？」

「違う」と夫が答えました。「いつものように普通に家へ戻ってきてドアを三回ノックしたのに、女房がドアを開けなかったんだ」

「もう一度、妹に声をかけてください」と、姉は近所の人に頼みました。

妹は、「姉が来たら、ドアを開けます」と、同じことを答えました。

「さあ、みなさん。私たちのことは放っておいて、家に帰ってください。妹は悪いことなんかできっこない純真な女だから、何があったのかだいたい想像がついてます」と、姉が言いました。

そして、姉もドアをノックし、「ファトマ、私だよ。ドアを開けて」

妹は、姉の声がわかったので、ドアを少し開けました。

「だけど、あなたのほかに誰も入らないで」と妹は言いました。

姉には家に男がいるのが、よくわかっていました。もう一度、姉は近所の人に「帰ってください」と頼みました。そして、一人で家に入りドアを閉めました。

「ねえ、どうしたの」と姉が聞きました。

「愛人がここにいるのよ」

「いつから、そんなことに」

「今日」

「あんなに言ったのに、忠告に従わなかったのね」

姉は、それ以上叱らないで、手ぎわよく男を隠してから、妹の夫が入れておいた油壺をひっくり返し油をこぼしました。

そのうえで、ドアを開けました。夫が入ってきて、こぼれた油を見ました。

「どうして油がこぼれているんだ」

「あのね、妹がね、猫が肉を盗んで逃げようとしたから、石を猫に投げつけたの。だけど、その石は壺にあたっちゃって、壺をキズつけちゃったの。それが知れると、妹は、あなたにぶたれると思うとこわくて、ドアに鍵をかけていたのよ」

「だけど、家にこぼれた油は幸福をもたらす、とも言うし、鍵なんかしてたから、女房が良からぬことをしてたと思ったよ」と、お人好しの夫が言いました。

「健気にも妹はとても純粋な女性で、世間の女の人がする浮気なんかには、ぜんぜん無頓着なんですよ。アラーの神は、このイスラムの世界に、そんな女性をあまり作ってないのに、あなたにはそんな女性を授けたのね」

「まったくそのとおりだ」と、優しい夫が言いました。そして彼は油をすくい上げ、壺に入れ直しました。それが終わると、姉は言いました。

「ねえ、あなたの奥さんは、他の女みたいに狡い性格ではないのよ。私が知っている姉妹の話だけど、夫の留守に別の男を家にひっぱりこんだの。そして、その愛人と寝ている時に夫が帰ってきたの。だけど、彼女は慌てずに愛人を隠してからドアを開けたの。そしてね、こんなふうにリダ(マントの代わりになる大判の布)を脱いで、それをこんなふうに、妹の手にリダの端を持たせて、もう一つのリダの端を、こんなふうに自分の体に結びつけてね、そして、こんなふうにリダの後ろにいる妹の旦那と喋りながらね、妹の愛人にね『早く逃げて、馬鹿!』と叫んだのよ。それはすばやい動作だったから、旦那さんには何も見えなかったそうよ。アラーの神からあなたは、そんな邪悪ではない妻を授かったんだから、感謝なさい」

夫は姉に丁寧に礼を述べました。そして、姉はこのお人好しとその妻を残して帰りました。

現在行なっていることを、過去の、しかも他人の出来事のように語り、間男を逃がす点など、「風呂敷」と酷似している。前引「亜麻布」は夫の目をごまかす手段のみの類似だから、これはより「風呂敷」に近い説話と言えよう。

さて、円遊はどのようにしてこの「二人の姉妹」を知り得たのだろうか。いや、「二人の姉妹」でなくても、これをリライトしたもの、あるいはこの類話に、いかにして接する機会を持ったのだろうか。円遊自身が外国書籍を入手し、それに目を通し、日本を舞台に翻案し、落語化したという可能性は低いだろう。では、明治期に邦訳された外国の小咄集のようなものの中に、「二人の姉妹」の類話が存在していたのだろうか。さまざまな憶測に及ぶが、外国の話の落語(人情噺)化という件については、円遊の師である三遊亭円朝に多くの外国種《だね》の落語・人情噺があることも考えあわす必要がある。つまり、かつて外国の話を旺盛に寄席芸に取り込む時期があったのである。円遊がどうやって外国の話を仕入れたか、この推論は少し先延ばしにして、まず、外国種の落語・人情噺に触れておこう。

落語・人情噺の外国種で最もよく知られているのが、円朝の『名人長二《ちょうじ》』であろう。これは一八九五年四月二八日から、同年六月一五日まで「中央新聞」に発表された人情噺で、フランスの作家モーパッサンの短篇小説「親殺し」(一八八四)を翻案したものである。横浜に於いてフランス語のできる人物から、有島幸子(有島武郎・里見弴他の母)へ伝わり、そこから円朝へ伝わったという流れが判明している(有島生馬編『有島幸子集』一九三五)。すでにこの経緯に関しては、馬場孤蝶以来、幾篇も備わるので多くは述べない。それらの論において「親殺し」の日本語訳の出る前に、円朝によって先んじて落語化された事実が注目されている。これのみならず、円朝はまだ他にも、外国の話を翻案している。それらも、翻訳書のない、日本ではほとんど知られていない外国の話である。例えば、福地桜痴《おうち》を通じて、フランスのサルドゥの戯曲『ラ・トスカ』を知り、それを翻案して『名人くらべ(錦の舞衣《まい》)』を作った。同じく桜痴より原話を得て、『松《まつ》の操美人《みさおびじん》の生埋《いきうめ》』を作り、また、「官員さん」から教わったという原話による、『黄薔薇《こうしょうび》』もある(なお、右二つの原話は不明)。『英国孝子之伝』も、洋学の先生から円朝へ伝わったもので、原話はイギリスのC・リードの『現金』(延広真治「『英国孝子之伝』と〝Hard Cash〟」、『文学』一九七九年三月号)。落語「死神」も外国種(宇井無愁「落語『死神』の原作オペラ」、『上方芸能』一九七八年九月)である。その他、円朝の小噺にも外国種のものがあると想像される。

これだけ並べれば、円朝作品にモーパッサンを原話とするものがあっても、改めて驚くに価しないだろう。なぜなら、円朝は積極的に外国の話を、落語や人情噺に移そうとしていた姿勢が窺えるからだ。このような翻案ぶりは、何を意味するのだろうか。他人の演《や》らない噺をするために、自ら筆を執り、怪談噺を創作したという円朝の有名な逸話と、この姿勢はつながっている。日本人の知らない新種の話柄なら、耳の肥えた客も飛びつく可能性が高い。また、翻案なら構想の労苦も少なく、一石二鳥という利点もあったか。

なお、円遊と同じく、円朝門下の初代三遊亭円左(嘉永六年・一八五三〜明治四二年・一九〇九)が演じた落語「甲子まつり」も外国種と考えたい。これは、その構成からいってC・ディケンズの小説『クリスマス・キャロル』(一八四三)を翻案したものと思える。(2)

ただし、一八八八年九月七日から、同年一〇月六日まで(休載含)竹《たけ》の舎《や》主人こと饗庭《あえば》篁《こう》村《そん》が、「読売新聞」に連載した「影法師」があり、これを落語化したとも推測できるから、厳密にいえば、外国の話の翻案という言い方は不適当かもしれない。円遊・円朝の前述した例と異なる点は、「甲子まつり」の速記(『百花園』一九〇〇年三月三日)以前に、このように話の元ネタが発表されている点である。

続いて、落語「化物つかい」。従来、この落語の成立は、大正時代と言われてきた。が、保田武宏は、この通説に対し「大正二年の雑誌『文芸倶楽部』に、六代目金原亭馬生(のちの四代目古今亭志ん生)の速記が載っているので、もう少し早いのではないか」(『ライブラリー落語事典』)と、疑問を示す。この落語の原拠は、興津要によって西鶴の浮世草子『武道伝来記』(貞享四年・一六八七刊)巻三ー二「按摩とらする化物屋敷」が挙げられている(『口演速記明治大正落語集成』第七巻、演目解説)。これに従えば、この西鶴の話を大正時代、もしくはそれ以前に落語化したということになる。その筋は、人使いの荒い隠居が、化物が出るのを承知で屋敷を貸り、夜中現れる化物になんら恐れることなく、逆に肩を揉ませたり、雑用を言いつける始末。「化物つかい」と西鶴の話との類似は十二分に確認できる[3]。

ところが、この「化物つかい」の原話は、外国の話ではないかという説もある。この説を唱えたのは、都筑道夫である。彼は、「化物つかい」の原話は、オスカー・ワイルドの小説『カンタヴィルの幽霊』(一八八七)ではないかと推断している(角川文庫『十七人目の死神』所収「風見鶏」の「寸断されたあとがき」)。そこで、この作品を『オスカー・ワイルド全集』(出帆社)第二巻より見てみよう。

アメリカ公使のハイラム・B・オーティス氏が、幽霊が出るのを知ったうえで、カンタヴィル屋敷を買いとる。幽霊の存在を否定するオーティス氏は、屋敷に起こる怪現象にきわめて冷静に対応。これには、三百年屋敷に住みついた幽霊もいたく誇りを傷つけられる。そこで、悪魔笑いなどさまざま趣向を凝らすが、ことごとく失敗し、さすがの幽霊も意気消沈して……

後半はその類似がないので梗概は右までとするが、この前半部は確かに「化物つかい」に着想が近い。ただ、西鶴には肩揉みを化物に命じる場面がある等の理由から、西鶴説のほうが可能性が高いと考えられる。しかし、まったくワイルド説の可能性がないと断言はできない。

ところで、「化物つかい」ワイルド出典説よりも、都筑道夫の「寸断されたあとがき」中の推理のほうが本稿の追究する問題の参考になる。

ワイルドが『カンタヴィルの幽霊』を雑誌に発表したのが、一八八七年、短編集『アーサー・サヴィル卿の罪』におさめたのが、一八九一年、明治二〇年、二四年だから、学者が読んで落語家に教えたか、好事家が自身で脚色したか、

「化物つかい」のワイルド出典説の是非はともかく、話の輸入を考えるうえで、この一節は傾聴に価する。このような経路で、外国の話が明治・大正期の落語家の耳に入る例が、最も多かったのではないか。円朝は、翻案物のなかでしきりと、「口うつしで教えられた」と述懐している。二代目三遊亭円馬（安政元年・一八五四〜大正七年・一九一八）も、「三人兄弟」の速記（一九〇五年一〇月一五日『文芸倶楽部』第一一巻一四号増刊号「落語大全」）のなかで、こう述べている。「是《こ》れは近《ちか》い頃《ころ》洋行帰《やうかうがへ》りのお方《かた》から、斯《か》ういふ話《はなし》が西洋《あちら》にあるといつて、筋《すぢ》だけを伺《うかが》ひまして、其《それ》へ一寸《ちよつと》手《て》を入《い》れまして」。ともかく、この頃の落語家の持ちネタには、意外にも外国種が多いのは事実。今でも、若手の落語家が演じる新作落語に外国種があったり、山田洋次作の落語にも外国種はあるが、[4] かつては今以上に外国に話の材源を求めた傾向が見える。

円朝以下、明治・大正期の落語家は、機に応じて外国の話を取り込み、翻案、落語化していた（これは明治文学に外国種の小説が多いことと通じる）。そして、これら異国譚輸入の方法は、その大部分が口頭において伝わっていたと想像される（メモ・覚書の類はあったであろう）。つまり、円遊の「風呂敷」も、書物を通じてではなく、「二人の姉妹」もしくはその類話を知る人物が円遊に話し、円遊が興味を持ち落語化したと推測したい。だから「風呂敷」は江戸期よりあった噺ともいわれるが、明治期の新作といったほうがいいのかもしれない。

さて、ここまで落語を通じて、外国の話の輸入という問題を考えてきた。が、これは落語のみが関わることではない。文芸のあらゆるジャンルに及ぶ問題である。翻訳書がない、それどころかその国にまだ入って来ていない異国の書物であるのにもかかわらず、その内容が異国から伝わり、吸収されたかに見える現象がある。以下、しばし落語から離れて、説話の伝播をめぐる論考になる。

日本の古典に見える説話と同様の説話が、諸外国の文献にも存在する。中国ならともかく、それが中近東・ヨーロッパといった国々の説話であるとなると、日本人には、ある種の驚嘆を伴ってこの事実は受け止められてきた。それは、日本人が明治時代になるまで諸外国、特に西洋との外交・貿易に熱心ではなかったという教科書的な歴史観が、多くの人の心に横たわっているからだと思われる。もっとも、百合若大臣とユリシーズ、日本神話と旧約聖書をはじめとするユダヤ説話、などを結びつける試みには、今となれば多いに異論があり、その訂正の時期となっているようだ。確かに、類似性などといったものは人の主観に左右されやすく、似たところだけつまみ出して並べれば、鷺も烏となる恐れがある。また、世界的に伝承される洪水伝説や神々の逸話のように、似ていたとしても、それは多くの民族が共通して創造する物語だ、といった反論も待ちかまえている。十二分に注意を払い、慎重を期して判断すべきところ。けれども、留意すべきは、一見して酷似を認めないわけにはいかない説話である。

例を示そう。無住の説話集『沙石集』第九―三「正直ニシテ宝ヲ得タル事」は、次のような話。

飴売りの夫婦は正直者であった。ある時夫が軟挺（銀貨）六つの入った袋を拾うが、妻の指示に従い、落し主を捜し返却する。いったんは喜んだ落し主も、御礼を渡す段になり気が変わり、袋の中は七つだったと言いだす。拾い主の飴売りは、もともと六つだったと言いはり水掛け論。裁判に持ち込まれる。裁きの国の守は、真偽を見分ける力を持っており、たちまち飴売り夫婦の正直さを見抜くが、両者の言い分どちらも正しいと裁断。袋の中身は六つなので、それは別に落し主がいるとし、袋を夫婦に与える。（日本古典文学大系）

国字本『伊曾保《いそほ》物語』（一七世紀初頭成立）第一―十三「商人かねをおとす公事の事」も同工。これにとどまらず、これと同型の説話が世界的に見つけられるのである。すでに、南方熊楠「正直者、金拾ひし話」をはじめ、中直一「名裁判の話」（『比較文学研究』38、一九八〇）他、この説話を巡る考察が備わる。そこで、これら先行論考になるべく重複しない例を紹介し、この話型に属する説話群を概観する。まず、河野一郎編訳『イギリス民話集』（岩波文庫）所収「ウェアとロンドンの間で財布を失くした商人」。

百ポンド入りの財布を失くした商人。拾得し届けてくれたら二十ポンドの謝礼をすると世間に触れる。ある男が代官にこれを届ける。しかし、ここで商人は欲をだし、財布には百二十ポンド入っていたと難癖をつけたので裁判沙汰に。名判事は、拾い主にその財布を自由に使うように、そして後に百二十ポンド入りの財布を拾ったら、改めて商人にそれを届けよ、と判決を下す。

これは熊楠が前述の論考中で引く一五六七年ロンドン出版『笑譚捷答』十六章所収の話と関係があるか。次に、ヘーベル作『ドイツ炉辺ばなし集』(岩波文庫)所収「名裁判官」。

大金を失くした金持ちが、届け出てくれたら百ターラーの謝礼をだすと触れてまわる。正直者がこれを届ける。ところが、謝礼を惜しんだ金持ちは、八百ターラーあったのに、ここに七百ターラーしかないが、それを謝礼にかえてくれと言う。正直者は傷つき、中身には手をつけてないと反論、裁判となる。慧眼な裁判官はよこしまな金持ちの心を見抜くが、二人を正直者として裁判。拾い主に、七百ターラーしか落とさなかった者が現れるまで、その金を保管するように、金持ちには、八百ターラーの拾い主が現れるまで待て、と申しわたす。

続いて、日本の近世説話より二つ。まず、浮世草子『商人職人懐日記《しょうにんしょくにんふところにっき》』(正徳三年・一七一三刊)第五之巻「はり売の賢女」。

針売の女が財布を拾う。自らの物にすることなく、これを届け出る。財布は染物屋の道楽息子が落とした物であった。財布の届けられた番所に行った染物屋の息子は、中身を確認するさい、〃今一色〃不足していると口ばしってしまう。すると、すかさず女が拾った財布は、染物屋の息子の物にあらずとされる。(『江戸時代文芸資料』第二)

これは、前引『沙石集』の説話を吸収、下敷にしたか。あるいは、明・陶宗儀の『輟《てっ》耕録《こうろく》』(和刻本は承応元年・一六五二刊)所収「賢母辞拾遺抄」や『今古奇観』第二十四も同型の説話であるが、これらによったか。次に引く、式亭三馬の読本『梅精奇談魁草紙《ばいせいきだんさきがけそうし》』(文政八年・一八二五刊)巻之三「姦兇を逞《たくましう》して頑夫其身を斃す話」の前半は、展開の類似から見て「賢母辞拾遺抄」(あるいは『今古奇観』型の説話)を流用したと判断できる。

油売りの真九郎、厠で三十両あまり入った胴巻を拾う。喜んだ真九郎は、これを老母のもとへ持ってゆく。しかし、老母は落とした人が気の毒だと、真九郎の行為を咎める。そこで真九郎は、落し主を捜すため厠に戻る。すると、ある男が弥次馬を相手に金を落としたと騒いでいる。真九郎は男に胴巻を返却するが、男は謝礼を惜しんで、五十両あったと言い掛りをつけたので諍いになる。目代《もくだい》職の官人がここに通りかかり事情を聴取。そして官人は、これは男の物ではない、五十両入った物を自分で捜せと告げ、金は母を養う助けとするべしと真九郎の手にわたる。(国立国会図書館蔵本)

以上見たように、東西に類話の存在することを、いかに説明するのが最適だろうか。思うに、日本とヨーロッパという離れた場所にあるものを極端な例として引くだけだから、点と点ばかりが目立ち、線が見えぬのではないか。ここに、シェイクスピアを例にとろう。近松門左衛門の浄瑠璃「釈迦《しゃか》如来誕生会《にょらいたんじょうえ》」(元禄八年・一六九五初演)が『ヴェニスの商人』と似ていて[5]、鶴屋南北の歌舞伎「心謎解色糸《こころのなぞとけたいろいと》」(文化七年・一八一〇初演)の仮死の場面が『ロミオとジュリエット』の墓地での趣向と酷似する、と言われてきた。これが両極端の説話の挙げ方である。ところが、前者はともかく、後者の仮死・墓地の趣向は、清の『閲微《えつび》草堂筆記《そうどうひっき》』(一八〇〇)所収「茉莉花」にも近い(延広真治「口承文芸の伝統」、『国文学 解釈と鑑賞』一九八〇年三月号)。また、すでに唐の『劉無双伝』にも類話がある。ただし、これら中国説話を南北らが粉本としたか否かは不明だが、それは別問題である。

このように、中国説話を日本とヨーロッパの間に挟めば、一見突飛と思えた類似に対する異和感も緩和されるだろう。前述『沙石集』「正直ニシテ宝ヲ得タル事」以下、それと同型の東西の説話にも、このことはあてはまる。前述の漢籍の他に、日本とヨーロッパの間に仏典を介在させることも可能である。すでに、熊楠の指摘と中直一の論文に詳細に引かれ考証されてあるが、『弥沙塞部五分律』巻九[6]、『四分律』巻十八に『沙石集』と同型の説話が収められている。また、前述の「風呂敷」の項で引いた、ペトルス・アルフォンシの『知恵の教え』(中直一の論文中では『発心教訓集』で紹介)の「黄金の蛇」も同型である(「説話の比較のための註」参照)。入手し難く、漢訳にも乏しいため研究者の目にもはいりにくいが、インドなどの仏教説話や、ひいてはペルシア・エジプトにおいて書かれた説話が、日本とヨーロッパの説話をつなぐ橋のような位置にあると思われる。そうすると、世界的に類話が発見できるもの、例えば日本の昔話用語で言うところの「知恵有殿《ちえありどの》」「お玉牛《たまうし》」「早もの使い」などの話にも、まだ発見されていない、それらの原話を収めた資料があるのかもしれない。

ところが、日本とヨーロッパとに類話を持つ説話のうち、その間に漢籍や仏典の仲立ちがないのではないかと思えるものもある。例えば、穎原退蔵《えばらたいぞう》が『井原西鶴の研究』(『穎原退蔵著作集』第十七巻)の中で指摘しているが、西鶴の浮世草子『好色盛衰記』(貞享五年・一六八八刊)巻五－一「後家にかゝつて仕合大臣」と、ボッカチオの『デカメロン』(一四世紀半ば成立)三－三二は同工である。(8) これは、どう考えるべきか。あるいは未発見の仏教説話などがあるか。それよりも、ここでは穎原よりも早く(右の初出は一九三四年)、前述の関係に気づき暗に示唆していた内田魯庵の推測を、長くなるが引用する。

ボツカチオの『デカメロン』といふやうなものが全く渡来しなかつたものだらう乎。恁《こ》ういふ好色咄は宗門の聖徒達には顰蹙唾棄されたらうが、伴天連の随員中にこつそり持つて来たものが無いとも限らない。又一行中のものから此の種の物語の筋を聞かされたものがあつたかも計られない。濫《みだ》りに根拠の無い臆断を逞しうするわけでは無いが、西鶴一味の浮世草紙中には南欧の産物らしい好色咄に際会して首を傾げさせられる事が屡々ある。

切支丹時代は姑《しば》らく措き、此の南欧の著名な好色物語が近頃愛書家に頻りにもてはやされる明治十九年版の佐野氏の『想夫恋』が現れるまで一冊も訳本が無かつたといふは不思議である。だが、独立した単行本として、或はボッカチオの翻訳として発表されたものこそ無くつても、確かにボッカチオから胚胎したものが何かの脚色の一部分として紛れ込んでるものが有るやうな気がする。姑らく他日の研究の宿題として預かつて置くが、此のボッカチオが明治十九年まで全く日本に少しも知られなかつたとは思はれない。（「日本文学に及ぼしたる欧州文学の影響」初出一九二八年。『内田魯庵全集』補巻3、ゆまに書房所収）

この憶測の妥当性は低くないように思う。「後家にかゝつて仕合大臣」の先行説話が、今後、日本の文献・漢籍などから発見されなければなおさらであろう。以前、中国大陸に『竹取物語』の源泉があるといわれた。これに肯定的ではなかった益田勝実は、「「斑竹姑娘」の性格——『竹取物語』とのかかわりで」（『法政大学文学部紀要』第33号、一九八八）のなかで、『竹取物語』の源泉となったとされる田海燕の『金玉鳳凰』の「斑竹姑娘」の類話が近隣の四川省やチベット民族の民話に見あたらないと指摘している。また、筆者も拙稿(「《資料》昔話と落語」、法政大学大学院『日本文学論叢』26号、一九九七年三月)に書いたが、採集例が少なければ少ないほど、採集した土壌に元来根づいていた話ではない、と思われる。つまり、ある話の類話が周辺に見あたらない場合、その話は新しく別の国・別の文芸からの移植である可能性が高いと思えるのである。

さて、続いて引く説話だが、これは漢籍あるいは仏教説話に材源があるのか。それとも、魯庵の憶測に従うような経緯を孕む説話なのか。また、日本においてこれに類似する類話も少なくないとも思えるのだが。ともかく、その筋を引くことから始める。

『清誡談《せいせいだん》』と『カンタベリー物語』

安永七年(一七七八)刊の大江《おおえ》文坡《ぶんぱ》(9)の読本『古今奇怪清誡談』巻之四「仏徳《ぶっとく》に依《より》て害《がい》を遁《のが》るゝ事」は、次のような筋である。

豊後の国佐伯、富裕な酒造りの左次兵衛。一子を亡くし、養子をとり家を継がせる。財産の処分を考えた末、西国三十三所巡りをして、亡き実子の菩提を弔おうと決心し夫婦で旅立つ。道中の茶店で一人の男と道連れになるが、風体があやしいので気を配っていた。ある夜、その男に酒をつがれ、懺悔話を聴いてくれと持ちかけられる。「自分は長州萩の城下より山奥で猟師をしていたもので、伝八という名である。

妻は殺生を嫌っていたが、自分は止めなかった。ある時の猪狩りで、自分の撃った手負いの猪に我が子が殺された。それでも猪狩りを続けていた。今度は自分の撃った弾が、誤って妻にあたった。しかし、妻は胸に下げた観世音の尊像で守られた。そこで、はじめて自分も仏教に帰依した。その後、妻に死なれたので尊像を胸に巡礼している」と告白。左次兵衛夫婦と伝八は仲よくなり、旅をすすめる。三人は芸州にくるが、ここで道に迷い、山中で夜を過ごすはめになる。そこへ三人の山賊がやってくる。伝八も強かったが、多勢に無勢。夫婦と伝八の所持金、しめて百五十両がすっかり奪われる。伝八は取り返そうとするが、飄然と現れた僧に止められる。一方、思わぬ大金に喜んだ山賊三人は、祝いと称して、そのうちの一人に酒二升と肴を買いに行かせる。残った二人は、一人でも減ったほうが配分が増えると相談して、徳利に毒を入れることを計画。戻ってきた男は徳利を二本持ってきた。待っていた男の一人が、巧みにその一本に毒を入れる。帰ってきた男は、まず先にと二人に酒を勧める。男二人が毒の入っていないほうの徳利をあおる。すると、なぜか二人は苦しみ悶死。実は、徳利を買ってきた男も、その帰り道に徳利に毒を入れていた。うまくいったと思ったので、二人が勧めてくれた徳利を改めて呑み、そして死ぬ。一方、金を失った三人は、僧の言葉に励まされた後、再び歩みだす。そして三人の死体を発見。金を取り戻し、観世音のおかげと感謝する。（国立国会図書館蔵本）

まず、これを日本の説話の系譜から追いかける。大金を見たことで、今まで付きあっていた仲間に殺意を抱くというモチーフのものとして、以下のような説話を列挙することができる。『今昔物語集』巻第四―三十四「天竺の人の兄弟、金《こがね》を持ちて山を通る語《こと》」、『宝物集《ほうぶつしゅう》』巻第一所収の説話「断金《だんこん》の契《ちぎり》」、近世に入って西鶴の浮世草子『新可笑記《しんかしょうき》』(元禄元年・一六八八刊)巻五―四「腹からの女追剝」、江島其磧の浮世草子『傾城禁短気《けいせいきんたんき》』(宝永八年・一七一一刊)巻四―四「教の駕籠に法の道速」等々。仏典に遡れば、『大智度論《だいちどろん》』二十二、『法苑珠林《ほうおんじゅりん》』第七十七に類話。以上、これらは金を得たことで我欲が募り、信頼しあっていた人間に殺意が生じたことを恥じ、告白し懺悔、あるいは出家するという話型である。近世の随筆類にも同種のものがあり(『思出草紙』巻二、『反古《ほご》のうらがき』巻一、『続々鳩翁《きゅうおう》道話』二―下など)(10)、上記説話群の流れを汲むものと言えよう。モチーフの類似から、前に引いた『清誠談』の説話もこの系譜から派生、通常二人のところを三人にする等の工夫がなされ成立したと言えるのではないか。

ところが、それらよりも、次に引くチョーサーの説話集『カンタベリー物語』(イギリス、一四〇〇年頃成立)の「免罪符売りの話」に目が奪われてしまう。

フランドルの道楽者の三人兄弟、朝から居酒屋で呑んだくれている。その近くで、死者が墓地へ運ばれてゆく。これは悪疫流行＝死神のしわざと居酒屋が言う。これを聞いた三人は死神退治に出かける。そして、死神に会ったという老人から、死神の居場所が、森の樹の下だと訊きだす。三人がそこへ行くと、大量の金貨を見つける。狂喜した三人は、籤引きで町へ酒とパンを買いにゆく者を決め、残った二人が金の番をする。番をするうちの一人が、町から戻ってくる者を殺し、金を二人で山わけすることを提案。一方、町へ行ったほうも一人占めを策略、薬屋で毒薬を買い酒に混ぜる。町から帰った者は殺され、あとの二人も祝杯で死す。

前半のくだりはともかく、三人が倒れる趣向は、明らかに類似していると言える。こうなると、『清誠談』巻之四の原話として、先に引いた日本の説話よりも、この「免罪符売りの話」を優先的に考えねばなるまい。つまり、『カンタベリー物語』は、すでに江戸時代の日本に入っていたのか。ここに前引の魯庵の推測が思い出される。例えば、これをリライトしたもの、もしくはその一部でも日本に入っていた可能性はないのか。また、円朝の場合同様に、然るべき人物(蘭学者等)から、大江文坡が口うつしに聞いたのか。あるいは筆者の管見に入っていない安永九年以前の近世説話に同型の話があるか。その際は、その説話のほうがよりこの問題に関わる。さらに、仏教説話が起源だという線も捨てきれない。なぜなら、死神がいると教えられた所へ、男たちが足を運ぶと金があった、という「免罪符売りの話」の展開と似ている仏教説話があるからだ。『宝物集』巻第一より引く。「仏《ほとけ》、阿難《あなん》をぐして道を過給ふ。道のほとりに穴あり。中に金《かね》あり。仏是を「毒蛇」との給ふ。阿難是もさとりて、「大毒蛇」と云。そば成《なる》人是をみて、蛇《じゃ》はなくて金《かね》也とて、悦《よろこん》で取つ。おほやけ聞しめして、金をめすに、ある限りまいらせけるに、「なを残りあるらむ」とせめをかぶりける時、仏の毒蛇との給ふ事、思ひあはせける」(新日本古典文学大系)。これは、『法苑珠林』七十七に収まり、『大荘厳論』が原拠(右大系の脚注参照[11])。「免罪符売りの話」では、死神のいるはずの場所に、金がある、という展開。『宝物集』上記説話では、蛇のいるはずの場所に、金がある、という展開。このように見れば、構成は類似していると言える。なお、『宝物集』巻第一の前掲説話が、前に引いた同巻第一「断金の契」(金を見て仲間に殺意を持つ説話)と並んでいる点も気になる。

つまり、まだ研究者の視野に入っていないだけで、金のため三人共倒れになる仏教説話がどこかにあって、これが東西に延びていった、とも推測できる。言いかえれば、ここに引いた『清誠談』と『カンタベリー物語』は、将来、共通の原話を持つものだと証明されることや、そのうちの最も遠くまで広まった両極端の例として挙げられることも、ありうるだろう。

柳亭種彦の合巻『浮世《うきよ》形六枚屏風《がたろくまいびょうぶ》』(文化四年・一八〇七刊)は、「江戸末期に種彦の原著の半紙本型の方が或る来航者の手で海外へ渡り」と推測されている(鈴木重三「『浮世形六枚屏風』の欧訳書」、『絵本と浮世絵』美術出版社所収)。これが日本文学欧訳最初の書といわれ、オーストリア・ウィーンにおいて、アウグスト・フィッツマイエルによって訳されたのが、弘化四年(一八四七)のことである。また、書物自体が渡った例ではないが、シーボルトは一八二六年(文政九)六月一二日(日本の暦では五月七日)、大坂で『妹背山婦女《いもせやまおんな》庭訓《ていきん》』を観劇している(『江戸参府紀行』)。この観劇体験が、ドーデの「盲目の皇帝」(一八七三)に結実する経緯は判然としないが、おそらく、『妹背山婦女庭訓』の筋は、書物を介さずにヨーロッパに伝わったと思われる。(12)

さらに、最近、李建志によって指摘されたことを書く。それは落語「芝浜」の筋が、韓国に一九世紀末に渡っていたという事実である。李建志「安国善小説集『共進会』にあらわれた落語「芝浜」の影響」(『比較文学研究』71、一九九八)より、一九一五年八月京城府にて自費出版された『共進会』所収の「人力車夫」の梗概を引用する。

主人公・金《かね》書房は没落両班《ヤンバン》の出であるが、仕事をせず酒ばかり呑んで暮している。心配した妻は金を工面し、人力車を準備して翌日から仕事をするように言ってきかせる。金は酒をやめ真面目になるとちかうが、その初仕事の日に坂道で四千円の入った包みを拾い、友人を集め酒をふるまった。そのまた翌日、妻はまた金に仕事をするように言うので、金は昨日拾った金《かね》はどうしたかと訊ねると、妻はそんなものは夢にちがいないと言う。そこで彼は、もう一度一生懸命仕事をしようと思い立ち、三年の間に人力車をひとに貸すことができるまでに蓄える。ところが大晦日の晩に妻は、財布を拾ったのは現実で、金が仕事をしなくなることを憂いて嘘をついていた、と告白する。妻はその金《かね》を警察に届け出ていたのだ。期日まで持ち主が現れず、晴れて自分のものになった大金を前に、金は妻に感謝し、朝鮮総督府の公平な政治を讃美する。

李建志の論文によれば、安国善は一八九〇年代に官費留学生として来日している。その際、「芝浜」の速記を読んで、あるいは、寄席でこの落語を聴いて憶え、それを韓国に帰ってから小説化したか、と李建志は推測している。なお、尹白南の小説『夢金』も「芝浜」と同工だという。

今の我々からすれば、書物の交流はないと思われがちな国からも、意外な伝来はあるようだ。また書物そのものが伝わらなくとも、話は波紋のひろがりのように諸々の文献に分身を刻んで、物語文化を持つ人間社会ならばどこまでも伸びてゆく。また、本はなくとも、口から口へと話は伝えられる。話は、我々の想像以上に言語や文化の壁を飛び越してゆくのかもしれない。国同士の交流が稀薄でも、話はわずかな隙間から微生物のように入り込み、その国の言葉のなかに、自然な形で溶け込み、風俗習慣にまで迎合して形を変えてみせる。そして、この場合、具体的にいかに話が伝播するのかという疑問だが、外国語のできる人物から、有島幸子へ、そして円朝へという経路を実例として、前引の内田魯庵・都筑道夫の述べた説が、その流れを見定めた的確な推理では(13)

ないだろうか。

注記

（1）『百一夜物語』については、前嶋信次『アラビアン・ナイトの世界』（平凡社ライブラリー）の「Ⅲ」に紹介がある。以上、『百一夜物語』の基本的な書誌は西村正身氏の御教示による。

（2）拙稿「円左の落語二つ」（『諸芸懇話会会報』175号、一九九六年一〇月）。なお、ディケンズの『オリバー・ツイスト』は、初代快楽亭ブラックにより明治二八年「やまと新聞」で翻案された（一九七四年七月『上方芸能』36号の投書欄に吉沢英明指摘）。吉田碧寥訳（一九〇七）や堺枯川訳（一九一二）に先行する。ブラックによる翻案は『クリスマス・ブックス』（ちくま文庫）の訳者・小池滋による「はじめに」等でも簡単に触れられてはいるが、あまり知られていない。ともかく、実はブラックのほうが早いことが通説とされるべきである。

（3）『宿直草』（延宝五年・一六七七刊）巻一－一「廃れし寺をとりたてし僧の事」は化物のいる寺を、あえて所望し再興させる説話。その他、化物のいる寺や家に承知で入る説話は少なくない。

（4）拙稿「山田洋次の落語」（『諸芸懇話会会報』179号、一九九七年二月）。

（5）余談だが、『ヴェニスの商人』の類話の一つに、金奉鉉『朝鮮の民話』（一九七六、国書刊行会）所収の「使道の名判決」がある。竹馬の友だった金某と李某が、ある娘を巡り仲違い。李某がこの娘と結婚した後、金の工面に迫られ金某に、期限内に返さなければ李某の肉一片を切りとることを条件に借金。しかし、返せず肉も切らないので裁判。使道は自分の娘の入れ知恵で「肉はとっても血はとるな」と言い渡す、という概要。また、同書所収「尊位令監の名案」は、中国『夢渓筆段』や日本の政談物にも類話がある。その他、韓国の話にも日本や世界に共通するものは少なくない。

(6)『南方熊楠全集』2には、これを「巻十」とするが、先行諸氏により正しくは巻九に所収と判明している。

(7)この三つの説話は、類話が世界的に分布していることで知られる。松原秀一『中世ヨーロッパの説話』(中公文庫)に詳しい。なお、「知恵有殿」の近世説話は、延広真治「咄における継承と創造」(『比較文学研究』70、一九九七)に整理された。また、「早もの使い」は西鶴『武道伝来記』巻七―一の話が知られるが、講談にもあり、スタンダールの『パルムの僧院』のなかにも引かれる。

(8)『デカメロン』七―四は、落語「六尺棒」に近い。武藤禎夫『落語三百題』の「六尺棒」の項で引く、トルコの頓智話『ナスレッディン・ホジャ物語』とも同話である。またこの七―四は昔話「知恵有殿」・落語「算段の平兵衛」(「雨夜の引窓」)の前半にも類似。尾崎紅葉が『デカメロン』中の話を、翻訳・翻案していることは知られたことだが、この書が持つ再話化・翻案化のしやすさにも注意したい。

(9)中村幸彦は、『清誠談』の作者を、その序文にある随山とする(「桜姫伝と曙草紙」、『中村幸彦著述集』第六巻所収)。

(10) 拙稿「漱石雑考」(『法政大学大学院紀要』38号、一九九六年一〇月。『明治文芸と薔薇』右文書院所収)で触れた。
(11) 『大荘厳論』巻第六－三四「田夫伏蔵を得て王に捉へられ財宝の悪毒蛇なるを解悟する縁」。
(12) 富田仁『アルフォンス・ドーデと近代文学』(一九七七、カルチャー出版社)参照。
(13) 例えば、松浦静山『甲子夜話』巻二二にこんな記述がある。「西洋にもおとし咄あり。予が蔵中の蛮冊に見ゆ。訳人の読しを鈔載す。曰。ノルマンデヰヱンといふ処の田舎人、(略)」。これだけ見ても西洋の話が日本化する下地は十分あったとうかがえる。

付記

本稿を記すに至った経緯を記せば、京都大学の中務哲郎先生から『知恵の教え』の存在を文書で教えられ、その後、西村正身先生より『百一夜物語』のコピーを送っていただくほか、貴重な御教示を賜ったことによる。この種の探求はとても独力でできぬと改めて痛感するとともに、常に視野を拡げ、日本だけにとらわれず、広く研究文献を知ることに努めるべきと悟った。まだまだ、日本の説話では見きわめきれない話・噺は少なからずあるであろう。通説に拘らず、訂正を恐れず、今後も皆さまの助言を得ながら調査を行なうつもりである。

追記

＊「死神」については西本晃二『落語『死神』の世界』(二〇〇二、青蛙房)を参照。

＊　R・レイン「西鶴とボッカチオ」(『文学』一九五八年五月号)、笠井清『西鶴と外国文学』(一九六三、明治書院)にも、関連する記述がある。

＊＊　二六七ページに有島幸子に言及があるが、円朝の礼状(有島武郎宛)が、岩波版『円朝全集』別巻二(書簡番号八三)に収められている。

「中村仲蔵」――出世噺の成立

『西国立志編《さいごくりっしへん》』の形式に合致していた仲蔵出世噺

時は明治元年(一八六八)。英国留学を突如切り上げることになった中村正直は、友人フリーランドから餞別としてスマイルズの『セルフ・ヘルプ』を贈られた――と石井研堂の『中村正直伝』(一九〇七、成功雑誌社)第十七章にある。この書は、前年ロンドンで出版された増訂版であったが、贈られた方も贈った方も、この行為が近代の日本人に著しい啓発をもたらすきっかけになるなどとは思ってもいなかったであろう。中村は船中さっそくこれを読むや、いたく感動。翻訳して日本に普及させることを誓う。艱難辛苦の訳本は二年後の一八七〇年に『西国立志編』と題して完成するや、その反響斜めならず、一八七一、七六、八二、八六、八七、八八年とたちまち版を重ねる。すでに、前田愛「明治立身出世主義の系譜」(『前田愛著作集』二所収)や、竹内洋『立身出世主義』(NHKライブラリー、一九九七)、天川潤二郎「明治における「立身出世主義」思想の系譜」

（『経済学論究』一九八九年一一月）に論及されているように、この『西国立志編』の明治の若者への啓蒙ぶりには特筆すべきものがあった。例えば国木田独歩の、『西国立志編』に魅せられた一人の青年の生活を痛々しく綴った小説「非凡なる凡人」（一九〇三）を見てもそれが窺える。また、明治の修身の教科書がこれを種本の一つとしていることも、この書の並々ならぬ影響力を証明している。

『西国立志編』を繙《ひもと》くと、「貧賤より出でたる豪傑の人」「卑賤より起こりて大名を得たる」「卑賤より高位顕職に至りし」といった言葉が目次に拾える。実はこればかりではなく、元来「高貴な」身分の人間の成功譚も、『西国立志編』には少なくないのだが、「卑賤より」こそ、封建社会の去り身分制度の緩んだ明治には恰好の題目であり、庶民の心に大いに受け入れられたようだ。「出世」「立身」「立志」「成功」と冠した本が明治には大量に出版されているが、それらを調べると、『西国立志編』に出典のあるものが少なくない。それも、下層階級から成功する人の物語を特に転用している。また、『出世之鏡』（一八八六）の田中鶴吉伝にしても、『根岸浜吉出世鑑』（一八九四）にしても、宿屋の給仕から大富豪になった日比谷平左衛門の一代記『出世の階段』（一九一二）にしても、社会的に低く見られがちな階級から出世する、という話柄で読者に訴えかけている。さらに「立志美談」なる書名で逸話の集められた本の多くが、賤しい階級から大臣・大学者・大実業家等になる、出自が何であれ〈やればできる〉式の成功物語である。これらは

『西国立志編』の一形式を知らず識らずに倣っていると言えよう。草履取りから天下をとる秀吉の『絵本太閤記』が明治に好まれたことも、この世相をもってすれば頷ける現象であろう。

機を見るに敏な舌耕芸の担い手たちが、そんな出世話の流行に鈍感であるはずがなかった。〈稲荷町から名題《なだい》の名優〉——そんな中村仲蔵の出世噺は、もとより前述の『西国立志編』の形式に嵌っていた。もともとは講談・人情噺の挿話にすぎなかったであろう中村仲蔵出世噺は、当然にして看過されず、一席物として独立していく宿命を帯びたのである。すなわち仲蔵出世噺は、そんな明治の立身出世主義ばなし隆盛の産物だったのである。

仲蔵出世噺概観

冴えない役を振られた仲蔵は、いったん腐りかかるも女房の励ましもあって一念発起。斬新な衣装と演出で一躍脚光を浴び、逆境を逆手に見事出世の王道を歩み始める。世に知られたこの仲蔵出世噺は、講談・映画・人情噺・大衆文芸に爽快に描き続けられてきた。特に舌耕芸によって繰り返し口演されたことが、人口に膾炙した最大要因であろう。そして、このもてはやされる初代仲蔵出世噺の源流が、三代目中村仲蔵の『手前味噌《てまえみそ》』

であると言われて久しい。『手前味噌』の稿本が世に初めて出たのは一八八五年『歌舞伎新報』。以後、一八八八年まで同誌に連載される(参照、『手前味噌』解説、一九六九、青蛙房)。

今日知られる仲蔵出世噺の古いものに、三遊亭円朝が「やまと新聞」に一八八七年三月より連載した「月《つき》に謡荻江《うたうおぎえ》の一節《ひとふし》」の十五、十六席がある。明和三年(一七六六)、本所割下水《わりげすい》の美濃屋なる蕎麦屋で、素行の悪い浪人・山室半次郎を見かけた仲蔵は、悩んでいた芝居の衣装の着想を得る。仲蔵は半次郎にいろいろ質問した末に、芝居にかけるなという言葉を無視してそれを写し成功する。これは『歌舞伎新報』以後の作品である。ゆえに、円朝は『歌舞伎新報』掲載の『手前味噌』によって創作した、と考えたいが、『手前味噌』と相違する部分もあり、さらに円朝は『秀鶴日記《しゅうかく》』に前述の話があったと速記中で言っている。現在伝わる『秀鶴日記』のなかにその部分は見当たらないが、その細かい引き方から、それら以外の未見の先行文献の存在をも示唆される。

続いて初代談洲楼燕枝の「旗本五人男」が「毎日新聞」に連載(一八九七)。(1)その六七回(三月二五日)に「此村大吉《このむらだいきち》の伝に掛ります」と始まり、第七〇回(三月二八日)にかけてやはり仲蔵出世噺が取りこまれている。明和四年(一七六七)仲蔵は狐の面の一件で金井三笑《さんしょう》の顰蹙を買い、その結果忠臣蔵五段目の端役・斧定九郎《おのさだくろう》役を振られて落ち込む。柳島の妙見様に祈願した後、亀戸天神橋の手前で雨に打たれ、近くのお堂に逃げ込む。そこへ黒羽二重《くろはぶたえ》で月代《さかやき》を伸ばし、白の博多帯、朱鞘《しゅざや》の大小落し差し、腰に雪駄、肩が出るまで腕をまくり、蛇の目傘の雫を払った此村大吉を見かける。その姿を芝居に使いたい、という願いを大吉に聞き入れられた仲蔵は、与市兵衛役の役者と床《ゆか》の太夫・三味線に口止めして稽古し、くだんの扮装をもって初日で世間を仰天させる。これはほぼ『手前味噌』に近い。ただ、大吉が極刑で果てた後、仲蔵は千住小塚原に墓印を建てたと、燕枝は言い添えているが、これは分銅伊勢屋が鼠小僧次郎吉のそれを建てたという講談常套の展開の流用と思える。次に、後の二代目三遊亭小円朝こと初代三遊亭金馬の「蛇の目傘」の速記が、『文芸倶楽部』(一九〇〇年三月)に発表される。これは前掲の「月に謡荻江の一節」の型だが、ここで注意すべきは一席物にしている点。「月に謡荻江の一節」の抜き読みとも言えるこれは、常に大衆の反応を見据えるという、寄席芸の本質に則る工夫であることは言うまでもない。このあたりから「中村仲蔵」の独立が始まってゆく。

後、『小円朝落語全集』が三芳屋より大正五年(一九一六)に刊行されるが、ここで前掲「蛇の目傘」は「中村秀鶴」と改題され、前掲の速記に較べると細かさに欠けるもので、「本統《(ママ)》ならば道具屋を帰します」というサゲをつけ落語らしく改作されている。他に、明治末には三代目神田伯山の仲蔵出世噺の速記があるが、これについては後述する。悟道軒円玉は、大正四年(一九一五)一〇月一五日『文芸倶楽部』に「名人初代中村仲蔵」を発表。(2) これもほぼ『手前味噌』を踏襲するが前述の金馬と異なり、噺は仲蔵の生涯に及ぶ。そのほか「中村仲蔵」を演じた芸人としては二代目談洲楼燕枝、八代目桂文治、八代目林家正蔵、五代目古今亭志ん生、六代目三遊亭円生が知られる。なかでも正蔵のものが一般に流布していよう。

正蔵の「中村仲蔵」においては、浪人の名を三村半次郎とし、サゲは「なんだか煙に巻かれたみたいだね」「貰ったのが煙草入れ」。これに拮抗する形で、一九六九年に古希の三遊亭円生が「中村仲蔵」のネタ下ろしをする。正蔵が、お前に何かの工夫を期待している、と女房の言葉で定九郎を振られた理由を簡単に説明したのに対し、円生は、仲蔵が嫌われた根拠を入念に織り込み、逆に正蔵の長く演《や》った蕎麦屋の場面を短くして、舞台面の工夫については六代目尾上菊五郎の『芸』(一九四九、改造社)を参照し厚みのある人情噺に仕立てた。なお、同著にも定九郎扮装の苦心譚が出てくるが、これは菊五郎が『手前味噌』をそのまま引いてきたように思える。円生のサゲは、仲蔵が「もう死ぬかと思いました」と言うと、師匠の伝九郎が「お前を仏様にできるか。役者の神様だ」と言うもの(参照、山本進「演目解題」、『名人名演落語全集』第九巻所収)。正蔵の型は、天野雅彦《のぶひこ》の話に感動し「山路の梅吉」の粗筋を教わった(『林家正蔵集』青蛙房)とあるように、八代目桂文治の型である。古今亭志ん生のそれは、小円朝の型である。その後の落語家では三遊亭円楽が正蔵の型。滅多に演らないが古今亭志ん朝も同じ。他に、五街道雲助、柳家さん喬、林家正雀、桂南喬、三遊亭円彌、講談師では桃川若燕の噺を引き継いだ神田松鯉《しょうり》、一龍斎貞心などがいる。

戯曲・文芸においては、岡鬼太郎《おかおにたろう》の「御存知東男」が新富座に大正九年(一九二〇)五月にかかるが、これは、おこよ源三郎説話と「旗本五人男」に仲蔵の扮装譚をない交ぜにしたもの(三田村鳶魚「新富座の東男」)。邦枝完二《くにえだかんじ》の戯曲「中村仲蔵」(一九二六作)は、定九郎役を振られ、上方落ちだと腐った仲蔵が、浜町河岸で無頼の侍・岩田長十郎に遭遇し霊感を走らせる。長十郎に服を無心し、それを用いて芝居にかけるというもの。豊田豊「定九郎新に生まる——怪異中村仲蔵伝」(『演芸画報』一九二七年四月号)は、仲蔵が王子稲荷参詣の帰り、旗本難波万里九郎に襲われるが、その姿を舞台にうつし成功。その後怪夢に悩まされる陰惨な結末。「劇壇出世物語」(『演芸画報』一九三九年一月号)所収、武島十郎の「仲蔵新型物語」は前述の寄席芸の速記に同工。杉本苑子の「流灯」(一九六六年四月発表。後「仲蔵とその母」と改題)は、旧来の仲蔵噺に追随するが、実子以上に仲蔵を可愛がった母の姿に視点を置いたもの。定九郎の役振りについては、三笑が二枚目作者の治助を苛めていたので、それと親しかった仲蔵にとばっちりがいったと推定。

映画においては、阪東妻三郎プロダクション製作・山口哲平監督『此村大吉』(一九二九)。阪妻が大吉を、岡田喜久也が仲蔵を演じる。市川右太衛門プロダクション製作・古野英治監督『蛇の目定九郎』(一九三六)では、右太衛門が仲蔵と山室半次郎を一人二役で演じる。マキノ正博製作・中川信夫監督『旗本八万旗』(一九三七)は、「旗本五人男」

の映画化といったところで、沢村国太郎が此村大吉と仲蔵の二人に扮する。また、映画化には至らなかったが山中貞雄にも一九二九年頃執筆したシナリオ「中村仲蔵」があり、ここでも浪人の名を此村大吉にし、先生の真似をしたと大吉の弟子たちが捻じ込んで来る(参照、『山中貞雄作品集全一巻』一九九八、実業之日本社)。

ところで、仲蔵噺のすべてが、『手前味噌』に端を発していると言っては過言になる。というのも、烏亭焉馬『花江都歌舞妓年代記《はなのえど》』の天明五年と寛政二年の項。それと伊原敏郎(青々園《せいせいえん》)『近世日本演劇史』(一九一三、早稲田大学出版部)の存在が無視できないからだ。これら二書を参考に作られた仲蔵出世噺もある。例えば、『講談落語界』七巻五号(一九一六)の神田伯山「名優仲蔵」(3)(今村次郎速記)は、謡をうたって露命をつなぐ浪人親子から子供を貰うという書き出しや、身投げするところだったのが金を貰い、その後助けてくれた人に恩返しする話など、『花江都歌舞妓年代記』の仲蔵の伝を下敷にしている。また、石川大洋「苛められた中村仲蔵」(『演芸画報』一九三四年九月号)は、主に仲蔵染の由来を説くのみで、定九郎に関わらない仲蔵噺として異色作だが、こういうもの。芸熱心な仲蔵は仲間内から激しく苛められ、役者を辞めようとするが、師匠から大谷広次の故事を聴かされて奮起。菅原染の帷子《かたびら》を着て、後にこれが仲蔵染と言われるまでになる。また年中弁慶縞の着物を着ていたのは、実父の姓が斎藤なので、親孝行の仲蔵が「西塔《さいとう》の武蔵坊(弁慶)」に引っ掛けたからであった。これなどは、『月雪花寝物語《つきゆきはなねものがたり》』によって創作したものである(同書は仲蔵の自伝。伊原の『近世日本演劇史』で紹介された)。『月雪花寝物語』には、深川小松町で生まれた仲蔵が、幼くして両親に別れ、七歳のとき踊りの中山小十郎の養子になり、その後中村伝九郎の弟子になるが、家業がうまくゆかず、自殺未遂などの辛酸を舐める等、『手前味噌』には見えない記述、あるいは齟齬する点が多くある。また、『手前味噌』の誤謬をいち早く正したのは、伊原の書である。(4)

さらに、伊原は『寿阿弥筆記《じゅあみひっき》』も紹介。ここに定九郎扮装決定までの過程が綴られている。そもそも定九郎の扮装についての発案は四代目の市川団十郎の修行講(演技研究会)における三代目幸四郎(後の五代目団十郎)の考えだったという。しかし、団十郎の芸として「悪き武家」は取り入れられないということになり、一方、門閥・家柄にしばられない仲蔵にはその工夫を試みることにためらいがなく、仲蔵が譲り受けたという経緯である。長谷川伸「定九郎仲蔵」(『大衆文芸』一九四八年二月号)は、定九郎扮装に関する部分において前掲寄席芸の速記と大差はないが、仲蔵の半生・修行講にも書き及んでおり、これは『近世日本演劇史』をも参照したのであろう。松井今朝子『仲蔵狂乱』(一九九八、講談社)は仲蔵の伝記を綴った長篇。『手前味噌』と『近世日本演劇史』をふんだんに取り込んだ仲蔵噺の総集篇の様相を呈する。特徴としては、これまでの仲蔵噺に較べ仲蔵が定九郎演出に苦心する描写には多くの筆を割いていないこと。

このほかに、主役ではないが仲蔵の出てくる噺と言えば、「淀五郎《よどごろう》」がある。破格の抜擢を受けた役者(淀五郎)が当初先輩(団蔵)に苛められるものの、知恵を授かり出世の糸口をつかむという噺。別名「中村秀鶴」と言い、助言役として仲蔵が出てくる(これを三代目仲蔵とする説もある)。これは、四代目の橘家円喬、初代柳家小せん、三代目三遊亭円遊、五代目古今亭志ん生、六代目三遊亭円生らが演じていて、今日の落語家に伝わっている。講談では六代目小金井芦州。東京では淀五郎を芝居茶屋の倅にするが、上方系では紀伊国屋の息子とすることが多い。沢村淀五郎なる役者は大坂新地の人で、初代沢村宗十郎の弟子として『歌舞伎年表』寛保元年(一七四一)一一月の項に、京・万太夫座「今様信太妻」に与《よ》寛平《かんぺい》役で出演している。むろんこの淀五郎と噺の「淀五郎」を短絡的に結びつけることはできず、もとより史実とは判断しない。例えば、「淀五郎」における憎まれ役の市川団蔵の異名を、六代目円生は、目黒団蔵あるいは渋団蔵と言っているが、これは本来二人の団蔵を同一視して混同しており、それが噺の噺たるところでもある。

「淀五郎」に類似した説話は、根岸鎮衛『耳嚢』巻二にある。市川門之助が大磯の虎を演じ、師である栢莚の演じる十郎祐成と愁嘆の場でからむが、一向に栢莚からヨシが出ない。門之助は訥子の沢村長十郎に相談に行けと教えられる。翌日その通りやるとひどく誉められ、栢莚は「其方が工夫にては出来まじ」と言う。この語は「淀五郎」での「しかし、こいつだけの智恵じゃアなさそうだな、これア……だれかに聞いたな」(『円生全集』第一巻、青蛙房)の独白まで一脈通じる。同工の噺はあるもので、桃川実《みのる》の講談「市川団蔵」(『名人十種』一八九七、三芳屋書店、今村次郎速記)では、前述の淀五郎に相当するのが市川鷲蔵で、助言を乞いに行く先が五代目市川団十郎。さらに、八代目入船亭扇橋講演「団蔵と多見之助」(『娯楽世界』一九二三年一月号、浪上義三郎速記)を紹介しておく。扇橋は、まずこの噺を隅田川馬石から教わったと言い、そして、抜擢された役者と、先輩役者との組み合せとして、沢村淀五郎と団蔵の組み合せも、市川鷲蔵と五代目団十郎の組み合せも、事実とは違う、という前置きを述べる。噺の内容は、「三代目尾上菊五郎が大坂角《かど》の芝居で忠臣蔵をだし大評判。ちょうど中《なか》の芝居の市川団蔵もこれに張り合うように忠臣蔵をだす。そして、判官役に新参の旅回り役者・嵐多見之助を指名する。しかし、四段目になってまったく団蔵が近寄らないので、悩んだ末に角の芝居の音羽屋に相談に行く」というもの。現在では一龍斎貞水が演じる講談「団蔵と多見之助」がこれに近い。そして、宝井馬秀演「名優中村仲蔵」(『講談全集』十一、一九二九所収)は、「中村仲蔵」と「淀五郎」を混ぜたような噺になっている。この全集は厳密には速記と言い難いかもしれないが、とりあえず筋だけをまとめる。宮地芝居の中山小十郎が、謡をする浪人から子供・小三郎を貰う。小三郎は役者として育てられるが養父の病、当人の自殺未遂などの苦労を味わう(『花江都歌舞妓年代記』の伝記)。その後中村伝九郎の弟子になり下積み生活。定九郎の役を貰うと、此村大吉の扮装を生かして成功する。大成の後に相中の沢村淀五郎の四段目の質問に答えて助けてやる。名人は名人を知る、と結ぶ。

「中村仲蔵」は実話か

役柄は同じでもさまざまに役名が変化する。まるで史実であるかのように実名・時代背景を織り交ぜて語るが、実は細かい考証や多少の異同は気にせず作話する。これが噺の何よりの特徴であり、したがって論じるには慎重な態度を要する。例えば、落語「武助馬」は鹿野武左衛門《しかのぶざえもん》『鹿《しか》の巻筆《まきふで》』(貞享三年・一六八六刊)巻三「堺町馬の顔見世」が原話だが、これを一心亭辰雄(後の服部伸)が脚色し、明治時代の市川団十郎の話に置き換えている。また、四代目市川小団次の出世噺は、先行する雲居禅師の話を借用しているにもかかわらず、まったく本当の話のように語られてゆく。

小池章太郎は、三代目仲蔵は初代仲蔵の自伝『月雪花寝物語』の存在を知らなかったのではないかと述べ(角川選書『手前味噌』一九七二)、田口章子も、三代目にとって初代は伝説の人、と捉える(「ある役者の一生」、『江戸時代の歌舞伎役者』一九九八、雄山閣所収)。当然の見解であり、したがって、三代目仲蔵は『手前味噌』の初代の項を書くに当たって、すでに講談化あるいは巷談化している話を、そのまま取りこんだという推測が十分成り立つ。また、「淀五郎」のところでも述べたが、いかにも事実らしく、現実味のある固有名詞が使われ、史実に則った展開であっても、寄席芸を安易に実話とは考えないほうがいい。まずは、作り話だと考えるほうが無難である。

すなわち、仲蔵噺は、何らかの先行説話を流用した可能性も少なくないのだが、現在まできわめて遺憾ながらこの仲蔵譚に類似する説話は発見に至っていない。今後、中国説話か未見の近世説話からの発見の報告があるとも予想する。

ともかく虚構であるとみる観点から仲蔵出世噺を見ていこう。円玉や円生は『手前味噌』を参考にしたうえで、「何うか子供を一人授けて頂きたいと思って」(円玉速記)のように子宝祈願にしているが、『手前味噌』には、そんな祈願を明記する一文はない。しかし、円玉の読み取ったように、『手前味噌』は話の滑り出しにおいて「申し子」説話の形式を踏まえていると言える。「申し子」説話とは、子種の授からぬ夫婦が神仏に祈願すると、神の加護があって子を得るというもので、楠正成(『太平記』巻三)、紀長谷雄や恵心僧都の出生譚、『神道集』に多く、また「一寸法師」「小栗」「愛護の若」「しんとく丸」「毘沙門の本地」等がある。ただその多くは、懐妊が叶うものである。『手前味噌』では貰い子であるが、このような例も少ないながらある。たとえば『今昔物語集』巻第十一－三十八。大和の夫婦が観音に祈願した帰り、お堂で子供を拾う。後にこれが大僧正になる。「申し子」説話において、申し子の多くがその後出世しており、その意味でも仲蔵の成功は説話上約束されていたと言えよう。

また、『手前味噌』には、仲蔵が科白を忘れてしまったものの、団十郎にそのことをそっと耳打ちして、その場をうまくしのぎ、すると、その機転のゆえに、かえって団十郎から目をかけられる、という逸話がある。これは近世随筆に見かける趣向で、おもに使者の失敗を滑稽に語るさいに使われ、講談にもある(『義士伝』の武林唯七《ただしち》)。また、身投げをしようとしたところで金を恵まれ助けられる、という『花江都歌舞妓年代記』の話は、本書「文七元結」の節で論じたように落語他に多くの例がある。『月雪花寝物語』にある、身投げするものの泳ぎが達者で死にきれなかったという話も他に例があるが、これは自伝なので実話の可能性が高い。また、俄雨を避けて浪人と会う場面だが、そのような出会いの場面は御伽草子『雨宿り』『小幡の時雨』をはじめ文芸には古くから見られる趣向である。他に、天明五年一〇月に父の名を継いだと『花江都歌舞妓年代記』にあるにもかかわらず、一つ名前で変名しなかったといった美談が加わるのも、長谷川伸『一本刀土俵入』まで連なる定型的な趣向。このように、仲蔵出世噺には説話の伝統的な要素がかなり入り混じっているのである。

　では最後に、仲蔵出世噺で最も興味をそそられる、浪人との遭遇、及びそこで天啓を受けること、これも、どこまで説話の伝統的趣向に富んだものなのかを考えてみたい。その前に、仲蔵が定九郎役で成功したことを当時の評判記で簡単に確かめておく。明和三年(一七六六)『役者評判記』には「秋の定九郎の思ひ入は、江戸中が請取た」、明和五年『役者言葉花《ことばのはな》』に「定九郎の浪人より以来よい事を仕出され」、明和六年『役者太夫《まつの》位《くらい》』には「梅カ香にのっと日の出る山路哉と定九郎の役から俄かにのっと日の出になって何をされてもヤレ仲蔵ときつい物でござる」、明和七年『役者裏彩色《うらざいしき》』には「定九郎より日にまし段々と御出世」。このように仲蔵が定九郎役で出世し始めたのは歴史的事実である。ただ、仲蔵は初演で定九郎の扮装を凝らし成功をおさめたと語られるが、それは若干史実と異なるようだ。八文字舎自笑『古今《ここん》いろは評林《ひょうりん》』(天明五年・一七八五刊)の「斧定九郎役」に「仲蔵二度目あたりより黒羽二重の古き着物」(5)とあることが示すように、再演時において本格的な扮装の拵えにはいったと判断できる。

しかし、仲蔵の自伝『月雪花寝物語』には、本論でたびたび述べた、浪人の姿を取り入れて云々、といった事柄に類するものは見られない。『秀鶴随筆』や『秀鶴日記』も然り。そこで、説話の系譜の上で、類似する話を探ってみよう。役者が街で見かけた人の身なりを取り入れると言えば、たとえば吉弥《きちや》結びの由来がある。井原西鶴の浮世草子『男色大鑑』(貞享四年・一六八七刊)巻六－四「忍びは男女の床違ひ」では、紙屋の娘の姿を参考にしたとある。もっとも、『吉原徒然草』(宝永年間成立)ではこれを否定している。この考証は『嬉遊笑覧《きゆうしょうらん》』巻二に詳しい。神仏への祈願の帰りに暗示を授かるのも、演劇的な趣向だが、類似のものは、源　順《みなもとのしたごう》が難解な「左右」の文字の読み方を知るべく祈願した帰り、道行く人の会話から暗示を受け読み解いたという逸話(『石山寺縁起』巻二、正中年間成立)。また、大塩政談の「瓢箪屋政談《ひょうたんやせいだん》」等では、神仏祈願はないが、ふと耳にした他人の話で騒動解決の糸口をつかんでいる。さらに、これは明治期に流行した発見譚の型に類似している。それは志高き苦労人がたまたま見かけた出来事から啓示を得て、運命を大いに開くというもの。『西国立志編』から引けば、フランスのヘルイマンは娘が髪を指に絡めて揃えるのを見たおかげで、悩み抜いていた衣料梳冶機の創案に辿り着く(これは明治時代の啓蒙書にも引用されている)。すなわち明治期になると、ニュートンと林檎の逸話の如き、発見または創意工夫についての逸話が好まれ始めたのである。このことは注意しておきたい。やはり、このような説話の型の存在から考えて、前に述べた修行講での譲り受けが真実で、浪人との出会いは虚構なのか。

ただし、伊原の前著をはじめ多くの論者が指摘していることだが、仲蔵が実際の見聞から定九郎の扮装を思いついたことを裏付ける資料もある。三升屋二三治《みますやにそうじ》『紙屑籠』(天保一五年・一八四四成立)には、本所割下水で見た黒羽二重、博多帯、朱鞘の大小、五十日程の月代の侍の姿を写したとある。(6)また後に『脚色余録』三中の巻(嘉水四年・一八五一自序)に引用される永下堂波静《えいかどうはじょう》『東の花勝見《あずまのはながつみ》』(文化一二年・一八一五刊)には、王子稲荷参詣の帰り、道灌山下通り稲荷森《とうかもり》、黒小袖、山の如き月代。(7)この著者波静は西川鈍通から聴いた話とし、また定九郎にいろいろな説があるとあり、この頃すでに諸説あったことがわかる。そこで、前述の修行講がその真相であるかのように言われもするが、示唆を受けたという説と、実際の見聞説とは矛盾しない、とみる説もある。これは『近世日本演劇史』や河竹繁俊『歌舞伎名優伝』(一九五六、修道社)、今尾哲也「芸の伝承と創造」(『文学』一九七〇年一二月号)なども説くところである。松井今朝子の小説でも、仲蔵は幸四郎の工夫を譲り受け、日暮里で見かけた濡れ鼠の浪人を思い浮かべて定九郎を創造している。

このように、扮装の由来が複数ある、ということは他にも例がある。近い過去の例を挙げれば、かのチャップリンの酔っ払いの扮装由来がこれと重なる。自伝では詳しく書いていないものの、ジョルジュ・サドゥール『チャップリン』(一九五四、白水社)では、昔見たイギリス人の装い、あるいは先輩芸人、あるいは子供のころ見た酔っ払いの真似とあり、ピーター・コーツ、セルマ・ニクロース共著『チャーリー・チャップリン』(一九五七、中央公論社)では、先輩芸人フレットキチンの真似とあり、チャールズ・チャップリン・ジュニア『わが父チャップリン』(一九六五、恒文社)では、独創でありロンドンで代役をした時に主役の服がだぶだぶだったことからとある。二〇世紀のことであっても、このように複数の説が出てくるのである。ところが、『古今逸話集』(一九二九、講談社)所収「酔っ払らひの真似」では、役作りに悩んだチャップリンが町で見かけた酔っ払いにヒントを受けそれを真似してたちまち成功したと、あっさり書かれている。伝説の作られ方がいかに簡略的かは、これが示している。

かつて『手前味噌』の事実性に迫った論考もあったように(山中智恵子「忠臣蔵五段目定九郎の新演出」、『歴史学研究』一九七一年六月)、『手前味噌』には多分に説話の定型的要素は入り込んでいるが、結論を言えば、このできすぎた噺の骨格そのものは、かなり事実性を帯びた噺ととらえることもできるのではなかろうか。前にも書いたが、成功を夢見る人がたまたま第三者から、または習慣的な事柄から暗示を受けることは、科学者やチャップリンの伝説に遡らなくとも例証はできる。たとえば、落合博満は、ある時バッティングゲージ越しに見た土肥健二のフォームに釘付けになり、その打ち方を真似し自家薬籠中のものにするや、球史にその名を燦然と残す大打者にのし上がったし、ボクシングの輪島弘一のある奇策もタクシー運転手との何気ないやり取りからうまれたという。全くの他者・他愛ない事象から霊感を授けられることは、煩悶する人の身にこそ現実に起こりうるものなのである(心理学でいうところの「孵卵期」がこれに近い)。また、自分に与えられた役に失望するものの、斬新な趣向で逆に目立つものにしてしまう、ということも現実にありうる。同じ芸能の例では、二代目桐竹紋十郎が簑助時代の「忠臣蔵」の通し狂言でのこと。清水一角の場での下女の演出を、吉田三吾からの入れ知恵も考慮し、艶っぽい扮装にかえると、これがおおいに評価され、その後の歌舞伎の型にもなったという。これは桐竹紋十郎・鶴沢清二郎『文楽の人形と三味線』(一九四四、文楽研究会)の「出世の機会」において本人が言ったことであり、伝説ではない。同じことを『私の履歴書》〈20〉(一九六七、日本経済新聞社)でも本人が述懐している。さらに、この紋十郎の先代にこんな話が残っている。吉田文五郎の『文五郎芸談』(一九四三、櫻井書店)から引けば「機転」と題されたくだりがそれだ。

亀松(初代紋十郎)が三代目西川伊三郎のもとで修業していた時のこと。「忠臣蔵」が浅草の芝居にかかった。亀松には九段目の何でもない端役である下女りんが振られる。不満を覚えるが「いまさら文句をいっても仕方がない、それより何か一つ機転を利かして、人の目に立つことをやってみよう」と決心した亀松は、創意工夫し凝った役柄にしてしまう。すると、これが「師匠にも仲間にも認められ、世間からも認められ、まして「亀松の工夫は好いぞ」と江戸っ児にも感心され、これが一つの型となって、歌舞伎役者にも用いられるようにさえなりました」。

この初代桐竹紋十郎の逸話と中村仲蔵出世噺は似ている。しかも演目は同じく「忠臣蔵」。すなわち、いわゆる「弁当幕」を振られたことに対する憤り、見返さんばかりの新趣向、師匠と世間からの予想外の喝采。両者は、かなり同工の要素を抱える逸話である。だからといって、これが「中村仲蔵」成立と深い関係があるという判断は安易にはできない。浅草の結城座か、あるいは薩摩座か、江戸末期に起こったであろう、この亀松の評判を裏付ける資料は未だ見つけられない。単なる伝説かもしれない。ならば逆に、この桐竹紋十郎の話自体が「中村仲蔵」に依拠している、という考えも否《いな》めない。『桐竹紋十郎手記』には前述の「機転」に類することは書かれていないし、『演芸画報』の紋十郎の自叙伝にも出てこない(8)。これは、『月雪花寝物語』『秀鶴日記』『秀鶴随筆』などに、定九郎扮装の由来を仲蔵がまったく記していないことに不思議と共通する。チャップリンの自伝も然り。ちなみに、二代目紋十郎の前掲『私の履歴書』にも、この初代の逸話が語られているが、三代目仲蔵にとって初代が伝説の人であったように、単に先行文献の受け売りにすぎないことを二代目が述べた、とも思える。事実か否かはともかく、この紋十郎の話が暗示するのは、仲蔵出世噺のようなことは芸界には起こりうるのではないかということである。

天は自ら助くる者を助く。初代仲蔵の出世噺は、はじめは作り話のように思えても限りなく信憑性高き、実話の可能性を秘めた類まれな噺なのかもしれない。

注記

(1) 参照、今岡謙太郎「「依田捌五人男」から「旗本五人男」へ」(『国語と国文学』一九九六年五月号)。

(2) 参照、延広真治「名人初代中村仲蔵」(『民族芸能』276号、一九八九年四月)。本稿作成はこれに拠るところが多い。

(3) ただしこの速記は明治四〇年代の雑誌『演芸倶楽部』のものを流用したもの。吉沢英明氏の御教示による。

(4)『手前味噌』によれば、「釣狐今様《つりぎつねいまよう》」(明和四年・一七六七上演)において、仲蔵は「釣狐の工藤」に扮し、そのとき、同作の作者である三笑との関係が悪くなった(ゆえに定九郎の役を振られることになった)、という。しかし、伊原の『近世日本演劇史』は、その記述の誤りを指摘する。すなわち、仲蔵が「釣狐の工藤」に扮したのは、「鏡池俤曾我」(明和七年・一七七〇上演)が初めてであり(定九郎の工夫よりも後のことになる)、作者は三笑ではなく桜田治助である。ちなみに、この「鏡池俤曾我」での仲蔵への評価として、『古今役者《ここんやくしゃ》論語魁《ろんごのさきがけ》』(明和九年・一七七二刊)は、「組合といふ相手なし」、つまり、他より抜きん出てすばらしいと評価している。また、『古今役者論語魁』は、仲蔵による定九郎について、「名人芸にて三度ながら大出来」とし、衣装の工夫についても誉めている。

なお、『近世日本演劇史』は、芝蘭室主人『江戸塵拾《えどちりひろい》』(明和四年・一七六七自序)巻の三の、定九郎についてのくだりを引用している。それによれば、明和三年秋の定九郎の工夫は、本所あたりの博奕打ち・戸野村大吉をもとにしている、という。この戸野村のことは仲蔵の実際見たものではない。街のうわさを芝居に取り入れた、ということだろうか。『手前味噌』には、定九郎のモデルとなった浪人の名前は出てこない。したがって、この『江戸塵拾』をはじめ、他にも、『手前味噌』以外に仲蔵噺の典拠のあることが考えられる。

(5) このあたりの展開については、水田かや乃「初世中村仲蔵による定九郎演出の定着について」(『演劇学』二六号、一九八五年三月)に詳しい。なお、『紙屑籠』には、「秀鶴定九郎の役を勤たるその年のうち」(国立国会図書館蔵本)とあり、この完了の助動詞を用いた「勤たる」からも、定九郎再演時にかの扮装が創案されたことを示す資料にもなろうか。

(6) 本所割下水・役者・傘の道具立てが揃うのは、『俳優異談』(写本)中の巻「割下水の狸不意」。割下水で市川宗十郎が、宙返りして傘にのった狸を退治したというもの。余談ながらこれは一九〇四年五月一六日「毎日新聞付録」の「名人競」第十三編「総領の甚六」の原話。岡本綺堂『半七捕物帳』の「広重と河獺」もこれを参考にしたと考えられる。

(7) 現行の落語家の中に、このように王子稲荷に参詣、とする者がいるが、筆者としては、花柳界や芸能の神としてゆかりのある柳島の妙見様の方がふさわしいと考えている。

(8) 半ば余談ながら、一九一〇年九月の『演芸画報』の「名人紋十郎」に自叙伝風の文章がある。この自叙伝の正確さには検討の余地がある。かねてから紋十郎の生年(弘化二年・一八四五)には異説があって、竹本住太夫『文楽浄瑠璃物語』(一九四三、正文館書店)の「桐竹紋十郎さんの思い出」では、天保一二年(一八四一)とあるが、この自叙伝を読むと、三代目吉田辰造の弟子になった後、水野越前守の改革があり、芸人になるのを父に止められた、と読めてしまう条《くだり》がある。つまり、これでは、天保の改革より前に産まれたことになる。

第四章　円朝の種あかし

『塩原《しおばら》多助一代記《たすけいちだいき》』――原話のからくり

三遊亭円朝の作品『塩原多助一代記』(初編明治一八年・一八八五刊)は、次のような粗筋である。

塩原角右衛門《かくえもん》は、ゆえあって浪人となり、上州の山奥で猟師のような生活をしている。倅の多助だけはどうにかして世に出したい、と思っているが、先立つものがない。あるとき、元家来の岸田右内に出会い、仕官のための金策を右内に頼む。そこで右内は、金を持っていた豪農を襲うが、猟師に撃たれてしまう。右内を撃ったのは、角右衛門。間違えて撃ってしまったのである。そのとき偶然助けられた豪農の名も角右衛門であった。二人で話してみると、同じ血筋の間柄とわかる。浪人の角右衛門は、自分の息子の多助を豪農の角右衛門に養子として与え、自らは豪農角右衛門からの金で、仕官先を求めて旅立つ。亡くなった右内の妻お亀とその娘お栄は、盗賊に襲われたが、豪農の角右衛門に助けられ、それが縁で角右衛門はお亀を妻にする。角右衛門の死後、多助はお栄を妻にする。しかし、お亀・お栄の母娘は、それぞれ原丹治《たんじ》・丹三郎《たんざぶろう》の侍親子と密通。多助を邪魔者にし、いじめは日に日に激しくなる。このままでは殺される、命がなければ養父への恩返しもできない、と考えて、多助は二十一歳のとき家出を決行。愛馬の青《あお》に別れを告げて江戸へ向う。が、江戸には出たものの進退窮まり、絶望して身投げしようとする。そこを山口屋善右衛門という炭問屋に助けられ、山口屋に奉公するようになる。この後、多助は謹厳実直、かつ才覚を働かせ、商人として頭角をあらわし、炭屋を開業。零落したお亀と邂逅し、お栄が青にかみ殺されたことを聞く。多助は勤労と倹約によって財を成し、「本所《ほんじょう》に過ぎたるものが二つあり、津軽大名炭屋塩原」と世にうたわれるようになって、故郷の塩原の家名も再興する。

多助は、山口屋に奉公していた頃、道に落ちている紙くずを拾い集め、あるいは不用な草履《ぞうり》を集めて、それらに手を加えて、売り物としてこしらえ直す(つまり廃品回収業兼リサイクル品販売)。このくだりは修身の教科書にも取り込まれ、多助の倹約と地道な人柄は、日本人の模範の如く示されるようになった。

もっとも、拾い物で資金作りをする話は、多助に限らず、浮世草子をはじめ近世説話にすでに見られる。『日本永代蔵《にっぽんえいたいぐら》』(貞享五年・一六八八刊)巻三-一、『古今堪忍記《ここんかんにんき》』(宝永五年・一七〇八刊)巻七-四、『商人軍配団《あきんどぐんばいうちわ》』(正徳二年・一七一二刊)巻一-二・三、『商人職訓《あきんどかしょくくん》』(享保七年・一七二二刊)一-一、『人懐日記《にんふところにっき》』(正徳三年・一七一三刊)二-三、『商人家職訓《しょうにんしょく》』

『世間長者容気《せけんちょうじゃかたぎ》』(宝暦四年・一七五四刊)巻三‐二、『財宝速蓄伝《ざいほうそくちくでん》』(明和九年・一七七二刊)、黄表紙『花の御江戸』(天明三年・一七八三刊)等々。外国の小説ではディケンズ『我らが共通の友』(一八六五)等。塩原多助もこれらの話の主人公の後塵を拝するものである。また、江戸前期の豪商・河村瑞賢《かわむらずいけん》にも類似の話があるが、多助の前に同種の行為をした言わば先輩格的存在と見なされただけで、多助と瑞賢は、それ以上近づけて論じられることはなかった。それは、『円朝全集』所収『塩原多助一代記』、ならびに円朝の弟子である初代金馬の『塩原多助後日譚《ごにちものがたり》』(一九〇一刊)からだけでは、当然の判断だった。

ところが、このたび改めて知られた円朝遺稿『塩原多助後日譚』(以下「円朝遺稿」。「日出国新聞《やまと》」一九〇〇年一一月一日〜一二月三一日。同紙は「やまと新聞」を改題したもの)の出現によって、これまで断定しきれなかった瑞賢と多助の関係に踏み込めそうだ。というのも、その十四席から十九席にかけて、こう展開しているからだ。

安永元年(一七七二)。江戸が大火事になると、多助は燃え盛る江戸を素早く離れ、ひとり上州に炭薪・草履草鞋《わらじ》の買い込みに飛ぶ。火事で焼けだされた庶民にはこれらの需要が昂じる、と踏んだ多助の読みは当たり、にわかに生活物資に窮した庶民に薄利多売し、またその名を挙げる。

これは、売る物の違いだけで、明暦の大火の際、木曾山中の木材買占めで大儲けする講談「紀伊国屋文左衛門」と、同趣向であるが、本来この話が河村瑞賢の逸事であることは先行研究が説くところである(春秋居士『評伝河村瑞賢』一九一二、博文館)。そして、「円朝遺稿」の十九席、旧主・山口屋善右衛門(ママ)が多助の功績を誉める場面にこうある。

　這度《こんど》汝《おまへ》の働きは彼の紀伊国屋文左衛門、川村瑞軒にも劣ぬ手際、

　これぞ、円朝の種あかし。多助の人物造型の下敷には、河村瑞賢が横たわっていたことの有力な証拠である。さらに、この一文によって、瑞賢の話が紀文の偉業に流用された経緯も、円朝は十分承知したうえで、それを十四席から十九席の多助の行為へ転化させた、と推測できる。したがって多助の廃品再利用の話も瑞賢の話から流用されたと考えられる。さらに、種あかしをしたこの「円朝遺稿」からわかることは、それのみではない。

　岡本綺堂(「舞台」一九三五。『綺堂劇談』一九五六、青蛙房の「寄席と芝居と」所収)の頃から、塩原多助の粉本として影響が指摘されていたものは、大岡政談「越後伝吉」や『宮川舎漫筆』(安政五年・一八五八序)や講談「石井常右衛門」などであるが、その他に、もう一つの出典とすべき候補作品が浮上してくる。紙屑や草履を拾い、手直しして売ったり、火事を機会に木材を買い占める――これら瑞賢の逸話は近世随筆類に見られる(藤浦敦・作、立川談志・演の人情噺「寛永奇聞河村瑞賢」はこれらの逸話から成るものである)。この二つのことが書かれているものとしては、八島五岳『百家琦《ひゃっかき》行伝《こうでん》』(天保六年・一八三五自序)巻四の「川村瑞軒」をまず挙げねばならない。

東武出身の瑞軒は、上方行きの途中、大井川で路銀が尽きる。落ちている瓜や茄子で食い繋ぎ、品川の知合い宅で厄介になり、捨ててある古い雪駄を蝿叩きとして売る。「次《つぎ》の日よりは往来《ゆきゝ》の人のはき捨《すて》たる草鞋《わらぐつ》あるひは馬《うま》の鞋《くつ》など多《おほ》く拾《ひろ》ひあつめ川《かは》の中へ浸《ひた》しおき土《つち》をよく洗《あら》ひおとし泥土《かべぬり》のつかふ寸莎《すさ》といへる物《もの》に刻み泥匠《さくわん》の家《いへ》にもて行《ゆき》て売《うり》ける」(国立国会図書館蔵本)。その後、明暦三年(一六五七)の大火の際に木曾山中の材木を買い占め大儲け。

この『百家琦行伝』と類似する記述が、神沢貞幹『翁草《おきなぐさ》』(安永五年・一七七六序)巻八にあり(1)、そこでは精霊流しの茄子や瓜を拾い上げるが、食すのではなく塩漬けにして売ったとあるように、両者に微妙な差異がある。また『翁草』では草鞋や雪駄を売ることには言及していない。さらに、両者の文面を比較すると、成立の遅い『百家琦行伝』が、『翁草』だけを参照したとは思えない点もある。なぜなら前掲のカギ括弧の引用文と次の文を見比べればわかる。

　是より寺ゝへまはる道すがら。馬の沓草履草鞋も切たるをひろひとりて。是を水にて砂をすゝぎおとしこまかに切て。左官釜塗の所へ。すさにしてあきなひければ。次第に人のしらぬ銭をもうけ。

これは、前掲『商人軍配団』巻一－三「貧苦を切替へる骨牌の絵書」の引用(八文字屋本全集第三巻、汲古書院)である。八島五岳は「川村瑞軒」を著すに当たって、『翁草』の他にこれも参照したのではなかったか。ところが、この「貧苦を切替へる骨牌の絵書」の主人公は河村瑞賢ではないのである。要するに、八島五岳の「川村瑞軒」は、創作姿勢からして正しい瑞賢伝と呼べる代物では到底ないのである(『翁草』でも、瑞賢による木曾の材木買占めの話を引きつつ、本来これは材木商・冬木のことと考証している。前掲『評伝河村瑞賢』では冬木説を否定し、やはり瑞賢のこととする)。

では、円朝は、瑞賢にそのような逸事が本当にあったと信じていたのかと言えば、そうとは思えない。仮に円朝が『百家琦行伝』の「川村瑞軒」を読んで、紙屑などから資金作りをする多助を造型したとしても、そもそもこれは瑞賢の話ではないと、円朝は気づいていたのではないか。なぜなら、円朝が書いたとされる人情噺「福禄寿」は、その粗筋が『商人軍配団』巻四－一・二に一致しており、円朝が『商人軍配団』を読んでいた可能性は至って高い。したがって、「川村瑞軒」の前掲部分が『商人軍配団』を下敷にしているという事実にも気が付いた、と推察できるからだ。すなわち、「川村瑞軒」の名を十九席で述べておきながら、円朝自身瑞賢の逸事には疑わしきこと多しと感づいていた、ということの情況証拠は揃うのである。ということは、塩原多助の人物像のモデルとして、瑞賢の他にこれに仮託された無名の人物も円朝の脳裏に揺れ動いていたことになる。

円朝が、文献渉猟をする過程で学んだことは、実伝とされるものにも怪しげなものが多い、ということではなかったか。ならば、創作者・円朝はしたたかに育まれても不思議でない。

円朝は、一見塩原多助の実伝を語るような振りをして、しかも実際「上野下野道《こうずけしもつけみち》の記」等において、現地調査をすませた経験もちらつかせて噺しておきながら、一方で先人の顰《ひそみ》に倣って先行説話を大いに取り入れることに何の躊躇もなかったのである。このカラクリは、円朝作品全般に言える。例えば、『蝦夷錦古郷《えぞにしきこきょう》の家土産《いえづと》』(一八八八刊)も実は西洋種《だね》であったが、つい最近まで、円朝が北海道に行った事実と、それを語る条野採《じょうのさい》菊《ぎく》の右書「序」等によって、ずっと日本の話と我々は信じ込まされていた(本書次節参照)。正岡容は、金馬の速記によって円朝の後を補い(岩波文庫『塩原多助一代記』解説)、怪談調となるその部分について、落語「もう半分」に似ていると記した(多助から家督を譲られた二代目が、先代に預けた金を引き下ろしに来た者に、証文がないなどと言って追い返し、自害にせしめたので塩原家が祟られる)。この部分は、「塩原多助旅日記」におおむねその腹案というべきものがあり、円朝はそもそもこれを塩原家にまつわる怪談として画家・柴田是真から聞き、それをきっかけに『塩原多助一代記』を創作し始めたというが、これ自体眉に唾をつけてかかるべきものかもしれない。

おそらく読書家で、虚譚を作話するに無類の才分の持ち主である円朝が、次のような話を知らなかったのであろうか。例えば、『千尋日本織《ちひろやまとおり》』(宝永四年・一七〇七刊)巻二−八は、出家が懇意にしている家に永らく預けた金を引き出しに行くが相手にされず自害。金を返さなかった家が祟られる、という話柄。他にも『本朝藤陰比事』(宝永六年・一七〇九刊)巻一−三、『武道張合大鑑《ぶどうはりあいおおかがみ》』(宝永六年・一七〇九刊)巻四−二、『新著聞集』第四などに類話がある。その他、管見に入らぬ講談などにも同趣向は見つけられるだろう。

ちなみに、水月庵《すいげつあん》主人『塩原多助三代記』続篇(明治三一年・一八九八、一二三館)「十四」には番頭の仕業としてこれがある。これは「円朝遺稿」や金馬速記に先んじており、明治二九年七月第一一号『名家談叢』に掲載されたとされる「塩原多助旅日記」を典拠としたか。また二代目松林伯円《はくえん》『二代塩原多助栄華物語』(明治三四年・一九〇一刊)の上巻でも、多助が留守の間に番頭が騙す話がある。

しかし、それにしても何故円朝は「川村瑞軒」なることを口走ったのか。「円朝遺稿」連載頃の瑞賢に絡んだ事にあたれば、その頃静岡の袋井で瑞賢の記念碑が建てられており、新たに瑞賢顕彰の動きのあったことが、川崎有則『河村瑞賢記念碑』(明治三二年・一八九九、松成堂)からわかる。また、椋木蓮花編『立志百話』(明治三三年・一九〇〇、日吉堂)には、「川村瑞軒翁古雪駄を以て資を作る」という話がある。やや遡れば、太華山人(高橋太華)『河村瑞軒』(一八九二、『少年文学』十五編、博文館)には、草履を拾っての資金作りから商人として成功するまでの瑞賢の一生が平易な文章で書かれている。

さらに、水月庵主人が前著と同じ明治三一年に出した『塩原多助実伝』の「緒言」では、塩原多助の血統をひく下条善十郎なる人物から、事実と異なった話が円朝によって広まったという憤懣が漏らされている(「舌弁滔々と誤謬を指摘し逸事を談話し甚しき捏造の事実を論難するに至りては或は罵り或は怒り[2]」)。

作家は本能的に自分の作品の元ネタを、第三者からみだりに詮策されるのを嫌うという。だから円朝も部分的にせよ、ネタばらしに繋がりかねない出版物に対して自作の懐を探られるような脅えがあったのか。あるいは、あまりに噺を真《ま》に受けた世間からの反感に、シャレが通じないといささか当惑したのか。いずれにせよ、円朝はこういう世間の動きを察し、種あかしを自ら何気なく吐露しておきたかったのではなかったか。

注記

(1)『野史《やし》』武臣列伝巻二四九「川村瑞軒」は、『翁草』を典拠とする。頼春水『霞関掌録《かかんしょうろく》』(写本)にも類似の文がある。
(2) 同書には、多助の六世の孫・塩原孝太郎からも取材した、とある。ただし、この『塩原多助実伝』には、物語的要素が多く、円朝作品からの影響をも思わせるところがある。

追記

＊　中込重明「円朝のネタさがし」（山本進ほか編『落語の世界1　落語の愉しみ』二〇〇三、岩波書店）においても、『塩原多助一代記』などに言及している。

＊＊　『塩原多助後日譚』は、その後、岩波版『円朝全集』十二巻に収録された。

『蝦《え》夷《ぞ》錦《にしき》古郷《こきょう》の家土産《いえづと》』と『欧州奇談夢廼暁』
——翻案物異説

三遊亭円朝の翻案物と一般に括られる噺がある。『名人くらべ（錦の舞衣《まいぎぬ》）』『名人長二』『黄薔薇《こうしょうび》』『松《まつ》の操美人《みさおびじん》の生埋《いきうめ》』『英国孝子之伝』『英国女王イリザベス伝』。すなわち、『三遊亭円朝全集』（一九七五、角川書店）第六巻所収の西洋種《だね》の六作品を指す場合が多い。その他、全集未収録の円朝「応文一雅伝」（「読売新聞」一八九七年一〇月三日～一一月一九日）も翻案物と見なされる。[1] また今後、新たに、知られざる円朝作品が出現すれば、それが翻案物である可能性も出てくる。ちなみに、右に挙げたうちで原話が判明していないのは、『黄薔薇』『松の操美人の生埋』「応文一雅伝」の三作品。原話発見がまたれる。

さて、本稿でも円朝の一翻案物を扱う。そして、それはすでに全集収録ずみの作品である。しかし、前に挙げた作品のいずれでもない。つまり、これまで多くの人の目に曝されてきたにもかかわらず、まったく翻案物とは思われていなかった作品を巡る考察である。

現在の寄席で、こんなことを耳にすることがある。浅草演芸ホールにて「こないだ池袋演芸場に変なお客さんがいまして……」と語ったある落語家が、今度は池袋演芸場にて「こないだ浅草演芸ホールに変なお客さんがいて……」とまったく同じマクラをふる。はたして、その「変なお客」は、本当はどちらの寄席にいたのか。と、思い悩むよりもその話自体の事実性が疑わしい。所詮、虚々実々なのが高座における話の本質。円朝もそのような落語家の一人であることに変わりはない。

円朝は『英国孝子之伝』で「地名人名を日本にしてお話をいたします」と前置きし、原話のジョージ・スミスを清水重二郎にする等、冒頭で断っている。しかし、『名人くらべ』では、そんな改作の断りはせず、主人公の墓が日暮里南泉寺にあると、まことしやかに語る。これを信じ込んだ鏑木清方は、墓を捜しに行ったがどこにもなかったと告げて、円朝に笑われたという(永井啓夫『三遊亭円朝』)。また、『怪談乳房榎《ちぶさえのき》』でも、円朝は『江戸名所図会』を引く等して、これが板橋(東京)の赤塚に実際にあったことであるかのように語り、実は信州の話であったことを巧みに秘した(2)(本書「猫塚・皿屋敷」の節冒頭参照)。さらに、円朝は「福禄寿」のなかでこんなことも述べている。「こんどお聞きにいれまするは、わたくしがある御方のお供で北海道へまいりましたときに、あちらでこういう話があるとおっしゃいましたそのお話へ、少々色気をつけまして、外題を福禄寿とつけました」。確かに、円朝は明治一九年(一八八六)八月に一月ほど、山県有朋と井上馨の視察旅行に同行している。だから、ますますこの円朝の言葉には信憑性が出てくるのだが、しかし、「福禄寿」も先行する江戸文芸の焼直しであった。江島其磧の浮世草子『商人軍配団』(正徳二年・一七一二刊)巻四之一・二、十返舎一九の滑稽本『世の中貧福論《ひんぷくろん》』(文政五年・一八二二刊)にその原型がある。すなわち、円朝は韜晦《とうかい》しながら再話・翻案を物する老獪な作家だったのである。

だから、『松の操美人の生埋』に引き続いて、明治一九年(一八八六)一二月二一日から翌二〇年一月一九日まで「やまと新聞」に連載(小相英太郎速記、水野年方挿絵)された『蝦夷錦古郷の家土産』(単行本は明治二一年・一八八八、金桜堂)の冒頭における、円朝の次の言葉も易々と信じこむわけにはいかない。

> お聞きに入れますお話はせんだって大臣がたが北海道へ御巡回の節、はからずお供をいたしました、そのおり函館で聞いてまいりましたおみやげのお話でございまして、初めのほどは北海道のところはさらにございませんが、だんだん末は北海道のお話にあいなります。

とりあえず、この前置きを持つ『蝦夷錦古郷の家土産』(以下『蝦夷錦』)の梗概を、後に引く物語との比較のため、なるべく細かく引いておこう。なお、この『蝦夷錦』は『三遊亭円朝全集』第三巻に収められている。

『蝦夷錦』の梗概

安政二年(一八五五)一〇月、谷中日暮里の喜三郎は神田橋から三河町一丁目にかかったところで大地震に遭遇。その時、悲鳴をあげた娘を助け、護持院ヶ原までおぶっていく。そこで、娘が島村屋のお録だとわかるが、命の恩人となった喜三郎は名のらず去る。数年後、深川浄心寺での身延山の御開帳でお録と喜三郎は再会する。改めて礼を言うお録は喜三郎を見そめるが、喜三郎には世話を受けている親方・重助の娘との婚約が調っていたため気が重い。だが、それも告げられないままに喜三郎は、お録との再会を約束し逢瀬を重ねるようになる。いつしか、これが親方とその娘に知れ喜三郎は責められる。それでも話のわかる親方は、自分の娘に喜三郎を諦めるようにさとし、喜三郎には内々に田舎でお録と一緒になるための知恵を授ける。ところが、親方の配慮を無視する形で喜三郎はお録と駆け落ち。激怒した親方は島村屋に乗り込み、主人に一切を話し、二人を呼び戻す手段があると耳打ちする。一方、追っ手に脅え木曾路を行く二人だが、塩尻峠を越えた洗馬《せば》宿で喜三郎の具合が悪くなる。お録は身を売って人参を買うなどして看病するが喜三郎は亡くなる。その後、お録は流連の客から、常陸筑波下高道祖村の荒れ寺にできた慈善病院に勤めることを勧められる。看護婦になることを決意したお録は、

女郎をやめ筑波へ行く。（一〜十六）

慶応年間、水戸浪士が世間を跋扈し筑波山一帯も物騒になる。高道祖村の病院も臨時の野戦病院の様相を呈する。ある時、病人の食糧を仕入れに出たお録は、その道中で癪に苦しむ女を救う。お録は女を病院に抱えて行き、数日の看病。容体も快方に向かった頃、旅の女はお録に身の上話を切り出す。女はお桂といい、元は江戸麻布谷町の医師・高山元貞の娘。わけあってお桂六歳の時に笠間へ。しかし、すぐに母と姉を失い、父も亡くなった今は身寄りがない。ただ、お桂の行く末を案じた父は、亡くなる前に相州足柄郡山田村の裕福な曾根惣右衛門の未亡人の伯母あてに、お桂を養子にする旨依頼する手紙と、本人であることを証明する備前盛景の匕首《あいくち》を父から託された、と打ち明ける。お桂は、お録が亡くなった姉に似ていることを理由に、今後は姉妹としての関係を望む。当初、それを拒んだお録だが、お桂の強い求めを受け入れ自分のことを話し出す。ちょうどそのとき、近くで鉄砲の音が激しくなり、砲弾が病院で炸裂。その砲弾がお桂に当たったとみえ、まったく息を吹き返さない。悲しむお録であったが、倒れているお桂が自分の服を着ていて、洗濯のためお桂の服が脇に置いてあるのを見ると、悪心が頭をもたげてくる。伯母はお桂と子供の頃に別れたっきり、今の顔は分からぬはず。証拠の手紙と匕首もある。今、お桂が着ている服の裏襟には、白い布にお録とある。お録を死んだことにできる。そして、お桂の服を着て、相州へ行き高山元貞の娘だと名のって出よう。さっそく、お録は番兵が立つ関門をお桂として通過。そのさい、高山元貞を知る隊長に護兵をつけてもらい、滞りなく相州に到着。お桂と信じられたお録は、伯母の家に入りこむ。一方、倒れているお桂に医師・榊原善庵が近づき、脈は絶えているが名医善庵はお桂を蘇生させる。実は大砲の音で一時仮死状態になっていただけ。蘇生したお桂は、裏襟の名からお録と判断されると、激しく反発し事情を説明する。とりあえず、お桂は体調を整えた後にお録の後を追う。(十七〜二十五)

すっかり、曾根のお嬢様として居座ったお録も、婿捜しの時期。伯母の甥に、了義寺という寺で一度出家していた綾川信夫という男がいた。仏の教えと漢学の教養ある話で村人から慕われ、お録も惹かれていた。しかし、お録は相手にされず、逆にお録の嫌っている沢辺作弥にしつこく口説かれる。沢辺は伯母を介して、自宅にお録を招待。その頃、乞食の姿で曾根の家の前に佇むお桂。伯母との面会を求めるが、夜番の者に無下に追い返される。一旦は絶望したお桂も、父が今際《いまわ》の際に語った、従兄弟が了義寺の僧になっている、という言葉を思いだし、そこを捜す。還俗していた信夫に何とか会えたお桂は、信夫に親切に話を聞いてもらう。そして、信夫は伯母のもとへ行き、もう一人のお桂が現れたことを告げる。しかし、伯母は言い掛かりをつけにきた者だとして会おうとしない。信夫も証拠がなければと、お桂をなだめる。そこへ沢辺の家から戻ってきたお録の駕籠。信夫はその反応で本物を見極めるべく、巧みな手段でお録とお桂を鉢合わせさせる。お桂を見て卒倒するお録。お録と知らず介抱するお桂も、これがお録と気づくや摑みかかる。懺悔するお録。しかし、許さぬお桂の執拗な攻撃に顔を傷つけられると、お録は豹変。お桂に向かって逆に大騙《かた》りだと罵る。騒ぎが大きくなり、役人に縄を掛けられるお桂。それを見て、再び懺悔するお録。そして、ここで信夫の説法。看護婦としてのお録の善行を讃える。かつてお桂を助けたのもお録、騙っていたとはいえ、お録の伯母への孝行は嘘ではない。これをもって、お録を許すように、と。さらに、信夫はお録を自分の女房にすると告げる。その後、一緒になった二人は陰徳を積むべく北海道に渡る。（二十六〜三十八）

この梗概からは『蝦夷錦』という題名は似つかわしくないが、かつては、まま見られた命名の仕方である(3)。この続篇の『椿説蝦夷《ちんせつえぞ》なまり』（一八九六、博文館）では全篇噺の舞台が北海道。これを続篇に持つとすれば題名の違和感も薄まるか。ただ、『椿説蝦夷なまり』においては、信夫とお録は脇役的存在にまわる。

このような舞台設定を持つ作品だったせいか、北海道文学としての歴史的な位置づけもなされている。例えば、木原直彦『北海道文学史・明治編』（一九七五、北海道新聞社）の「第一章萌芽期」には、『蝦夷錦』『椿説蝦夷なまり』は円朝の北海道旅行の所産である、と記念するような言葉で記している。また、永井啓夫は前掲『三遊亭円朝』のなかで、「初期の病院の様子が描かれていることにまず注目される。わが国はじめての病院施設について述べている条りは、医家松本順から得た知識によるものであろう」という見解を『蝦夷錦』に示している。確かに、円朝の北海道での見聞や、医者から得た知識などの作品中に生かされていること少なくないかもしれない。

ところがである。まるっきり一切合切、『蝦夷錦』が北海道で仕入れた土産話を下敷に成立したものだとする従来の見解を、くつがえすであろう資料がある。それが、以下に梗概を掲げる、外国文学の翻案と思しき作品である。

『欧州奇談 夢廼暁』の梗概

（第壱回）一八七〇年に勃発した普仏戦争。その秋のウエゼンパークの戦いは仏軍の劣勢。それでも仏将軍のアルノルトはラングチ村で必死の応戦、しばし敵を退ける。アルノルトは同村に病院を設営。軍医サウヒルと英国生まれの看護婦メルシーを配置。ある時メルシーは薪を拾いに山へ行く。そこで貴婦人を背中に縛りつけた二人連れの中国人を見かける。様子を窺っていると、どうやら人さらい。勇敢にもメルシーは、貴婦人の危機を救うべく悪人のなかに飛び込み、二人を叩きのめし、婦人を病院にいざなう。貴婦人の身の上話によると、英国人で名はロズベリー。——カナダから英国に向かう途中で戦争に遭遇、連れのじいやは悪人に殺され、自分は捕まった。母はカナダにいるとき亡くなり、父も病死し財産を失った。親類もほとんどないが、ただ、一度も会ったことのない伯母が英国にいる。この小袋の中に、父が存命中に残した、万一のことがあったら娘の世話を頼む、という伯母あての手紙が入っている。これだけを頼りに英国を目指している——。

（第弐回）メルシーの身の上話。——零落した父と二人で屑拾いをしていた。禁止されているロンドンのドブさらいに行ったまま帰ってこない父を捜しに行って、警察に捕まり一時牢屋にいた。それきり父とは離ればなれ。その後、リヒッチのマトロンの知遇を得て、その家に奉公。マトロンがカナダに移住する際、自分もついていったが、奥様の死に伴いマトロンと自分の仲を噂され、心ならずも解雇された。リヒッチに戻り、ある家に奉公。ここで仏語をおぼえるが、病気になり辞職。この間、宣教師クレイに一目惚れ。マトロンの紹介で看護婦の仕事に就いた——。そんな二人の身の上話が交わされた頃、近くに砲弾が飛んでくる。

（第三回）独軍の猛撃。慌てるロズベリーは軍医サウヒルと逃亡の相談。メルシーは落ち着き負傷者の世話。砲弾爆裂。気がつくとロズベリーが息をしていない。サウヒルが診てもはや絶命と判断。メルシーはサウヒルに脱出を勧められるが、怪我人を置いてはいけないと一人残る。横たわるロズベリーの遺体の前で考えるメルシー。せめてこのことを英国の伯母さんに知らせよう。それには、所と名を調べる必要がある。その手掛かりは、さっき話していた手紙にあるのでは。こう思ったメルシーは小袋に手を伸ばす。

（第四回）小袋の中から、ロズベリーの父の認《したた》めた、英国ケンジントンのロイ夫人宛、娘の世話を頼む旨の依頼状が出てくる。さらに、過去のさまざまなことを記した手紙や、ロズベリーの手記が出てくる。怪我人の世話をしながら、メルシーの中である考えが浮かんでくる。伯母には一度も会っていないという言葉を思い出しつつ、必死にロズベリーの素姓を手紙などから把握し、自分の服と倒れているロズベリーのそれを取り替え、ロズベリーになりすます決心を固めるメルシー。外には、独軍が刻一刻と迫ってくる。

（第五回）独軍に降伏するメルシー。独軍の士官、老医師、さらに英国青年がやって来る。老医師がロズベリーの体を診る。メルシーへも訊問。不安なメルシーに、英国青年が、独軍は手荒な真似はしないと言って安心させる。この英国青年ホラスは新聞記者で、独軍の哨兵線を通過する特権が自分にはあるから英国へ一緒に帰ろう、とメルシーを誘う。一方、老医師はロズベリーの服から、メルシーという名のある手巾《ハンカチ》を見つける。これと同じ時、メルシーはホラスから名を聞かれる。メルシー、意を決して「ロズベリー」と答える。ロズベリーについた老医師は、脳膜が傷つき一時的に絶息しただけと見抜き、蘇生手術にかかる。メルシーはホラスと共に独軍の哨兵線を通過。そのとき、ロズベリーが息を吹き返す。

（第六回）ケンジントンの豪邸。すでに優雅な生活を始めて半年たった、メルシー。英国へ共に帰ったホラスに言い寄られているが、宣教師クレイが忘れられない。そんなある日、夫人の留守中クレイが訪ねてくる。クレイはロイ夫人の甥だった。遠慮なく家に入り込み酒を手にするクレイに、メルシーは意外な印象を持つ。クレイは、いま慈善金を募っていると語る。そこで、メルシーが金を渡そうとするが、それは拒まれる。そこへ、ロイ夫人がホラスと連れだって帰宅。クレイを中心に紹介し合う。ロイ夫人、メルシーを最近養女にしたロズベリーだと紹介する。

（第七回）クレイの持ってきた手紙を読むロイ夫人。ロイ夫人はメルシーに自分の代理として会社の集会に行くように命じ、メルシーを遠ざけ、クレイに手紙の内容を聞きただす。クレイはその答の代わりに自分の旧友で仏国滞在の領事マンレイからの自分宛の手紙を読む。それはかつての野戦病院での顚末を記したもの。「メルシー」という女を蘇生させると、その女がロイ夫人の名を叫んだり、うなされたりし、快方に向かった頃に「メルシー」と呼びかけると、激しく怒り、「本当のメルシーは自分の服と大切な手紙を盗んだ、しかも、その女は自分の名を騙り、夫人の庇護を乞いに英国に向かった」と、述べたという。そこで、その女を捜すべく探偵者を派遣すると一人の該当者が浮かんだ。手紙を奪われた女の名は「ロズベリー」。これを聞いて驚くロイ夫人。

（第八回）ロイ夫人やホラスにはクレイの話が信じられない。その領事が騙されているか、その女の神経を疑うしかないと夫人は思う。その女が今日ここへ来るとホラスから告げられたロイ夫人は、面会を嫌がるが、間もなくロズベリー到着。ロズベリーは必死に訴えるが、証拠もなく唯一証明してくれる友人もカナダにいるので、どうにもならない。興奮してロイ夫人にしがみつくロズベリー。そこへメルシーが。二人鉢合わせ。

（第九回）二人の女同士の激しいやりとり。だが、本物のロズベリーが追い出される羽目に。クレイがロズベリーの身柄を引き取り、善後策をロズベリーと練る。焦ったメルシーは仮病を装い、計算どおり転地療養を医者に勧められ、別荘へ。クレイはロズベリーのために奔走し、数週間二人の連絡が途絶える。この間にロズベリーの滞在していた旅館が左前になり、ロズベリーを好意だけでは置いておけなくなる。仕方なく、ロズベリーは宿を一人あとにするが、仕事を世話すると近づいてきた人に有り金を巻き上げられる。絶望したロズベリーは橋の上に。あわやという時、何者かに止められる。

（第十回）殺されたとばかり思っていたじいやに助けられたロズベリー。これまでの身の上話をする二人。じいやはロズベリーと離れたあと、一時農家にいたが、結局落ちぶれ今は乞食だと語る。ロズベリーの話を聞いたじいやは、明日にでも自分が証人として、共にケンジントンに行くと言い出す。しかし、それでは毒婦は逃げると考えたロズベリーは、とりあえず二人とも乞食となって、メルシーの動向を探るべくケンジントンに向かう。そして、メルシーの居所である別荘をつきとめた二人は、乞食の立場を利用してメルシーに近づき、つかまえる。しかし、じいやはメルシーの顔を見て驚く。紛うことなき我が娘。メルシーも思わぬ父との再会に肝をつぶす。さらに、ロイ夫人も驚く。その乞食は別れた前夫。つまりメルシーはロイ夫人の実の娘であった。ここで、いつの間にか来ていた領事の裁定が下る。ロズベリーに扮していたメルシーをメリックと改め、夫人の娘とする。ロズベリーはロズベリーとして新たに養女とする。さらに、ロズベリーはホラスと、メリックはクレイと結婚させる。幸福の大団円。

国立国会図書館蔵本『欧州奇談夢廼暁』の刊記によると、発行が明治二二年(一八八九)、漫遊会。発売店・金桜堂。発行者・中川米作。編輯人・小原正太郎。作者・菊廼舎《きくのや》東籬《とうり》、画は小林清親。

『蝦夷錦』と『夢廼暁』の類似は誰の目にも明らかであろう。『夢廼暁』の出現によって、『蝦夷錦』が西洋種《だね》であると、かなり高い確率で言えることになる。円朝が実際に北海道に行っているために、『蝦夷錦』のマクラの言葉(「おみやげのお話でございまして」)が信憑性を帯び、翻案物だとは思われてこなかったのである。

ここで両者の類似箇所を幾つか比較する。まず、人物の対照関係を整理すると、次のようになる。

お録⟷メルシー

お桂⟷ロズベリー
相州・曾根の伯母⟷英国ケンジントンのロイ夫人
綾川信夫⟷宣教師クレイ

次に舞台設定が、『蝦夷錦』での水戸義軍の戦いに対し、『夢廼暁』では普仏戦争。ヒロインの職業・看護婦が等しく、女同士の知り合い方が、危難を救うという形でほぼ同じ。さらに、梗概では引かなかったが、微妙なところまで近い。また、お録・メルシーともに、自分の救った女性、お桂・ロズベリーから身の上話をされた末、これを縁にと、義兄弟の契りを迫られるが、いずれも過去を恥じ入り自分のことを語りたがらず、その関係をなかなか承諾しない点。他に蘇生・入れ替わりの点、信夫・クレイに対して、お録・メルシーの惹かれたきっかけ、等々。病院において偽物にならんとする心理描写は、『夢廼暁』のほうが細かい。一方、敵対関係として女同士が再び相まみえる場面は、『蝦夷錦』のほうが工夫に富み優れて、かつ面白い。永井啓夫は前掲書のなかで「末節、お録が無実でいましめられたお桂を見て改心するあたり、心理描写の巧みさは、当時の小説の技法より一歩進んだ非凡の手法と称することができよう」という評価をすでにしているが、翻案作であってもこの評価はあてはまる。

次に、両者の相違点。『夢廼暁』のじいやに対応する人物が『蝦夷錦』には見あたらない。『夢廼暁』の「第九回」と「第十回」は、本物が訪ねて来てすぐ解決する『蝦夷錦』に較べ、やや筋がこみ入っている。これには、じいや、あるいはそれに代わる存在の有無が関係しよう。また終局に至って、『夢廼暁』では、思わぬ邂逅を複雑に入り組ませるが、『蝦夷錦』には、そんな趣向はない。また、仏国領事マンレイに当たるものが『蝦夷錦』にはない。さらに、微に入れば、身柄を証明するのに『蝦夷錦』では手紙以外に備前盛景の匕首という道具立てまである。

さて、両者の最も似ていない部分は、『蝦夷錦』の冒頭、大地震からお録が看護婦になるまでの場面であろう。これに該当するものが、『夢廼暁』にはない。梗概で引いたように『夢廼暁』はいきなり野戦病院から始まる。一方、『蝦夷錦』には、どこか〝おこよ源三郎〟を思わせる、お録喜三郎の馴れ初め、駆け落ち、逃避行というロマンチックな展開が、その前に組み込まれている。この問題を巡っては後で考えを述べる。

『明治文学書目』によると、『夢廼暁』の「作者」菊廼舎《きくのや》東籬《とうり》は、条野採菊《じょうのさいぎく》(山々亭《さんさんてい》有《あり》人《んど》)と同一人物であるかのように記されている。しかし、この記述は誤まり。条野採菊は東籬園《とうりえん》という別号も持っている。ゆえに、この酷似が誤謬を生んだのであろう。いずれにせよ、東籬と条野採菊は別人である(以下、条野採菊が円朝との関係上多くでるが混同を避けられたし)。

菊廼舎東籬の他の作品で管見に入ったものに『蜻蛉洲《やまと》本草虫廼双紙』(明治二〇年・一

八八七刊)・『竜宮開化覗機関《のぞきからくり》』(明治二二年・一八八九刊)・『歌俳百人伝』(明治二五年・一八九二刊)がある。『蜻蛉洲本草虫廼双紙』は虫を武家に擬人化した騒動物。『竜宮開化覗機関』も、クジラ、スズキ、タコ、イカなど水中生物を擬人化した物語。『歌俳百人伝』は、『歌誹百人選』(安永四年・一七七五)を補・校訂したもの。東籬は西洋科学の教養をも備えた人物のようだが、それ以上詳しいことは現在分かっていない。ところで、『蜻蛉洲本草虫廼双紙』のなかに「菊廼東籬《(マヽ)》(小原正太郎)」という表記が見つけられる。「小原正太郎」とは、前に記したように『夢廼暁』の編集人として出てきた名だが、すると菊廼舎東籬と小原正太郎は同一人物で、前者は後者のペンネームであったと想像される。つまり、東籬の本名は小原正太郎ではないだろうか。(4)

『夢廼暁』の序文は、刊行の前年、すなわち明治二一年(一八八八)に東籬自身の記したものである。そのなかに次の一節がある。

雅友・弥生山人嚮《さき》に香港滞留の日余に一書を寄贈せられ且謂らく這は是旅泊一睡の夢中に成たる戯墨なり翁もし之を閲して意《こころ》あらば取捨校正して上梓せは如何《いか》ならんと余欣然として巻を披けば英国一婦人の奇事談なり惜かな長編未だ完《まった》からす依て其一隅を採り余が愚考を交へ児童の読易からんことを旨とし拙き筆を顧視《かえりみ》す今回其局を結び暁き覚へぬ弥生の夢只一睡のお伽に代んことを爾《しか》り

要するに、香港で「弥生山人」から、「英国一婦人の奇事談」を記した本を貰い、それをもとにして『夢廼暁』を書いた、ということである。この「弥生山人」とは誰のことなのか、これも具体的なことはわからない。ただ、ここに引用した東籬の自序のあとに、香港滞在の「伊東弥市」なる人物の序も副えられ、その中で東籬に本を渡した等の記述が見える。したがって、弥生山人は伊東弥市の号と思われるが、それ以上のことはわからない。[5] では、東籬が弥生山人から貰った本とは何か。捜索し、検討すべきは、これだ。『夢廼暁』のなかで「作　菊廼舎東籬」とあったのに対して、『明治文学書目』では『夢廼暁』について「訳　菊舎(ママ)東籬」として記す。また、柳田泉の「明治初期翻訳文学年表」には、『風薫る里昂の花園』と『無名人』に並んで、『夢廼暁』についても「原作不詳」とある。すでにこのように、『夢廼暁』は翻訳本(あるいは翻案本)であるという認識が示されている。ということは、それが正しければ、原本が必ず存在しなくてはならない。

けれども、筆者としては実に慚愧に堪えぬのだが、『夢廼暁』の原話と思しき外国小説・記述類に未だ出会えない。前掲の東籬の言葉に「余が愚考を交へ」とあるから、日本的な脚色の施された箇所もあるのであろう(大団円での親子の奇遇は歌舞伎の趣向を思わせるが、西洋にもこの種の結末のある話があり、一概にこの部分が日本的脚色ともいえない)。それでも従来の日本文芸には見られないと思える手法(例えば「第五回」での、別々の場所にいる二人の人物を交互に細かく描写する場面など)もあって、おそらくこれらは原話に従った色調が『夢廼暁』に漂っているものと思われる。さらに、他人になりすます趣向は原話どおりと判断してもよさそうだから、これが原話究明の手掛かりになりうるかもしれない。いずれにせよ、筆者は管見の及ぶ限り捜索したが、前述の柳田泉から進歩することなく、原話は不明のままである。識者の御教示を乞う。改めて言うまでもないことだが、『夢廼暁』の原話判明が、そのまま円朝研究の発展を促す。

なお、次のような仮説も一応考慮しておくべきだろう。それは、『夢廼暁』は『蝦夷錦』を換骨奪胎したものではないか、という仮説である。『蝦夷錦』が「やまと新聞」に連載されたのは明治一九年(一八八六)。『夢廼暁』序より二年先立つ。したがって、成立年だけを問題にすれば、そのような仮説も成り立つ。この見解は東籬の「英国一婦人の奇事談」という言葉を疑うことにつながる。序文とはいえ、事実ではないことの書かれている可能性はある。とすると、東籬が弥生山人から貰った本というのが、実は『蝦夷錦』を指すということもありうる。しかし、幾つかの理由から、その可能性は少ないと考えたい。

まず、改作に伴う下調べの煩雑さにおいて。『蝦夷錦』をもとにして『夢廼暁』を成したとすれば、日本人が、日本を舞台にした話を欧州の話に置き換えたことになる。すると、虚構だから少々いい加減でも構わないとはいえ、ある程度は聞き慣れぬ地名や習俗を調べなければいけない。明治二〇年代ともなれば、江戸時代に比べ、欧米諸国の情報や歴史などを知るための文献も豊かになっていたであろう(普仏戦争に関しては一八七三年に、翻訳書『普仏戦争日誌』がある。が、そこにウエゼンパークに関する記述は見つけられない。エンゲルス『普仏戦争史』でも同じ)。だが、そんな手間暇をかけて刊行したとして、どれだけの見返りがあるのか。さらに、そこまでして、すでに刊行されている本と、ここまで類似した本を出版するだろうか。また、『夢廼暁』が『蝦夷錦』の後塵を拝したにしては、無駄が多く出来が悪すぎる。要するに、『夢廼暁』を出版した側の人々は、円朝の『蝦夷錦』の存在にあるいは気がついていたのかもしれないが、その内容にまでは精通していなかったと考えるしかない。いずれにせよ、東籬が弥生山人から香港で貰った本が『蝦夷錦』だとは考え難い(6)。

ところで、前に書いた『夢廼暁』と『蝦夷錦』の最も似ていない部分だが、これこそ円朝の翻案作業の痕跡なのではないだろうか。まず、喜三郎とお録の話は、その後の筋と嚙み合ってこない。さらに、お録を捜すと言った親方や島村家が等閑に付されたままで終っている。さらによく考えてみると、喜三郎とお録の知り合い方、お録とお桂の知り合い方には、共通点がある。まず、前者が後者を救うという点、次に、知り合ってから後者が前者に胸襟を開いて、身の上を語るよう迫るが、ともに前者が逃げ腰になる点。要するに、趣向がダブッている。ここで、『夢廼暁』の登場人物名を使って思い切った推測を試みると、円朝は、メルシーとロズベリーの遭遇場面を、いったんは喜三郎とお録のそれに移したのではないだろうか。そして、大胆な翻案をする心づもりが、何らかの事情で挫折。再び、原話に近い形になぞり始めたのではなかろうか。お録が慈善病院に勤めてからの筋のまとまりが、それを物語っているように思えてならない。

以上を整理するとこうなる。『蝦夷錦』、そして『夢酒暁』の原話となった外国産の文献は存在した。これを、明治二〇年(一八八七)頃、二人の人物(二組のグループとも言える)が、翻案するべく注目した。かたや円朝、かたや東籬(小原正太郎)。それぞれの側に原話を記載した文献(書籍)があって、お互いの存在など意識せず、それぞれ翻案にかかった。そして、円朝は例によって、まったく外国の話とは思えぬ出来映えに脚色し、新聞連載。これが、『蝦夷錦』。これに遅れること約二年、今度は東籬が、おそらくかなり原話に近い形で翻案(翻訳)。これが、『夢酒暁』。

条野採菊が『蝦夷錦』単行本の序を書いている。その中で、こう述べている。

わが友三遊亭円朝氏は、去《いぬ》る年位山高きかたがたに従ひ、胡砂吹く蝦夷の果し見巡りしは、こよなき僥倖《さいはひ》とこそいふべけれ。玉櫛笥《たまくしげ》函館の港をはじめ、恵比寿画《か》く札幌、岩松の根室、風寒《かぜさむ》の北見はものかは、そのほか海に沿ひ山に昇り、見もし聞きもしせしことを、藻《も》塩草《しほぐさ》掻き集めて、例の御伽噺とし、号《なづ》けて蝦夷錦古郷の家土産とす。

疑うべきは前掲の東籬の序よりも、こちらだ。これこそ、作家とそれを援護する者の曰くありげな関係を暗示していると、勘繰りたくなる。『蝦夷錦』は、条野採菊が創刊した「やまと新聞」に連載されたものである。この近しさからだけでも、条野採菊は『蝦夷錦』の本当の取材先を知っていたのではないか。しかも、ちょうどこの明治二〇年(一八八七)前後は条野採菊自身、たくさんの翻案物を著しているのである。『折枝の梅ヶ香』(『第一の佳人』とも。一八八七)・『美人の勲功』(同)・『残花憾葉桜《のこるはなうらみのはざくら》』(一八八八)・『月雲両面鏡』(同)・『迷ひの夢』(一八八九)など。まさに、このように明治二一、二二年頃に採菊の翻案物は集中している(採菊の翻案物にも出典未詳のものがある)。そして、そのニュースソースはほとんど、採菊と親交の厚かった福地桜痴だといわれている。円朝も桜痴から材を得て人情噺を創作したことはよく知られている。この時期、円朝も採菊も、桜痴の情報と外国語の能力を最も重宝にしていた時期だったのではないか。とすると、『蝦夷錦』の原話も桜痴を経由したものだったのではあるまいか。

円朝の翻案物(西洋種《だね》)の数を限定するにはまだ早すぎる。一口に翻案といっても、円朝に限らず、その方法はさまざまであり、常に原話に忠実に仕立て直されるわけではない。原作と翻案作品とでは、その長さにおいて異なることも多く、また、潤色、膨らまし、江戸文芸の流用、講談本からのツカミコミ(趣向の利用)など、翻案には多彩な様態がある。特に舌耕文芸においては、種々様々な先行文芸から、種々様々な方法で貪欲に吸収していく、というゴッタニの生成過程を経て成立するのがむしろ普通である。だから、我々がすっかり日本種《だね》(または中国種)と思い込んでいる円朝作品のなかに、本稿で取り上げた『蝦夷錦』のように、意外にも西洋種のものが息を潜めている可能性はまだ残っているだろう。また、九分九厘日本種のものであっても、ある一場面にだけ、西洋の小説の趣向を取り入れているかもしれない。原話不明の『松の操美人の生埋』や『黄薔薇』や「応文一雅伝」、そして『蝦夷錦』。これらの他にも、まだまだ、原話究明の努力をするべき作品、西洋文芸の趣向を利用している点を探す努力をするべき作品が、あるはずである(7)。

翻案は古くから話を作るうえで、最も盛んに行なわれた創作技術である。もっとも、これは今日も成されているのであろうが、何はともあれ「個性」や「独創性」という概念をむやみに尊重し、ありがたがる近現代の風潮にあっては、世間体冷たく、もはや大きく店を構え難い。ところが、明治時代には外国の話がたくさん日本の話に翻案された。そうせしめた作家の多くは近世期の雰囲気を残す、あるいは近代的な文学観の束縛を受けぬ者たちと言ってよいだろう。彼らは、欧米の文化とともに堰を切ったように入ってくる、本邦には馴染みのない新奇な物語に小躍りし、それを日本風に焼き直すことに何の躊躇《ためら》いもなく、むしろ恰好の題材を探すために、耳をそばだて目を皿のようにしていた節もある。明治には現代以上に、新し物好きな創作者が多かったとも思える。だから、明治の文芸において、真新しい話の趣向に触れた時は、作家の「独創」云々に言及する前に、一度は西洋種かと疑ってかかることも必要だろう。

注記

(1)　延広真治「名人円朝を生みだした幕末の文化」(ＡＥＲＡ・ＭＯＯＫ36「幕末学のみかた」一九九八年四月)のなかに、「あるいは翻案物かとも推される」とある。私見を述べれば、応文一雅という名からして西洋人名のモジリと思われる。その他、諸々の趣向をみても外国種と推断できる。

(2)　延広真治「円朝の江戸」(『大江戸曼陀羅』一九九六、朝日新聞社所収。初出、『朝日ジャーナル』一九八八年八月一四日・二一日合併号)。向井信夫の示唆を受け、信州を舞台にする怪談、十返舎一九の『深窓奇談』(享和二年・一八〇二序)巻之五第一話「尾形霊甕ニ奸曲智ニ」が原話と指摘する。

(3)　円朝作品では、『業平文治漂流奇談』にも同じことが言える。

(4)　一九〇四刊『雑体和歌集』は菊廼舎稲見俊春・作歌、とする。発行所・国友社。編輯人・小原金茂。発行人・小原太治郎。ともに住所を播磨とする。後考を待つ。なお、菊廼舎東籬の号は陶淵明の「飲酒」(採二菊東籬下一悠然見二南山一)に拠ったもの(今泉康弘氏御教示)。

(5) 弥生山人については、森銑三も「弥生山人の何人かは、つひに知るべくもない」としながら、その「弟」が書いたものから、弥生山人の弟は山本笑月ではないかとする(「談洲楼燕枝の文才」)。だとすると、弥生山人は山本笑月の兄であるのは無論、長谷川如是閑ならびに大野静方の兄ということにもなる。だが、山本笑月は通説によれば浅草花屋敷の設立者・山本金蔵の長男のはず。

(6) 『夢廼暁』の発売店の金桜堂は、一八八八年に『粟田口霑笛竹』『怪談乳房榎』『緑林門松竹』と、円朝の単行本を出している。

(7) 『椿説蝦夷なまり』も設定や趣向を詳細に見ると、恐らく西洋作品の翻案ではないかと思われる。なお、円朝作品に限らず、まったく翻案物とは思われていないが、翻案物かもしれないという舌耕文芸は意外に多いと想像される。

追記

** 「応文一雅伝」は、その後、岩波版『円朝全集』十一巻に収録。

あとがき

延広真治

起居不自由な老師の乗る車椅子を、若人が支え合って地下二階の寄席にお連れする――停年を迎える教員を送る儀式の形態は数限りなくあろうが、学生たちからこのようにして惜別の情を表現された例を聞かない。車上の教授は松田修さん。本年二月六日に永逝されたが、終生パーキンソン病に苦しまれた。宿痾に侵された松田さんを介護し、授業が円滑に行なわれるよう肝胆を砕いたのが本書の著者、中込重明君。御退職を半年ほど後に控えた松田さんから、無類の落語好きと紹介された経緯については、間もなく刊行される著者の第一論文集、『明治文芸と薔薇』(右文書院)の序文に記したので繰り返さない。

落語好きと落語狂の境目は定かでないが、先代桂文楽「明烏」冒頭の、「エエ」を聞いただけで何年何月どの会場での録音と、当てる御仁がいるという。中込君は熱烈な志ん朝宗で、松田さんを池袋演芸場の客席に担ぎ込んだのも、矢来町の師匠をお聴かせしたい一心からであった。それだけに従来の志ん朝論には飽きたらず、自分の聴き定めた、もう一人の志ん朝を大切にし、いずれは上梓したいと望んでいる。

志ん朝に魅せられて落語の虜となった中込君の、のめり込みぶりの凄まじさは、毎年年頭に送ってくれる手書きの「落語決死隊ノート」(後に「諸芸決死隊ノート」と改称)が、何よりの証左。決死隊は「蔵前かご」のクスグリ、女郎買の決死隊に拠るが、毎年二百回ほど寄席や落語会に足を運んだ記録である。そもそも落語を聴きながら筆を走らせる著者にとって、最大の障害は落語家。見えないようにしていても結局は気付かれて、中止勧告を受けてもいる。そういった苦心の末の備忘録からの抄出には、さぞかし時間を費やしたに相違ない。しかし、ひたすら没入する一方、年間最長睡眠時間三時間に及んだり、つい寝入って椅子から落ちたりもしている。それにつけても木戸銭の遣り繰りは一体どうしたのであろうか(ある年の入場料の最高は六千円の小朝独演会)。

ところで諸芸懇話会という至って細やかな会があり、寄席芸の好きな連中が月一回集まって天下国家と無縁な閑談に興じている。昨年三冊刊行された『落語の世界』の編者、山本進氏の奉仕により『会報』が毎月発行され、今月で二六五号に達した。なにしろ八頁から四頁建て、時には表裏二頁のみの号もあるという会報で、中込君は毎号のように寄稿しているものの勢い短くならざるを得ない。それだけに凝縮した内容で、会員は毎号待ち焦がれている。なかでも「寄席珍談好演集」は、寄席浸りの気分にさせてくれる、言わば公開版「決死隊ノート」。例えば平成一一年一月一五日、新宿末広亭で二階から紙切りの注文が飛んだが、「成人式。ここにいる娘の思い出にしたい」。同一三年二月二〇日、鈴本にはちょん髷の客がおり、その後ろに座る。同一四年某月某亭（明記していない）での夫婦の言動を観察して記す。夫人曰く「この次は面白いんでしょうね」「この次は大丈夫でしょうね」……初めて寄席に足を運んだと思しい貞淑な夫人は帰路、夫と離れたまま駅に向かう。まるで映画の一場面ではないか。右の「寄席珍談好演集」以外にも見聞譚は記されている。平成七年四月五日、古今亭菊輔真打披露興行の際、二十代の男性が末広亭の木戸口で、「きょうは志ん生出るんですか」。五代目志ん生没後二十一年余を閲しての実話である。また十日間で三回出会った入船亭扇橋のマクラが総て違っていた等々、生き証人の言として年とともに重宝されるに違いない。

寄席耽溺にも増して中込君の熱中したのは読書。まるで空腹を抱えた狼のように当るを幸い読破し、かつ忘れない。その極め付きが『日本文学大辞典』（新潮社版）を脳裏に刻したことで、博引の源となっている。加えて評論家でもあった松田さんの薫陶で、磨きをかけたのが映画。もちろんその細部まで記憶し、当然『会報』には該博な知識の一端を披瀝する。例えば大当りをとった、リュック・ベッソン監督「レオン」は、カサベテス監督「グロリア」の焼き直しと断じ、その「グロリア」は実は小津監督「長屋紳士録」の換骨奪胎、その「長屋紳士録」は志ん生が伝えた落語「ぼんぼんうた」に依ると果てしがない。更には、芥川龍之介が激賞した四代目橘家円蔵の、「武士の情」の継承者がいないのを惜しみ、チェーホフ「小役人の死」を生かせば現代にも通用するとサゲまで提案する。

このように、読書・見聞の両道に抜きん出た中込君に、落語鑑賞辞典を書いてほしいとの思いが通じて実現したのが、『落語の鑑賞201』。諸芸懇話会会員二村文人君との共著で一昨年(二〇〇二)九月、新書館より刊行をみた。手軽な書型ながら、殊に原話と類話の指摘には目を見張るものがあった。実に落語の原話・類話の探索こそ博覧強記の中込君の独擅場《どくせんじょう》で、窮極の目標は世界の説話における落語の位置付けを定めることにある。落語の勘所を知悉している同君は、文献の博捜により原話に溯源、まったく別の話と思われている落語が実は同根と指摘する等、先祖の精神作用の不思議さを、垣間見せてくれる。

このような研究成果を公的に認知していただきたい、そして未だ定職のない同君の就職活動の一助にもと思い、学位取得を勧めたところ、立ち所に既発表の論文を基に作成したのが『落語の原話研究』。幸い本年三月二四日、法政大学大学院より博士号が授与された。この学位論文を中心にし、中込君と編集部の意向を勘案、加除を行なったのが本書である。次にその学位論文の目次を掲げる(本書と共通の論文には丸印を冠し、末尾の縦線以下は本書のみの論文を示す)。

落語「もう半分」と「疝気の虫」の形成

○金を拾うはなし――落語「芝浜」を正直説話より見る
落語「抜け雀」小考
覚書・落語「胆つぶし」
○落語「大山詣り」成立考
○執心ばなし――落語「悋気の火の玉」「三年目」他
○覚書・人情噺「文七元結」
○人情噺「帯久」考
落語「そば清」考
○「黄金餅」考
○伝説化された人情噺――猫塚・皿屋敷
○中村仲蔵出世噺の成立
落語「猫忠」と人情噺「お若伊之助」その他

落語における笑いの生成
「風呂敷」「つづら」「短命」他――艶笑噺
「風呂敷」再考
『塩原多助一代記』――原話のからくり

『蝦夷錦古郷家土産』と『欧州奇談夢の暁』——翻案物異説

ようやく本書の編集方針を示す段階に至った。中込君は実は昨年六月以来病臥している。九月一六日に行なわれた学位審査は、入院先が大学に隣接していたのが幸いしたものの、現在は自らの意思を明確にし難い状態にある。そこで初出によるのを前提とした。しかし日頃から手直しの方針を夫人に洩らしもし、具体的に訂正事項に触れた場合、夫人が書き取ってもいる。殊に「芝浜」にはかなりの朱が見受けられた。そこで初出に依拠するものの、誤植や誤解を招き易い表現等には手直しをした。初出と最も異なるのは「「風呂敷」「つづら」「短命」他——艶笑噺」と「「風呂敷」再考」で、一書に収めると粗筋など重複する部分があるため調整した。また、著者が加筆したいと望んでいる事項や、筆者が気付いた点を「追記」の形で付した。その責任はすべて筆者にある。加えて、初出時の論文には、さまざまな方々への謝辞が記されていたが、今回、割愛させていただいた。御海容のほどお願いしたい。

なお本書未収の論文との関係を記すと、「帯久」と同じく大岡政談物を論じたのが、「帰宅説話」(法政大学大学院『日本文学論叢』二七号、平成一〇年三月刊)。「中村仲蔵」のように、四代目市川小団次の出世譚を論じたのが、「仇を恩で報いるはなし」(『法政大学大学院紀要』四六号、平成一三年三月刊)。『塩原多助一代記』や『蝦夷錦古郷の家土産』等については、「円朝のネタさがし」(『落語の世界』第一冊)にも言及する。なお「落語における笑いの生成」掲載の『笑いと創造』は現在第三集に及んでおり、各集に中込君も編集に加わった「研究文献目録」を付す。

病中であるにもかかわらず、本書が刊行の運びになったのは、ひとえに著者の学徳による。具体的に記せば、先輩の喜ぶ顔が見たいとの一念から、誤植を訂し本文を読み易くし、「追記」を仕上げてくださった今泉康弘君の尽力、筆者の問合せに応じてくださった山本進氏はじめ懇話会各位や杉下元明氏の芳情、著者の病状を顧慮し種々の障害を乗り越え、刊行への道筋をつけていただいた編集部の星野紘一郎、中嶋裕子両氏の努力、ただただ感謝の外はない。かくて本書は成った。

『会報』一二三六号(平成一三年一一月刊)に「追悼・古今亭志ん朝」を草して中込君は、悲嘆に打ちひしがれながらも次のように結ぶ。

> やはり、ここで、落語を見捨てるわけにはいかない。だから、精一杯力の限り新しい落語家に期待しよう。再び落語の黄金時代の到来が来ることを信じて、その日まで生きてゆこう。

なんと子供たちが、毎朝「寿限無〳〵」を唱える日がやって来たではないか。この寿限無世代が十年たてば木戸銭を持って寄席に通いだす。君の信じたとおり、「黄金時代の到来が来る」のは必至である。どうかその日を中込君、双眼で見定めてくれたまえ。そして傍点部のような表現が本文にも見受けられた場合には、手直ししたことを許してくれたまえ。

四月二一日　中込君三十九歳の誕生日に

追記　四月三〇日、中込重明君は白玉楼中の人となりました。奇しくも『明治文芸と薔薇』上梓の日でした。

初出一覧

第一章

落語における笑いの生成　『笑いと創造』第一集、勉誠出版、一九九八年

第二章

「芝浜」　「金を拾うはなし――落語『芝浜』を正直説話より見る」、『法政大学大学院紀要』32号、一九九四年三月

「文七元結」　「覚書・人情噺『文七元結』」、『法政大学大学院紀要』35号、一九九五年一〇月

「帯久」　「人情噺『帯久』考」、『日本文学論叢』26号、法政大学大学院日本文学専攻、一九九七年三月

猫塚・皿屋敷　「伝説化された人情噺――猫塚・皿屋敷」、『日本文学論叢』28号、法政大学大学院日本文学専攻、一九九九年三月

第三章

「大山詣り」　「落語『大山詣り』成立考」、『日本文学論叢』24号、法政大学大学院日本文学専攻、一九九五年三月

「黄金餅」　『「黄金餅」考』、『法政大学大学院紀要』39号、一九九七年一〇月

「悋気の火の玉」「三年目」　「執心ばなし——落語『悋気の火の玉』『三年目』他」、『法政大学大学院紀要』34号、一九九五年三月

「風呂敷」「つづら」「短命」他　「艶笑噺——落語『風呂敷』『つづら』『短命』その他」、『法政大学大学院紀要』38号、一九九七年三月

「風呂敷」再考　「落語『風呂敷』再考——東西の説話が如何にして交流するのか」、『法政大学大学院紀要』40号、一九九八年三月

「中村仲蔵」　「中村仲蔵出世噺の成立」、『歌舞伎　研究と批評』歌舞伎学会、二〇〇〇年一二月

第四章

『塩原多助一代記』　「円朝の種明かし」、『文学』増刊『円朝の世界』岩波書店、二〇〇〇年九月

『蝦夷錦古郷の家土産』と『欧州奇談夢廼暁』　「三遊亭円朝『蝦夷錦古郷家土産』と『欧州奇談夢の暁』——翻案物異説」、『法政大学大学院紀要』42号、一九九九年三月

◇本書の引用文は、適宜現行字体にし、内容に支障ないと判断されるふりがな等は、省略したものもある。

◇落語の題名については、『増補落語事典』(青蛙房)に、落語家の生没年は『古今東西落語家事典』

(平凡社)に拠った。
◇二刷に際し、小谷野敦、鈴木圭一、田辺孝治、西村正身の各氏より協力を得た。
◇＊を付した追記は、三五四頁に触れた経緯により作成した。
◇＊＊を付した追記は、岩波現代文庫収録にあたり、新たに作成したものである。
◇岩波現代文庫収録にあたり、岩波版『円朝全集』(著者の没後に刊行)に倣い、演題表記を次のように訂正した。『蝦夷錦古郷家土産』→『蝦夷錦古郷の家土産』、『月謡荻江一節』→『月に謡荻江の一節』

解説

延広真治

本書『落語の種あかし』上梓よりおよそ十五年、この間に起った最大の慶事は、掉尾を飾る「『蝦夷錦古郷の家土産』と『欧州奇談夢廼暁』」での著者・中込重明君の予測が適中したことである。つまり『蝦夷錦古郷の家土産』は、イギリスの作家ウィルキー・コリンズ(Wilkie Collins, 1824-89)の『新・堕ちた女の物語』(*The New Magdalen*)を原作とする翻案物と、関田朋子氏により証明されたのである。

その瞬間に立ち会った者として記しておくと、一昨年(平成二八年)六月三〇日、日大文理学部で行なわれた渋谷勝己大阪大学教授の御講演拝聴の後、同学部人文科学研究所の総合研究「『話芸』の多角的研究」の参加者との懇親会が、居酒屋たつみ本店であり、そこで関田教授に初めて御目にかかった。御専攻はヴィクトリア朝の文学、敢えて作家をお伺いするとディケンズのよし。かつての同僚で遺稿として『ディケンズの世界』を残されることとなる小松原茂雄先生に、原作未発見の円朝翻案物の梗概を書いて、お尋ねしたところ、『西洋人情話 英国孝子ジョージスミス之伝』の原作を、チャールズ・リード『ハード・キャッシュ』とお教え下さったことが脳裏に蘇り、関田教授に『欧州奇談《》夢廼暁』の筋を極く手短かに申し上げると、原作は既読と応じられたのにスッカリ興奮、翌朝改めて電話でお教え頂いた。「君の推測が当ったよ。『月長石』のコリンズだって」と心の内で叫んで人懐っこい笑顔を思い浮かべた。

その関田教授は先日御発見の成果を「三遊亭円朝による翻案落語『蝦夷錦古郷の家土産』種本の同定」として発表された(日本大学文理学部人文科学研究所『研究紀要』九六号、九月三〇日)。以下、右の御論考に拠って記すと、初出はイギリスの月刊誌『テンプル・バー』、一八七二年一〇月より翌年七月まで、アメリカでもほぼ同時期に『ハーパーズ・マガジン』で連載。単行本は連載中の一八七三年五月二〇日にベントリー社より二巻本として刊行。同時に脚本も執筆、一日早い一九日よりロンドンのオリンピック・シアターで上演、十九週に及ぶ大当りを取った。邦訳を欠くため関田教授は詳細な梗概を示されたが、簡略にして左に示そう。

○一八七〇年秋(明治三年)、普仏戦争の最中《さなか》、国境に近いフランスの野戦病院で働くイギリス人看護婦、マーシー・メリックは強盗に金銭や荷物を奪われた若い淑女グレイス・ローズベリーと知り合う。ローズベリーは身の上(カナダで母を、イタリアで父を失い伯母の住むイギリスに向う途中)を明かした上、身分証明の書類などを見せるとともに、マーシーの過去(売春婦)に気付く。病院に砲弾が降り注ぎ、ローズベリーは落命。マーシーはローズベリーの服や書類を奪い、ロンドンを目指す。一方、ドイツの軍医によりローズベリーは蘇生（第一場）。
○同年冬のロンドン郊外。社交界で一目置かれているジャネット・ロイ夫人は、マーシーを実の姪と思い込んで可愛がり、マーシーもよく仕えていたが、怒り狂ったローズベリーが出現。マーシーは懸命に謝るが、ローズベリーは許さない。ロイ夫人は事情を察知したもののマーシーを失いたくないので、ローズベリーに多額の金銭を渡してカナダに帰るよう説得。改心したマーシーの告白を聞いたジュリアン・グレイ（夫人の甥で牧師）は、マーシーに求婚するが、グレイの人生を破滅させるのでと拒絶（第二場）。
○ロンドンの非衛生な地域で布教活動を行なっていたグレイは疫病に倒れるが、マーシーの看病で回復し結婚。新天地を求めアメリカに旅立つ（エピローグ）。
『蝦夷錦古郷の家土産』の梗概（三二八頁より）と読み比べると、関田教授の推定の正しさは疑い得ない。加えて同教授によると、このような類似は細部にわたっているところより、原作を教えた人物を東京日日新聞記者で後ちに同社社長、衆議院議員などを歴任する関直彦と推する。つまり明治一九年八月、九月に行なわれた三大臣（山県内相、井上外相、榎本逓信相）の北海道巡察に円朝とともに随行している上に、サルドゥ作「ラ・トスカ」を「名人競」（正岡子規は明治二二年に聴く）と翻案する際にも関与しているので（佐藤かつら「後記」、岩波版『円朝全集』十巻)、『蝦夷錦古郷の家土産』についても可能性は高い。

以下、本書の配列を追って簡単に記そう。

第一章「落語における笑いの生成」

著者の落語観が露わに述べられている点が殊に貴重で、創作法、創作心得にも筆が及んでいて親切。読む度ごとに必ず刺激を受けるに相違あるまい。

第二章「人情噺はいかにして成立したか」

○「芝浜」——著者が述べるように、春陽堂版『円朝全集』等には収録されていないが、岩波版『円朝全集』別巻二には、円朝ゆかりの作との伝承を顧慮して、参考作品の名目で門弟小円太(後ち二代目小円朝)の速記を収める。著者の定評ある博覧強記ぶりを遺憾なく発揮した「正直」に関する諸資料への言及は例によって凄まじく、著者が原話として掲げる『窓のすさみ』説を納得させようとの迫力には圧倒される。

なお本書刊行後に公けにされた石井明「落語『芝浜』ノート」は、『文人』四三、四四号連載で(平成一六年七月、一二月)、芝の魚市場や増上寺の鐘の考証を含み、本書との併読が望まれる。

○「文七元結」――九四頁、『蕉斎筆記』の引用部は、黙阿弥作歌舞伎「三人吉三廓初買」(安政七年〈一八六〇〉正月、市村座初演)の序幕両国橋西河岸の場、夜鷹小屋で大金を落として思案に暮れる十三郎を思わせる。
○「帯久」――一一七頁に、『伽婢子』の「黄金百両」に言及するが、二村文人「『伽婢子』二題」(『近世部会報』二号、一九七九年秋)には、「帯久」の他に「瘤弁慶」も、『伽婢子』と同想と指摘(巻九「人面瘡」)が備わる。
○「猫塚・皿屋敷」――一二六頁に『復讐猫股橋由来』の引用があるが、その後、義田孝裕「関亭伝笑作『復讐猫魅橋由来』における由来譚――猫の報思と猫又橋――」(『鯉城往来』九号、平成一八年一二月)が発表され、本稿に言及する。
　皿屋敷については本年(平成三〇年)、姫路文学館で開催(四月二一日―六月一〇日)の特別展図録『怪談皿屋敷のナゾ――姫路名物お菊さん――』が重宝で、本稿を補うに足る。
第三章「噺さまざま、起源さまざま」
○「大山詣り」――大山詣りの実態について近時刊行の書では、川島敏郎『大山詣り』(平成二九年、有隣堂)が簡便で、一五九頁に言及のある滝亭鯉丈に関しては、鈴木圭一『中本研究』(二〇一七、笠間書院)が詳しい。

○「悋気の火の玉」「三年目」――二〇六頁に、落語の原話と見極める際の「判断しにくい」場合を例示の上、「むしろこの程度のほうが筆者としては納得がいく」と主張し、「舌耕文芸の特徴であると、筆者は信じるからである」と断じているが、原話を追い求めた著者ならではの発言だけに千鈞の重みがある。
○「風呂敷」再考――二六八頁、『松の操美人の生埋』の原作は、サム・デ・フリント氏が大阪外大大学院に提出(平成一八年)の修士論文により、アレクサンドル・デュマ(大デュマ)の『ポリーヌ』(一八三八、デュモン社)と判明。その後、指導に当られた久堀裕朗教授の協力を得て、『文学』一四巻二号(二〇一二年三月)に、「『松の操美人の生埋』の原作」として掲載。
○「中村仲蔵」――二九三頁に、『月に謡荻江の一節』十五・十六席とあるのは、単行本に拠る春陽堂版『円朝全集』、角川版『三遊亭円朝全集』に従ったためで、初出の「やまと新聞」を底本とする岩波版『円朝全集』四巻では、「月に謡荻江の一節」、七十六席より八十五席となる。
三〇九頁に『月雪花寝物語』『秀鶴日記』『秀鶴随筆』とあるが、三書の関係は複雑である。加藤征治「初代中村仲蔵の手記に関する考察――『月雪花寝物語』の書誌整理による『秀鶴日記』の検討――」(『芸能史研究』一六四号、二〇〇四年一月)に拠って記すと、仲蔵自筆『秀鶴日記』は伝存せず、東大本『月雪花寝物語』は転写本で内容は『秀鶴日記』の一部。西尾市岩瀬文庫本『秀鶴寝物語』も同じく『秀鶴日記』の一部。因みに加藤氏稿に言及のない『秀鶴随筆』も『秀鶴日記』の一部の可能性があろう。なお岩波版『円朝全集』別巻二所収、手控え『話之種』、点取り『元祖荻江露友之伝』にも言及があり、児玉竜一「後記」(岩波版『円朝全集』四巻)を参照されたい。

最後に追悼特集号を組んだ『日本文学論叢』三四号(二〇〇五年三月)を紹介したい。同誌は法政大学大学院日本文学専攻委員会発行、つまり院生が創る雑誌、それだけに一層、心に沁みる追悼号となっている。殊に今泉康弘「中込重明論文目録」「類話の海をつくる――中込重明論文解題」は労作で中込学への何よりの手引きとなっている。かつて同氏に、単行本未収の論文、三十点ほどより敢えて十点を選ぶとするとと質したところ、立ち所に左の十一点を挙げて下さった。

「帰宅説話」試論――人情噺「小間物屋政談その他――」

○『日本文学論叢』二七号(一九九八年三月)

身代わりのはなし――「走れメロス」その他――

○『公評』三三巻六号(一九九六年七月号、同六月刊)

拾い者立身譚――藁しべ長者から塩原多助へ――

○『日本文学誌要』六〇号（一九九九年七月）
近世説話の接近――一つ家と袈裟盛遠――
○『法政大学大学院紀要』四四号（二〇〇〇年三月）
仇を恩で報いるはなし――市川小団次の伝説から――
○『法政大学大学院紀要』四六号（二〇〇一年三月）
遠山の金さんと根岸鎮衛――講談本との関わり――
○『法政大学大学院紀要』四三号（一九九九年一〇月）
落語「そば清」考
○『法政大学大学院紀要』三六号（一九九六年三月）
覚書・落語「胆つぶし」
○『法政大学大学院紀要』三三号（一九九四年一〇月）
落語「猫忠」と人情噺「お若伊之助」その他
○『日本文学論叢』三〇号（二〇〇一年三月）
落語「抜け雀」小考
○『日本文学論叢』二三号（一九九四年四月）
落語「写真の仇討」をめぐって
○『日本文学叢書』二二号（一九九三年三月）

右の特集号で本書と関わる事項を補えば、西村正身氏の追悼文「中込重明君のこと」には、「「風呂敷」再考」(二七九頁)に引用の、『古今奇怪《ここんきかい》清誠談』中の、強欲な三人共倒れの仏教説話として、『旧雑譬喩経』巻上-二四その他にも類似が存在することを知らせたが、本書には反映されていないこと、その原因は「列挙しただけであった」からではあるまいかと後悔されているよし。

なお「あとがき」冒頭に、松田さんの寄席行を記したが、著者の『寄席書きノート』によって、平成五年一〇月五日の池袋演芸場昼席、志ん朝の出し物は「水屋の富」と判明(拙稿『寄席書きノート』紹介)。先に単行本未収の論文の一端を紹介したが、右の『寄席書きノート』のような手控えや短い随想が多数存在する。

説話の東西交流の解明を志しながら早逝した著者の何よりの心残りは、御両親に先立つことであったに相違ない。本書扉裏の「両親に捧ぐ」には万斛《ばんこく》の思いが籠められているが、幸いお二人とも健かに齢を重ねておられる。本書が現代文庫に収められたことを嘸《さぞ》かし喜んで下さることであろう。(平成三〇年一一月二六日)。

本稿を草すに当り、今泉康弘、閑田朋子、佐藤至子氏の御教示を得ました。記して深謝致します。

本書は二〇〇四年六月、岩波書店より刊行された。

落語の種あかし

2019年3月15日　第1刷発行

著　者　中込重明《なかごみしげあき》

発行者　岡本　厚

発行所　株式会社　岩波書店
〒101-8002 東京都千代田区一ツ橋2-5-5

案内 03-5210-4000　営業部 03-5210-4111
現代文庫編集部 03-5210-4136
http://www.iwanami.co.jp/

印刷・精興社　製本・中永製本

ISBN 978-4-00-600402-6　　Printed in Japan

岩波現代文庫の発足に際して

新しい世紀が目前に迫っている。しかし二〇世紀は、戦争、貧困、差別と抑圧、民族間の憎悪等に対して本質的な解決策を見いだすことができなかったばかりか、文明の名による自然破壊は人類の存続を脅かすまでに拡大した。一方、第二次大戦後より半世紀余の間、ひたすら追い求めてきた物質的豊かさが必ずしも真の幸福に直結せず、むしろ社会のありかたを歪め、人間精神の荒廃をもたらすという逆説を、われわれは人類史上はじめて痛切に体験した。

それゆえ先人たちが第二次世界大戦後の諸問題といかに取り組み、思考し、解決を模索したかの軌跡を読みとくことは、今日の緊急の課題であるにとどまらず、将来にわたって必須の知的営為となるはずである。幸いわれわれの前には、この時代の様ざまな葛藤から生まれた、人文、社会、自然諸科学をはじめ、文学作品、ヒューマン・ドキュメントにいたる広範な分野のすぐれた成果の蓄積が存在する。

岩波現代文庫は、これらの学問的、文芸的な達成を、日本人の思索に切実な影響を与えた諸外国の著作とともに、厳選して収録し、次代に手渡していこうという目的をもって発刊される。いまや、次々に生起する大小の悲喜劇に対してわれわれは傍観者であることは許されない。一人ひとりが生活と思想を再構築すべき時である。

岩波現代文庫は、戦後日本人の知的自叙伝ともいうべき書物群であり、現状に甘んずることなく困難な事態に正対して、持続的に思考し、未来を拓こうとする同時代人の糧となるであろう。

（二〇〇〇年一月）

岩波現代文庫［学術］

G372
ラテンアメリカ五〇〇年
―歴史のトルソー―
清水透

ヨーロッパによる「発見」から現代まで、約五〇〇年にわたるラテンアメリカの歴史を、独自の視点から鮮やかに描き出す講義録。

G373
〈仏典をよむ〉1 ブッダの生涯
中村元
前田專學監修

誕生から悪魔との闘い、最後の説法まで、ブッダの生涯に即して語り伝えられている原始仏典を、仏教学の泰斗がわかりやすくよみ解く。〈解説〉前田專學

G374
〈仏典をよむ〉2 真理のことば
中村元
前田專學監修

原始仏典で最も有名な「法句経」、仏弟子たちの「告白」、在家信者の心得など、人の生きる指針を説いた数々の経典をわかりやすく解説。〈解説〉前田專學

G375
〈仏典をよむ〉3 大乗の教え（上）
―般若心経・法華経ほか―
中村元
前田專學監修

『般若心経』『金剛般若経』『維摩経』『法華経』『観音経』など、日本仏教の骨格を形成した初期の重要な大乗仏典をわかりやすく解説。〈解説〉前田專學

G376
〈仏典をよむ〉4 大乗の教え（下）
―浄土三部経・華厳経ほか―
中村元
前田專學監修

浄土教の根本経典である浄土三部経、菩薩行を強調する『華厳経』、護国経典として名高い『金光明経』など日本仏教に重要な影響を与えた経典を解説。〈解説〉前田專學

2019. 3

G377
済州島四・三事件
―「島《タムナ》のくに」の死と再生の物語―
文京洙

一九四八年、米軍政下の朝鮮半島南端・済州島で多くの島民が犠牲となった凄惨な事件。長年封印されてきたその実相に迫り、歴史と真実の恢復への道程を描く。

G378
平面論
―一八八〇年代西欧―
松浦寿輝

イメージの近代は一八八〇年代に始まる。さまざまな芸術を横断しつつ、二〇世紀の思考の風景を決定した表象空間をめぐる、チャレンジングな論考。〈解説〉島田雅彦

G379
新版 哲学の密かな闘い
永井均

人生において考えることは闘うこと――哲学者・永井均の、「常識」を突き崩し、真に考える力を養う思考過程がたどれる論文集。

G380
ラディカル・オーラル・ヒストリー
―オーストラリア先住民アボリジニの歴史実践―
保苅実

他者の〈歴史実践〉との共奏可能性を信じ抜く――それは、差異と断絶を前に立ち竦む世界に、歴史学がもたらすひとつの希望。〈解説〉本橋哲也

G381
臨床家 河合隼雄
谷川俊太郎
河合俊雄編

多方面で活躍した河合隼雄の臨床家としての姿を、事例発表の記録、教育分析の体験談、インタビューなどを通して多角的に捉える。

2019. 3

岩波現代文庫[学術]

G382
思想家 河合隼雄
中沢新一
河合俊雄 編

心理学の枠をこえ、神話・昔話研究から日本文化論まで広がりを見せた河合隼雄の著作。多彩な分野の識者たちがその思想を分析する。

G383
河合隼雄語録
カウンセリングの現場から
河合隼雄
河合俊雄 編

京大の臨床心理学教室での河合隼雄のコメント集。臨床家はもちろん、教育者、保護者などにも役立つヒント満載の「こころの処方箋」。〈解説〉岩宮恵子

G384
新版 占領の記憶 記憶の占領
―戦後沖縄・日本とアメリカ―
マイク・モラスキー
鈴木直子 訳

日本にとって、敗戦後のアメリカ占領は何だったのだろうか。日本本土と沖縄、男性と女性の視点の差異を手掛かりに、占領文学の時空間を読み解く。

G385
沖縄の戦後思想を考える
鹿野政直

苦難の歩みの中で培われてきた曲折に満ちた沖縄の思想像を、深い共感をもって描き出し、沖縄の「いま」と向き合う視座を提示する。

G386
沖縄の淵
―伊波普猷とその時代―
鹿野政直

「沖縄学」の父・伊波普猷。民族文化の自立と従属のはざまで苦闘し続けたその生涯と思索を軸に描き出す、沖縄近代の精神史。

2019.3

岩波現代文庫[学術]

G387
『碧巌録』を読む
末木文美士

「宗門第一の書」と称され、日本の禅に多大な影響をあたえた禅教本の最高峰を平易に読み解く。「文字禅」の魅力を伝える入門書。

G388
永遠のファシズム
ウンベルト・エーコ
和田忠彦訳

ネオナチの台頭、難民問題など現代のアクチュアルな問題を取り上げつつファジーなファシズムの危険性を説く、思想的問題提起の書。

G389
自由という牢獄
—責任・公共性・資本主義—
大澤真幸

大澤自由論が最もクリアに提示される主著が文庫に。自由の困難の源泉を探り当て、その新しい概念を提起。河合隼雄学芸賞受賞作。

G390
確率論と私
伊藤清

日本の確率論研究の基礎を築き、多くの俊秀を育てた伊藤清。本書は数学者になった経緯や数学への深い思いを綴ったエッセイ集。

G391-392
幕末維新変革史(上・下)
宮地正人

世界史的一大変革期の複雑な歴史過程の全容を、維新期史料に通暁する著者が筋道立てて描き出す、幕末維新通史の決定版。下巻に略年表・人名索引を収録。

2019.3

G393
不平等の再検討
―潜在能力と自由―

アマルティア・セン
池本幸生
野上裕生
佐藤仁 訳

不平等はいかにして生じるか。所得格差の面からだけでは測れない不平等問題を、人間の多様性に着目した新たな視点から再考察。

G394-395
墓標なき草原（上・下）
―内モンゴルにおける文化大革命・虐殺の記録―

楊海英

文革時期の内モンゴルで何があったのか。体験者の証言、同時代資料、国内外の研究から、隠蔽された過去を解き明かす。司馬遼太郎賞受賞作。〈解説〉藤原作弥

G396
過労死・過労自殺の現代史
―働きすぎに斃れる人たち―

熊沢誠

ふつうの労働者が死にいたるまで働くことによって支えられてきた日本社会。そのいびつな構造を凝視した、変革のための鎮魂の物語。

G397
小林秀雄のこと

二宮正之

自己の知の限界を見極めつつも、つねに新たな知を希求し続けた批評家の全体像を伝える本格的評論。芸術選奨文部科学大臣賞受賞作。

G398
反転する福祉国家
―オランダモデルの光と影―

水島治郎

「寛容」な国オランダにおける雇用・福祉改革と移民排除。この対極的に見えるような現実の背後にある論理を探る。

G399
テレビ的教養
―一億総博知化への系譜―
佐藤卓己

「一億総白痴化」が危惧された時代から約半世紀。放送教育運動の軌跡を通して、〈教養のメディア〉としてのテレビ史を活写する。〈解説〉藤竹 暁

G400
ベンヤミン
―破壊・収集・記憶―
三島憲一

二〇世紀前半の激動の時代に生き、現代思想に大きな足跡を残したベンヤミン。その思想と生涯に、破壊と追憶という視点から迫る。

G401
新版 天使の記号学
―小さな中世哲学入門―
山内志朗

世界は〈存在〉という最普遍者から成る生地の上に性的欲望という図柄を織り込む。〈存在〉のエロティシズムに迫る中世哲学入門。〈解説〉北野圭介

G402
落語の種あかし
中込重明

博覧強記の著者は膨大な資料を読み解き、落語成立の過程を探り当てる。落語を愛した著者面目躍如の種あかし。〈解説〉延広真治

2019.3